これからの

体育・スポーツ心理学

國部雅大・雨宮 怜・江田香織・中須賀巧 ── 編

講談社

執筆者一覧

尼崎光洋　　　愛知大学地域政策学部　准教授（12章）

雨宮　怜＊　　筑波大学体育系　助教（19章，編集：16〜20章）

荒井弘和　　　法政大学文学部　教授（17章）

上野雄己　　　東京大学大学院教育学研究科附属学校教育高度化・効果検証センター　特任助教（13章）

内田遼介　　　流通科学大学人間社会学部　准教授（9.1〜9.3）

内田若希　　　九州大学大学院人間環境学研究院　准教授（15章）

江田香織＊　　法政大学スポーツ研究センター　客員所員（14章，編集：11〜15章）

小野雄大　　　早稲田大学スポーツ科学学術院　講師（7.4，7.5）

片上絵梨子　　共立女子大学文芸学部　准教授（18章）

栗林千聡　　　東京女子体育大学体育学部　講師（20章）

煙山千尋　　　岐阜聖徳学園大学教育学部　准教授（11章）

國部雅大＊　　筑波大学体育系　助教（序章，2.4〜2.6，3.1〜3.4，編集：1〜5章）

小菅（町田）萌　大阪体育大学体育学部　准教授（9.4，9.5）

島本好平　　　法政大学スポーツ健康学部　准教授（10.1〜10.3）

菅生貴之　　　大阪体育大学体育学部　教授（16章）

須﨑康臣　　　島根大学学術研究院教育学系　講師（7.1〜7.3）

田中美吏　　　武庫川女子大学健康・スポーツ科学部　准教授（5.2）

中須賀巧＊　　兵庫教育大学大学院学校教育研究科　准教授（6章，8.3，8.4，編集：6〜10章）

中本浩揮　　　鹿屋体育大学スポーツ人文・応用社会科学系　准教授（1.1〜1.3）

萩原悟一　　　九州産業大学人間科学部　准教授（10.4，10.5）

福原和伸　　　東京都立大学人間健康科学研究科　助教（1.4，1.5，3.5）

村山孝之　　　金沢大学国際基幹教育院　准教授（2.1〜2.3，5.1）

山本浩二　　　関西福祉大学教育学部　准教授（8.1，8.2）

横山慶子　　　名古屋大学総合保健体育科学センター　准教授（4章）

（五十音順，　＊は編者，　かっこ内は担当章，節）

まえがき

　本書のタイトルは,「これからの体育・スポーツ心理学」としました.

　これまでに,「体育心理学」あるいは「スポーツ心理学」をタイトルとした書籍や教科書が数多く出版されてきました.「体育」や「スポーツ」という各用語の意味する範囲や両者の位置づけについては,この分野に関わる方々の間でも様々な考え方があり,現在に至るまで多くの議論がなされてきました.その中で特にこの数年,例えば日本体育協会→日本スポーツ協会（2018 年）,体育の日→スポーツの日（2020 年）,国民体育大会→国民スポーツ大会（2023 年*）のような,「体育」から「スポーツ」への名称変更の流れがみられます.またこの分野の学術団体（学会）においても,日本体育学会→日本体育・スポーツ・健康学会（2021 年）のように,「体育」に「スポーツ」や「健康」が加わる形の名称変更がありました.名称変更が実質的な中身の変更を伴うかどうかについては今後の社会での活動次第ですが,このような変化は,今の時代を生きる私たちにとって,改めて体育とは何か,スポーツとは何か,ということについて考えるきっかけとなりそうです.そこで,本書では,「これからの時代の体育やスポーツに関するトピックを心理学的な観点から幅広く取り扱い,諸問題について考えていきたい」という意図を込め,上記のタイトルをつけました.

　さて,大学に目を移すと,日本では 2000 年代から「スポーツ」「健康」の名称が含まれる学部や学科が増加しています.そして,体育・スポーツ・健康科学関連の学部や学科,および教育学部の教員養成課程・保健体育専攻（選修）において,「体育心理学」「スポーツ心理学」「体育・スポーツ心理学」といった名称の授業科目が開講されています.また,各大学の教養教育課程で,体育・スポーツを専門としない学生を対象にこれらの授業科目が開講されていることもあります.このように,体育・スポーツに関する心理学の科目はこれから多くの大学で広く取り扱われていくことになることが考えられます.

　そこで,本書の対象とする読者としては,主に大学の学部生を想定しています.具体的には,体育・スポーツ・健康科学を専門とする方,将来保健体育の教員を志望する方,および大学の教養教育課程で本科目を学ぶ方へ向けての教科書的な位置づけになっています.また,これから体育・スポーツ心理学を学びたいと考える方々にとっての入門書としても位置づけています.さらに,学習指導要領の改訂に伴い,2022 年度から高等学校保健体育の教科書に「精神疾患の予防と回復」の項目が盛り込まれました.そのような教育の機会にも,本書を資料として活用していただけるのではないかと期待しています.

　このような趣旨のもと,本書は体育・スポーツ心理学の専門書の中でも,カラーや図表を含めて,見やすくわかりやすさを重視しています.さらに本書では,読者の方々がそれぞれのトピックを体系的にかつ効率よく学べるよう,いくつかの工夫を行っています.各章の初めにはキーワードや到達目標を設定しており,各章末には理解度を測れるように練習問題を用意しています.また,適宜最新の知見や文献を含むようにしています.限られた誌面で全ての範囲を詳細に網羅することは難しいため,読者の方々が本書の中で興味を

---

*改正スポーツ基本法の施行により 2023 年から名称が変更された.
「国民スポーツ大会」に名称が変わる最初の大会は 2024 年となる.

持った内容に関しては，各章末に記載の文献や関連書籍をさらに詳しく参照していただくことで，より学びを深めていただければと考えています．

　本書の内容は，大きく分けて4つのパートからなり，各パート5章ずつの計20章から構成されています．4名の編者が各パートを担当し（1〜5章：國部雅大，6〜10章：中須賀巧，11〜15章：江田香織，16〜20章：雨宮怜），編者を中心に各章を担当していただく執筆者を推薦し依頼しました．著者の選定にあたり，本当はもっと多くの先生方にご執筆いただきたかったのですが，本書の方針としては，各大学や教育機関にて「体育心理学」「スポーツ心理学」「体育・スポーツ心理学」の講義を受け持たれている，比較的若手〜中堅の方に執筆をお願いしました．各章の執筆にあたり，著者の先生方には限られたページ数で各トピックについてまとめていただくという，非常に難しいお願いをさせていただきました．そのような条件にも関わらず，著者の先生方の多大なるご理解とご尽力により，各章ではできる限り多くの内容を取り扱ってくださいました．著者の先生方には，この場をお借りして厚く感謝いたします．体育・スポーツ心理学の扱う研究対象は非常に広範囲にわたりますが，その中で各著者の先生方が専門とする研究テーマに関連して，各大学で行っている授業の雰囲気に触れていただける内容となっていれば幸いです．

　最後に，本書の企画をご提案くださり，出版に至るまでに多大なるご支援とご尽力を賜りました講談社サイエンティフィク様，そして編集を担当してくださった池上寛子様に深く御礼申し上げます．

2023年3月

國部雅大
（編者4名を代表して）

目 次

序章　体育・スポーツ心理学とは

國部雅大

キーワード　体育心理学，スポーツ心理学，研究法

到達目標
● 体育・スポーツ心理学の研究対象とはじまりについて説明できる.
● 体育・スポーツ心理学の研究法について説明できる.

0.1 ≫≫ 体育・スポーツ心理学とは

A.「体育心理学」「スポーツ心理学」とは

本書のタイトルである「体育・スポーツ心理学」とは，「体育心理学」と「スポーツ心理学」の両者を指している.まず，これらの名称が元来意味するところに関して説明する.

「体育心理学」とは，学校教育の中で保健体育に関する問題や現象を心理学的な側面から解明する学問である.もともと，体育心理学は教育心理学の一分野であり，身体運動を通した教育の場面にみられる問題や現象を取り扱い，その背景には教育的視点が含まれていることが考えられる.

「スポーツ心理学」とは，スポーツ[*1]に関する様々な問題や現象を心理学的な側面から解明し，スポーツの実践や指導における科学的な知見を提供する学問である.ここでの「スポーツ」とは，競技スポーツだけではなく，様々な目的，年齢，対象で実施される広い意味でのスポーツを対象としている.

このように，体育心理学とスポーツ心理学の違いは，もともとは主な研究対象の違いにあるといえる.ただし，体育心理学とスポーツ心理学の扱う範囲には明確な区別があるわけではなく，重複している部分もある.例えば，体育心理学においては，身体教育の場面（狭義の体育）だけではなく，広義のスポーツや運動場面にみられる問題や現象（広義の体育）も扱われている.一方，スポーツ心理学においても，体育の場面にみられる事象が扱われることもある.

B.「体育心理学」と「スポーツ心理学」の関係と研究対象

「体育」「スポーツ」に関する概念の定義については様々な考え方があり，それぞれの研究者によって異なる部分もあるが，その中で杉原（2000）は，体育やスポーツの共通項となる運動行動そのもののメカニズムを心理学的に研究する「運動心理学」を基盤となる概念とし，その上に「体育心理学」「スポーツ心理学」「健康運動心理学」の3つが互いに関連しあう形で存在するという解釈をしており，体育・スポーツ心理学における相互の位置づけが示されている（**図 0.1**）[1].したがって，例えば本書で扱う体育・スポーツ心理学の中にも，健康運動心理学に位置づけられる内容が含まれている.

*1　スポーツ（sport）の語源はラテン語の deportare（デポルターレ）に由来する.これが英語で disport（dis：離れる＋port：運ぶ，労働）となり，労働から離れるという意味を持つ.つまり，スポーツは元来気晴らしや遊びという意味を持っている.

図 0.1　体育・スポーツの心理学に関連する各学問分野の位置づけと関係
（文献 1 を改変）

応用的側面
（様々な文脈・背景での運動行動）

共通の基盤
（運動行動のメカニズム）

0.2 ≫ 体育・スポーツ心理学のはじまり

A. 心理学のはじまり

　心理学の歴史に関しては，エビングハウス（Ebbinghaus, H.）が『心理学要論』（1908 年）にて「心理学の過去は長いが，歴史は短い」と記している[2]．人の心に対する心理学的考察は，過去 2000 年以上前から哲学者や医学者らにより行われてきたが，学問・科学としての心理学のはじまりは，ヴント（Wundt, W.）がライプツィヒ大学（ドイツ）に心理学実験室を開設した 1879年とされており，心理学の歴史としては現在（2023 年）まで約 145 年となる．ヴントは，感覚の生理心理学，精神物理学，反応時間，連想などの実験的研究を通して，「精神」や「意識」を「量的」に測定・観察することを目的に，身体運動や反応をはかる手法を用いた．これが科学としての心理学が構築される端緒となった．

　日本では，西周（1875）がヘーブン（Haven, J.）の書である "Mental Philosophy"（1857）を翻訳する際「心理学」という訳語を創ったのが，「心理学」という用語のはじまりとされる．日本で最初の心理学者は元良勇次郎とされており，アメリカにて心理学の研究で博士号を得た．その教えを受けた松本亦太郎が 1903 年に東京帝国大学（現：東京大学）に日本初の心理学実験室を開設した．また 1906 年からは京都帝国大学（現：京都大学）に心理学講座を開設した．ここでは，心身の動作の測定や研究が心理学の主要な問題として扱われており，これが後の体育・スポーツ心理学の研究にもつながっていったと考えられる．

B. スポーツ心理学のはじまり

　それでは，体育・スポーツ心理学の研究のはじまりはいつになるだろうか．スポーツ心理学研究のはじまりは，1800 年代（19 世紀）終わりからとされている．1898 年にアメリカのトリプレット（Triplett, N.）が，自転車選手が 1人で走るよりも 2 者以上で競争して走ったほうが良いタイムが出たことや，子どもが 1 人のときより 2 人のときのほうがリールを早く巻き取ることができたことを社会心理学的な実験により発見した（社会的促進の研究）．その後，

スポーツ心理学の父といわれるグリフィス（Griffith, C.）が 1925 年にイリノイ大学（アメリカ）にスポーツ心理学研究室を最初に設立した．その後グリフィスは 1926 年に "Psychology of Coaching"，1928 年に "Psychology and Athletics" を出版しており，これらがスポーツ心理学に関する最初の書籍とされている．

　その後，学術団体（学会）としての研究のはじまりとして，1965 年に国際スポーツ心理学会が設立され，イタリアのローマで第 1 回大会が開催された．国際スポーツ心理学会大会は世界各地で 4 年に 1 回開催されており，2021 年には第 15 回大会が行われた[*2]．日本では，1973 年に日本スポーツ心理学会が設立され，1974 年に早稲田大学で第 1 回大会の開催以降，年 1 回の学会大会が行われている．日本スポーツ心理学会は 2023 年で設立 50 年（50 回大会）を迎え，次の世代を見据えた取り組みが検討されている．

*2　当初台湾にて現地開催の予定であったが，新型コロナウイルス感染症の影響によりオンラインで開催された．

C. 体育心理学のはじまり

　日本では，1872 年に，教員養成機関として師範学校[*3]が東京に設立され，体育教員や指導者の養成機関として，1878 年に体操伝習所が開設された．体育心理学のはじまりについては，1923 年に『体育運動心理』（江上秀雄），『運動心理』（大河内泰），1930 年に『体育心理学』（松井三雄[*4]）が出版されたことを端緒としている．その後，1932 年に『スポーツの心理』（松井三雄・中村弘道）が出版され，スポーツにおける審判の心理，競走発走における反応時間の研究などが扱われた．さらに，1959 年に『スポーツ心理学』（松井三雄）が出版された．このように，当初日本では「運動心理」「体育心理学」という学問名称が用いられることが多かったが，徐々に「スポーツ心理学」の名称が用いられるようになってきたことがうかがえる．

*3　後に東京師範学校，高等師範学校，東京高等師範学校，東京教育大学となり，現在の筑波大学（1973 〜）となる．
*4　体育研究所（1924 年設立）に技師として勤務した．

　体育学に関する学術団体としては，1950 年に日本体育学会（現：日本体育・スポーツ・健康学会）が設立された．そして体育心理学の学問分野としては，1961 年に日本体育学会の中に体育心理学専門分科会（現：体育心理学専門領域）が発足した．また，1960 年には，日本体育協会（現：日本スポーツ協会）内にスポーツ科学研究委員会・心理部会が置かれ，東京オリンピックへ向けてスポーツ選手を対象とした心理面の研究が行われた．

　表 0.1 に，心理学，体育・スポーツ心理学のはじまりに関する日本・海外における出来事や書籍を示した．なお，体育・スポーツ心理学の歴史については，文献 3 〜 6 に詳しく記載されている．

0.3 ≫ 体育・スポーツ心理学の研究対象と研究法

A. 心理学における研究法

　心理学の歴史は「研究法の発展の歴史」であるともいえる．研究法というとやや難しく聞こえるが，少し言い換えると「もののみかた」のことである．体育・スポーツ心理学の研究対象の範囲は非常に多岐にわたり，研究対象とする

表0.1　心理学，体育・スポーツ心理学のはじまりに関する日本・海外における出来事や書籍

1872	（日本）師範学校（日本初の教員養成機関）の設立（東京）
1878	（日本）体操伝習所（体育教員・指導者の養成機関）の設立
1879	（ドイツ）ヴントがライプツィヒ大学に心理学実験室を開設
1898	（アメリカ）トリプレットによるスポーツの社会心理学的実験
1903	（日本）松本亦太郎が東京帝国大学（現：東京大学）に心理学実験室を設立
1906	（日本）松本亦太郎が京都帝国大学（現：京都大学）に心理学講座を設立
1913	クーベルタンがスポーツ心理学会議を開催（スイス・ローザンヌ）
1923	書籍：『体育運動心理』江上秀雄，『運動心理』大河内泰
1924	（日本）体育研究所（日本初の国立の体育研究機関）の設立
1925	（アメリカ）グリフィスがスポーツ心理学研究室を設立（イリノイ大学）
1926	書籍："Psychology of Coaching"（グリフィス）
1928	書籍："Psychology and Athletics"（グリフィス）
1930	書籍：『体育心理学』（松井三雄）
1932	書籍：『スポーツの心理』（松井三雄・中村弘道）
1950	（日本）日本体育学会（現：日本体育・スポーツ・健康学会）設立
1959	書籍：『スポーツ心理学』（松井三雄）
1960	（日本）スポーツ科学研究委員会・心理部会（日本体育協会）
1961	（日本）体育心理学専門分科会（現：体育心理学専門領域）発足
1965	国際スポーツ心理学会（International Society of Sport Psychology：ISSP）設立（会長：Antonelli, F.）
1973	日本スポーツ心理学会（Japanese Society of Sport Psychology：JSSP）設立（理事長：松田岩男）

*5　ヴントは意識の「内観法」および「要素主義（要素に分けて心を理解する考え方）」を主張した．その批判として，「行動主義心理学（意識ではなく客観的な行動を重視）」，「ゲシュタルト心理学（要素・部分ではなく全体性を重視）」，「精神分析学（意識ではなく無意識を重視）」が提唱された．

事象への多層的・多面的な理解が求められる場合が多い．そのため，体育・スポーツ心理学では多様な研究法が用いられる．心理的な現象はもともと目に見えないものであるため，研究法に工夫が必要であり，各研究法の長所とともに問題点や限界を理解しておくことが重要である．

B. 内観法と客観的観察法

　心理学の研究法としては，大きく分けて「**内観法（内省法，自己観察法）**」と「**客観的観察法**」がある*5．内観法は，研究対象者が自分自身の意識過程

を自分自身で観察・内省し，それを研究者に報告する方法のことである．研究対象者のより内面の意識に迫ることができるが，得られる内容が対象者の記憶に依存するという面がある．一方，客観的観察法は，外面的な行動や内面的な心理現象を研究者が客観的に捉えて観察する方法である．行動を客観的に観察するため，検証可能性が高いという長所があるが，行動が同じであっても行動に至るまでの意識が異なる場合があるという面にも留意する必要がある．

C. 事例的研究と統計的研究

また，心理学は「個人差」の検討から出発した学問分野でもあるため，研究対象を分析する観点から，大きく分けて「事例的研究」と「統計的研究」がある．事例的研究は，ケーススタディともよばれ，特定の個人・集団や事象を深く掘り下げて研究するものである．事例研究ではかけがえのない個性を発見・記述できる可能性がある．その一方で，一般化が難しいという面もある．統計的研究は，集団の特徴や傾向を比較検討する際に種々の統計検定が用いられる．代表値や分布は，集団の一般的な傾向を把握するうえで有効であるが，代表値は必ずしも実態を表す値として適切であるとは限らないという点に注意が必要である．

体育・スポーツ心理学では「一般性・普遍性」とあわせて「特殊性・独自性」に注目すべき学問であるともいえる．特に，体育・スポーツの分野では，外れ値の検討が重要となる場合がある（例えば，世界記録は一般成人平均値からの外れ値である）．信頼性や妥当性[*6]が高い設定下でデータを取得・分析する中で外れ値が出現した際には，それは未知の新しい現象である可能性があり，事例的にその原因を検討することで，新たな発見につながるかもしれない．

> [*6] 信頼性：測定された結果がどの程度一貫しているか（同じ調査を繰り返したとき同じような結果を得られるか）．
> 妥当性：測定したい物事（概念）をどの程度適切に測定できているか．

D. 体育・スポーツ心理学で用いられる研究法

体育・スポーツ心理学で主に用いられる具体的な研究方法としては，（1）観察法，（2）実験法，（3）検査法，（4）調査法，（5）面接法などが挙げられる[7, 8]．研究法により，量的研究，質的研究，混合研究法が用いられる．

（1）観察法には，自然のままの行動を観察する（場面の統制を行わない）自然的観察法と，観察したい行動が起こるように条件を設定する実験的観察法がある．観察は様々な研究を行ううえで非常に基本的かつ重要であり，いずれの方法でも，観察したい行動をあらかじめ明確にしておくことが重要となる．

（2）実験法では，検討したい要因（独立変数）が反応（従属変数）に与える影響を，要因と考えられる条件以外のもの（交絡因子）を統制・操作することで検討する方法である[*7]．この方法は，要因と反応の因果関係を直接証明できる一方，現実場面を反映しない設定となってしまう可能性もある．

（3）検査法では，標準化されたテストを用いて，対象者の心理特性や心理状態を測定する方法である．例えば，心理的競技能力診断検査（DIPCA.3）[*8]や，二次元気分尺度（TDMS）[*9]，Profile of Mood States（POMS）などがある．これらはセルフモニタリングやメンタルチェックに用いることができる．用いる検査が妥当性や信頼性をもつものであるかどうかが重要である．

> [*7] 臨床場面において要因を操作する介入を行い，その効果を検討する実験研究のことを特に介入研究法という．
> [*8] DIPCA.3：Diagnostic Inventory of Psychological Competitive Ability for Athletes
> [*9] TDMS：Two-Dimensional Mood Scale

（4）調査法では，対象者が質問文に対して回答する方法であり，自由記述法や評定尺度法が用いられる．基本的には一ヶ所に集合して実施される集合調査法が用いられることが多いが，最近 Web を用いた調査も実施されることが多くなってきた．多数の対象者から短期間に資料が集められる一方で，対象者の読解力や表現能力に依存する面や，個別事例や外れ値に弱い面がある．

（5）面接法では，研究者が研究対象者と直接面接して，種々な特性を観察するもので，口頭での質問も含め対象者の意見・知識・態度を把握する．この研究法では，対象者とのラポール（信頼関係）が大切となる．この方法では，問題を直接的かつ詳細に捉えることができる一方，面接者の主観が介入しやすいため，客観的な基準の設定が難しいという面もある．

体育・スポーツ心理学では，運動の制御機構，運動の学習と指導，動機づけ，発達，精神心理，社会心理，健康心理，競技心理，メンタルトレーニング，心理臨床など，以降の章で扱う様々なテーマを研究対象としている．研究法を知ることは研究を進めるうえで重要であるものの，研究法にとらわれすぎることなく，問題となる現実の事象をしっかりと捉える姿勢が研究するうえで大切であると考えられる．

今後，体育・スポーツ心理学は，体育・スポーツ科学および応用心理学の一分野として，他の近接領域との連携や協同が期待される．そのためには，学術的な知見を蓄積し深めていくとともに，実践面での応用面を見据えることも重要であると考えられる（科学者―実践者モデル*10：scientist-practitioner model）．

*10　心理の専門職に就く人は科学と実践の両方を身につけるべきである，という意味の言葉．臨床心理士や公認心理師の専門性の在り方を示す．

練 習 問 題

1) 体育心理学，スポーツ心理学の主な対象とそのはじまりについて説明しなさい．

2) 体育・スポーツ心理学で用いられる研究法を複数挙げ，各研究法のもつ特徴について説明しなさい．

【文献】
1) 杉原隆(2000)．杉原隆・船越正康・工藤孝幾・中込四郎(編著)，スポーツ心理学の世界(p. 4)．福村出版．
2) Ebbinghaus, H.（1908). Abriss der psychologie. Veit & Co.
3) 藤田厚(2004)．日本スポーツ心理学会(編)，最新スポーツ心理学：その軌跡と展望(pp. 17-24)．大修館書店．
4) 徳永幹雄(2005)．徳永幹雄(編)，教養としてのスポーツ心理学(pp. 1-7)．大修館書店．
5) 近藤明彦(2008)．日本スポーツ心理学会(編)，スポーツ心理学事典(pp. 7-20)．大修館書店．
6) Singer, R. N., Hausenblas, H. A., & Janelle, C. M.（Eds.).（2001). Handbook of sport psychology (2nd ed.). John Wiley & Sons.(山崎勝男(訳)（2013)．山崎勝男(監訳)，スポーツ心理学大事典(pp. 1-6)．西村書店．)
7) 子安増生・齋木潤・友永雅己・大山泰宏(2011)．京都大学心理学連合(編)，心理学概論(pp. 10-23)．ナカニシヤ出版．
8) 下山晴彦・佐藤隆夫・本郷一夫(監)，三浦麻子・小島康生・平井啓(編著)（2020)，公認心理師スタンダードテキストシリーズ 4 心理学研究法．ミネルヴァ書房．

第1章 運動制御における感覚・知覚・認知の役割

中本浩揮（第1～3節）／福原和伸（第4, 5節）

キーワード 素早く正確な情報処理，反応時間，知覚と運動，視覚・聴覚，人間の情報処理，認知，状況判断・意思決定

到達目標
● スポーツ心理学と運動制御の関係について理解する.
● 情報処理モデルに基づく運動制御メカニズムについて理解する.
● 知覚・認知スキルの発達と運動パフォーマンスの関係を理解する.

1.1 ≫ 運動制御とスポーツ心理学

　我々の日常は運動制御によって支えられている．本書を読むこと，あるいは学校の机で寝ることさえも，適切に身体運動が制御された結果である．眼球運動を制御できなければ配置された文字列を意味のある文章として読めないし，頭部の揺れを察知してそれを支持する腕の運動を協調的に制御できなければ授業中に安心して熟睡だってできない．普段，このような運動制御は特別意識されることはないが，どのようにして我々は運動を制御しているのだろうか？一流アスリートと我々とでは運動制御にどのような違いがあるのだろうか？こういった疑問を解き明かそうとするのが体育・スポーツにおける運動制御研究である．

　運動制御と聞いてバイオメカニクスや運動生理学をイメージする人は多い．スポーツ心理学に興味を持った本書の読者でさえ，運動制御から心理学をイメージする人は少ないだろう．しかし，体育・スポーツあるいは日常の運動において，身体や環境の状態（例えば，四肢の位置や疲労状態，あるいは他者の動きや地面の状態など）を知ることなく，目標とした運動（例えば，美しい前転や適切なパス）を実現することはできない．この身体内外の状態は感覚という生理機能や知覚・認知という心理機能によって知ることができる．つまり，運動制御研究は単に身体を動かす仕組みを対象とするのではなく，合目的的に身体を動かす仕組みを心理機能も含めて対象とする学際的領域なのである．

　そこで本章では，まずスポーツ心理学の特色ともいえる知覚・認知と運動制御の関係について説明する．次に運動制御がどのように行われるかといった仕組みを情報処理モデルに基づいて説明する．最後に，熟練アスリートの知覚・認知の特徴を紹介し運動パフォーマンスにおける重要性を示す.

1.2 ⟫⟫ 感覚・知覚・認知と運動制御

A. 感覚・知覚・認知とは

　身体の状態を知らせる固有感覚（筋運動感覚や位置覚など）や内受容感覚（心拍／呼吸の感覚や内臓感覚など），あるいは環境の状態を知らせる視覚や聴覚などの外受容感覚は，感覚受容器が物理的・化学的な刺激（筋長や心拍の変化，光，音など）を検知することで生じる．感覚器は，この感覚刺激を神経信号に変換して脳に伝達する．これらの信号から重要なものを選別し，身体や環境の状態を知る心理機能が知覚（perception）である．腕が伸びている／重い，あるいは目の前の球体がボールであるといった主観的な意味が知覚の結果となる．言い換えれば，知覚とは感覚に個人が過去の経験（知識）を用いて意味づけする心理過程である．そして，ボールが速いから早めにスイングを開始しようといったように，知識に基づいて知覚情報を理解したり，それをもとに判断／行動計画したりする心理過程が認知（cognition）である．

　ここで知覚・認知における知識の関与について具体例を示しておきたい．**図1.1** はある写真の白黒画像である．何の写真かわからない人が大半だろう．しかし，章末にあるカラー写真を見た後に再度図 1.1 を見ると，はっきりと犬が知覚される．同じ白黒画像を見た 1 回目と 2 回目の違いは事前知識（犬）の

図 1.1　章末の写真の白黒画像

有無だけである．この例からわかるように，我々の知覚・認知には感覚信号（ボトムアップ処理）だけでなく，事前知識（トップダウン処理）も関与している．スポーツの熟練者が瞬時かつ正確に環境を知覚したり，素早い意思決定（認知）したりできるのは，感覚信号の処理だけでなく，知識を発達させているためである [1, 2, 3]．

　また知覚・認知に対する感覚信号と事前知識の関与は状況に応じて変化する．例えば，明るい場所と薄暗い場所でキャッチボールをするとき，薄暗い場所ではボールの視覚情報が得にくいため，明るい場所のときよりも事前知識（物体運動の知識）に頼ってボールを知覚する．このように，感覚信号が曖昧な場合は事前知識の関与を，事前知識が曖昧な場合は感覚信号の関与を高めるといったように，両者を柔軟に統合することで知覚・認知は生じる [4, 5, 6, 7, 8]．

B. 運動制御と感覚・知覚・認知

　運動能力という観点から，運動制御と感覚・知覚・認知の関係を考えてみたい．体育・スポーツでは運動パフォーマンスの向上が目的の 1 つとなる．運動パフォーマンスを直接的に支える要因は運動の能力である．この運動能力は，一般運動能力と特殊運動能力に大別され [9]，杉原はそれぞれを運動体力と運動技能という用語で定義している [10]．

　運動体力とは，エネルギー生産に関わる筋力，瞬発力，持久力のことであり，様々な運動課題に影響する主に末梢機能に由来する能力を指す．例えば，筋力を高めることは野球でも柔道でもパフォーマンス向上につながるため一般性を

持った運動能力であることが理解できる．運動技能とは知覚を手がかりとして運動を目的に合うよう制御する学習された能力と定義され，主に中枢機能に由来する能力を指す．バスケットボールの神様マイケル・ジョーダンが野球では全く通用しなかったように，両者では運動に利用する感覚情報は異なるし，実行する運動も異なる．この例からわかるように，運動能力には特殊性の高い運動能力が存在し，それが知覚を手がかりとして運動を制御する能力である．

　このように，運動パフォーマンスは運動体力と運動技能（運動制御）に支えられている（**図 1.2**）．体育・スポーツでは運動体力が注目されることが多い．しかし，感覚・知覚・認知を手がかりとして身体各部の動きを協調させる運動制御や環境と身体を協調させる運動制御は運動パフォーマンスの根底をなすものである．そして，特殊的な運動能力の存在こそが，感覚・知覚・認知と運動制御の密接な関係を示すものである．

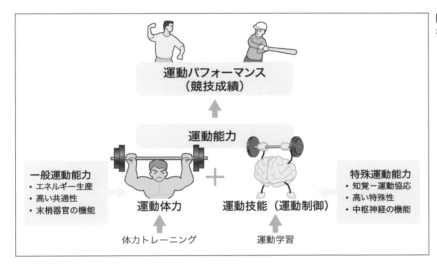

図 1.2　運動パフォーマンスを支える要因

1.3 ≫≫ 運動制御における情報処理モデル

A. 情報処理モデル

　運動制御の仕組みについて，スポーツ心理学では大別して 2 つの理論的モデルから説明がなされる．1 つが認知心理学を背景とするモデル，もう 1 つは生態心理学／力学系理論を背景とするモデルである．本章では，前者に含まれる運動制御の情報処理モデルについて解説する．

　飛んでくるボールをキャッチするところをイメージしてもらいたい．このとき入力されている主な感覚情報はボールの視覚情報である．しかし，我々は最終的にそれを捕球運動という形にいわば変換して出力している．このような変換はどのように行われるのだろうか？　その変換の仕組みが明確なものとしてコンピュータがある．コンピュータでは，マウスなどの入力装置から中央処理装置・記憶装置に信号が送られる．ここでは記憶装置に蓄えられたルールを適

用して，入力信号の演算処理や様々な制御処理が行われる．その結果をディスプレイやスピーカに転送することで文字や音として出力することができる（**図 1.3**A）．

　初期の運動制御モデルは，人間の運動制御の仕組みをこのコンピュータのような情報処理システムとみなすことで理解しようとしてきた．これを情報処理モデルと呼ぶ．このモデルでは，運動制御は感覚器官からの入力信号を中枢神経系が知覚・認知処理し，効果器（筋・骨格系）に司令を出力することと考える（図 1.3B）．具体的には，重要な情報を検出し，感覚器官から受け取った刺激が何であるかを記憶された知識を頼りに同定する（刺激同定）．その後，これに基づきどのように反応するかを反応選択肢の中から決定する（反応選択／意思決定）．そして，選択された反応を実行するために具体的にどのように運動するかといった司令内容（例えば，収縮させる筋，筋収縮のタイミング，張力）を生成する（反応プログラミング）．これを筋に送ることで運動が発現すると考える．スポーツでも同様の情報処理を仮定すると図 1.3C のように想定できる．

図 1.3　運動制御における情報処理モデルの考え方

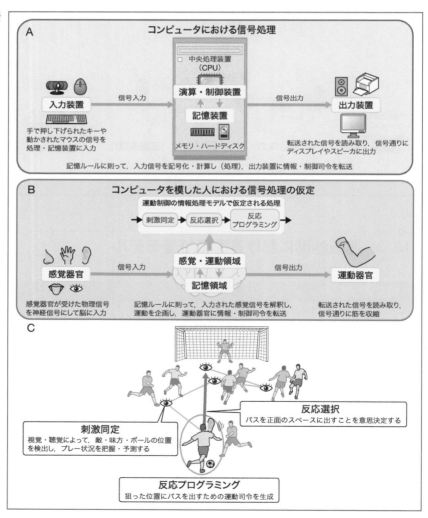

B. 情報処理の時間計測アプローチ

　運動制御が上記の情報処理に基づいていると仮定することで，運動制御の良否を各情報処理段階の処理性能に帰することができる．言い換えれば，運動パフォーマンスの個人差が何に起因するのかを明確にできる．例えば，図1.3Cの刺激同定段階にかかる時間を評価できれば，サッカーなどの状況判断の良否が刺激同定能力に起因するかどうかを探求できる．このような時間的側面から情報処理性能を検討する方法は時間計測アプローチ（chronometric approach）と呼ばれる．

　このアプローチではよく反応時間課題が用いられる．初歩かつ重要な理解を進めるため，ドンデルス（Donders, F. C.）[11]の古典的な方法を紹介する．ドンデルスは，3種類の反応時間課題を用いた実験を行った（詳細は，**図1.4**）．そして，刺激呈示から反応までの時間である反応時間（reaction time）を測定した．結果として，単純，弁別，選択反応課題の順で反応時間が短かった．ドンデルスは，単純反応と弁別反応では，刺激弁別以外のプロセスは共通しているため，両者を引き算した値（36ミリ秒（ms））が刺激弁別時間，同様の論理で弁別反応と選択反応を引き算した値（47ms）は反応選択時間と考えた．このように課題操作によって関与する処理過程を限定し，課題間の反応時間の差分から特定の処理過程の効率を推定する方法は減算法（subtraction method）と呼ばれる．ただし，我々は上記処理過程を並列に実行できることが明らかにされたため，現在では減算法そのものに有用性はない．しかし，ある特定の要因を操作し反応時間の変化から処理過程の特性を調べるという枠組みは，現在でも時間計測アプローチの基礎となる考えである．実際，後半の節で示すスポーツの知覚・認知の効率を比較する研究にも利用されている．

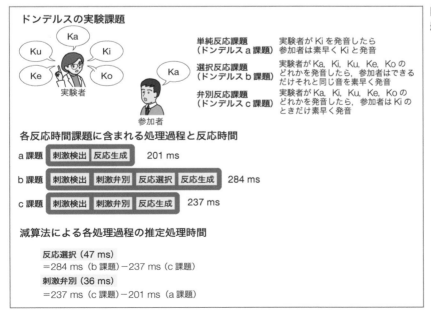

図1.4　ドンデルスの実験課題

　　反応時間が運動制御における情報処理特性の理解に役立つ他の例として，ヒック - ハイマンの法則（Hick-Hyman's law）を紹介する．上記のドンデルス実験で見たように反応選択の付加によって反応時間は増大する（ドンデルス b 課題）．この反応選択肢をさらに増やしていった場合の反応時間の増大が**図 1.5**A である．この図から直感的に読み取れるのは，選択肢の増加に伴う反応時間の増大は選択肢数が多くなるほど指数関数的に小さくなるということである．しかし，この直感は情報処理モデルが想定する情報量という視点からみると異なる印象になる．ヒック（Hick, W. E.）[12] とハイマン（Hyman, R.）[13] は，選択反応時間が選択肢の 2 を底とする対数（情報量）の一次関数として増大することを示した（図 1.5B, C）．

$$選択反応時間 = a + b \cdot \log_2(N)$$

N は選択肢の数，a と b は実験定数で刺激同定や反応プログラミングの時間（反応選択以外の時間）と情報あたりの反応選択にかかる時間（反応選択の処理効率）をそれぞれ示す．底を 2 とした場合，選択肢 2 では対数が 1 なので情報量 1，選択肢 4 では対数が 2 なので情報量 2 となる．情報量は不確実性とも置き換え可能であり，反応選択の不確実性の増加が処理に規則的な影響を持つことが図からわかる．また，この法則は情報処理効率の個人差の理解にも役立ち，a（切片）や b（傾き）から反応選択以外の時間や反応選択の処理効率をそれぞれ推定できる．参加者 G.C.（図 1.5B）より F.K.（図 1.5C）のほうが効率的な処理を行えることがわかる．スポーツでもこの傾きが熟練度を説明できるという報告がある [14]．このような情報量の増加に伴う規則的なパフォーマンス低下は，フィッツの法則として知られる**速度と正確性のトレードオフ**（第 2 章参照）にもあてはまることから情報処理の一般特性と考えられる．ここでは処理の時間的効率についてのみ示したが，それぞれの処理過程では保有知識の量や質が情報処理に影響することも明らかにされている [1, 2, 3]．

図 1.5　反応選択肢の数と選択反応時間の関係
（A：文献 12 より引用
　B, C：文献 13 より引用）

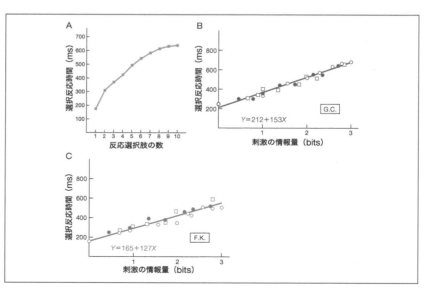

C. フィードバック制御とフィードフォワード制御

　情報処理を前提とする運動制御では，フィードバック制御とフィードフォワード制御という 2 つの異なる制御モードが想定されている．両者は運動中に感覚情報を利用するか否かの点で異なる．フィードバック制御では，視覚や筋感覚などの感覚情報を運動遂行中に得ながら，目標となる感覚（理想の四肢の位置（視覚）や筋感覚）との誤差を検出し，誤差が減るように運動を調整する．図 1.3B でいえば，運動出力に伴って変化する視覚情報や筋感覚情報を入力側に戻すようなループを繰り返す制御となる（ゆえに，閉ループ制御とも呼ばれる）．ただし，感覚フィードバックには数十ミリ～数百ミリ秒程度の時間がかかる（具体的な時間は，文献 15 に詳しい）．言い換えると，ダイナミックな環境では感覚フィードバックは常に過去の情報であり，合目的的な運動は困難となる．伝統的な情報処理モデルではあまり想定されていないが，神経科学領域では運動司令のコピー信号から内部モデルと呼ばれる機構によって予測的に感覚結果を推定し，これをフィードバック信号として利用することで時間遅延を回避できると考えられている[16, 17, 18, 19]．

　これに対し，感覚フィードバックに頼らない制御モードはフィードフォワード制御と呼ばれる．野球の打撃は好例である．高速移動するボールを 100 ms 以上かかる視覚フィードバックに基づいてスイングしていたのでは振り遅れてしまう．この場合，初期のボール軌道などの情報からボール到達位置を予測し，あらかじめスイング位置を決定して時間遅れのないように運動を先回りして実行する（実際，後半のボールが見えなくても打撃には影響しない[20]）．この制御モードでは運動プログラムが重要となる．運動プログラムとは「運動系列の開始に先だって構造化され，運動が開始されると末梢フィードバックに影響されることなく全系列を実行可能にする一組の筋司令」と定義される[21]．具体的には，図 1.3B の反応プログラミング段階で生成された運動司令を指す．シュミットはこの運動プログラムを汎化運動プログラムという考えに発展させ（第 2 章参照），抽象的な運動パターン（例えば，投動作パターン）が反応選択段階で選択され，反応プログラミング段階でパラメータ（運動速度など）を調整することで経済的で多様な運動が実現できると提案した．このようなフィードフォワード制御では，事前に準備された運動プログラムの良し悪しが運動パフォーマンスに直結することになるため，刺激同定や反応選択段階での処理がより重要となる．

　以上のように，2 つの制御モードを情報処理の中で駆使しながら運動を制御すると考えるのが，情報処理モデルにおける運動制御の基本的な考えである．

D. 情報処理モデルへの批判と代替モデル

　情報処理モデルは理解しやすく，体育・スポーツに関する有益な知見も多く得られてきた考えである．しかし，このモデルを根本から批判する意見もある[22]．例えば，ベルンシュタイン問題と呼ばれる自由度と多義性の観点からの批判では，運動プログラムによってすべての筋に司令を送ることは，制御す

べき神経・筋の数が膨大すぎて合理的ではないこと（自由度問題），同じ運動でも，そのときの身体状態によって制御すべき筋は異なるため膨大な運動プログラムが必要となること（文脈多義性）が挙げられている（4.1 節参照）．また，少なくとも上述した伝統的な情報処理の考えでは，受動的に得られた感覚情報をもとに中枢が身体を支配的に制御すると考えるが，4.2 節や 4.3 節で述べられるように身体運動は環境の制約，すなわち中枢支配がなくとも自然創発する面もある．情報処理モデルのすべてが否定されるべきでないが [23, 24]，少なくとも運動制御を完全に説明できない．現在では上記問題を解決できる説明として，力学系理論と生態心理学に基づいたモデルがスポーツ心理学では発展している（第 4 章参照）．また，神経科学の発展に伴って，情報処理を前提とする運動制御モデルも大きく変化している．

1.4 》》 感覚・知覚・認知と運動パフォーマンス

A. 知覚・認知と運動パフォーマンスの連関

脳の情報処理過程における入力・処理に相当する「知覚・認知」と出力に相当する「運動」は，それぞれ独立して働くのではなく，両者が連関的に機能する．両者に連関関係があるおかげで，知覚・認知を変えることが，運動を変える切り口になる．認知心理学領域では知覚・認知と運動には共通表現があるとされており（共通符号仮説）[25]，神経科学領域においても両者の連関性が存在する証拠が示されている [26]．

スポーツ心理学の領域でも，知覚・認知と運動との連関性を示す報告がある（詳細は文献 27 を参照）．クリケットの打撃場面を検討した研究によれば，口頭で回答するよりも，実際の競技でプレーするようにバットスイングで応答したほうが，熟練打者は相手の投球したボールコースを的確に予測できる [28]．この結果は，知覚・認知と運動が強固に結合する条件（知覚行為結合（perception-action coupling））は，知覚判断のみの静止条件よりも，状況を的確に見極められる状態であることを示している．この特徴は，熟練者で顕著にみられることから，運動パフォーマンスの向上にはこの連関を高めることが重要と考えられている．

熟練した運動パフォーマンスは，競技に近い文脈でこそ発揮されやすい特性を有することが知られている．空手を対象とした反応時間研究では，単純なドット刺激よりも，実際の競技場面（空手）のビデオ映像を提示したほうが，空手熟練者と初心者との選択反応時間の差を顕著に示すことを報告している [29]．他にも，アメリカンフットボール [30] やバスケットボールを対象とした研究 [31] においても，競技特有の優位性を支持する報告がなされている．近年ではこうした研究成果に基づき，熟練パフォーマンスの評価／トレーニングには，できる限り実際の競技を再現した環境で検討すべきとする代表性（representative）の概念が推奨されている [32]．代表性を活かしたデザインについては，図 1.6 を参照してほしい．

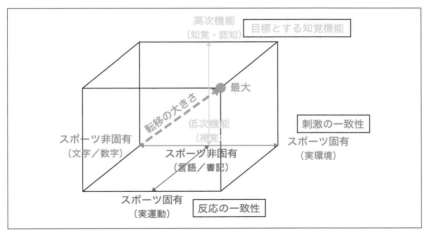

図 1.6 代表性を活用したデザインの概念図
目標とする知覚機能（低次から高次），刺激の一致性（スポーツ非固有からスポーツ固有），反応の一致性（スポーツ非固有からスポーツ固有）における相互作用を示す．すべての条件が揃う代表性の高い条件において（赤丸），熟練パフォーマンスの評価やトレーニングへの応用が可能となると考えられる．

B. 熟練パフォーマンスを支える知覚・認知スキル

　球技や格闘技など，環境が絶えず変化する対人競技では，厳しい時間的・空間的制約の下で素早く的確なパフォーマンスの発揮が求められる．こうした環境の制約を克服するために，熟練アスリートは知覚・認知スキル（perceptual-cognitive skills）を質的に発達（熟達）させてきた．

　知覚・認知スキルとは，「環境情報を識別・処理し，既存の知識や運動能力と統合し，適切な行動を選択・実行する能力」と定義されている[33]（最新の定義は文献 34 を参照）．テニスのサービスリターンを例に考えてみる．時速 200 km のテニスサーブは，20 m ほど先にある相手コートに到達するまでに約 0.3 秒かかる．人間の単純反応時間の限界は，約 0.1 秒とされている．よって，相手がラケットでボールを打ってから（ボール出力後）反応する場合，適切なタイミングで適切な場所に移動してプレーすることは困難である．そこで熟練アスリートは，ボール出力前に存在するサーブコースの手がかり（事前手がかり）を特定し，高速で移動するボールが「いつ，どこに」到達するかを的確に推定し（予測），左右どちらに移動するかを選択する（意思決定）．テニスのトップアスリートが，高速サーブを返球できる理由の 1 つには，高度に発達（熟達）した知覚・認知スキルにより，自らの運動準備にかかる時間的余裕を確保するためといえる．

　知覚・認知スキルは，トレーニングを介して高めることができる．室内で映像を使ったトレーニングが実施できることから，物理的にトレーニングができない状況や（感染症や悪天候など），繰り返し経験できない場面に使用できる利点がある[35]．近年の競技スポーツにおいては，知覚・認知スキルの理解に基づくトレーニングが積極的に導入され始めている．

1.5 ≫ 知覚・認知スキルの特徴についての理解

　熟練アスリートの知覚・認知スキルは，以下 3 つの特徴に分けることができる．

Ａ：対戦相手の将来の動作結果に関する予測（相手動作の結果予測）

Ｂ：膨大な情報をパターン化した記憶の再認・想起（パターン認識）

Ｃ：外部環境から特定の対象への効率的かつ効果的な探索（視覚探索）

以降では，これらの特徴について概説する．

A. 相手動作の結果予測

　熟練アスリートは，対戦相手の動作情報（姿勢や運動学的情報）から，将来起こりうる動作結果（ボールの到達位置や対戦相手の進行方向など）を，非熟練者よりも早期かつ的確に予測することができる（詳細は，文献 36 を参照）．熟練アスリートにおける予測の優位性は，テニスやバドミントンのサーブリターン，野球やクリケットの打撃，そしてサッカーやラグビーの 1 対 1 のディフェンス場面など様々なスポーツ場面にて報告されている．

　熟練アスリートの予測を支える情報源を調べるために，様々な手法が採用されてきた．対戦相手の行動を映したビデオ映像を時間的・空間的に遮蔽する方法では，「いつ・どこの動作情報を利用するのか」を検討してきた[37]（**図 1.7**）．他にも，複数の光点運動のみから他者動作の知覚を可能とするバイオロジカルモーション知覚に関する検討や[38]，バーチャルリアリティ技術を応用したアバターの形態情報や動作情報を操作した検討により[39]，「どのような動作情報を利用するのか」が検討されている．

図 1.7　空間遮蔽実験の例
呈示モデルのラケットと腕の動作が空間的に遮蔽されている．

　テニスの打球コースにおける予測の情報源を調べた研究によれば，テニス初心者は相手の腕やラケット（遠位部）の局所情報の利用に依存するのに対し，熟練者は体幹・下肢（近位部）や遠位部を覆う全体情報を利用することを報告した[40, 41, 42]．この結果から，テニス熟練者は，近位部を基点として遠位部へと展開する動作情報を知覚すると考えられている．全体情報を俯瞰的に見るという考えは，ラグビーの 1 対 1 場面における研究でも支持されている．ラグビー熟練者は，相手の遠位部が誇張された偽装動作（フェイント）に惑わされずに，近位部にある重心位置を抽出することで，ディフェンスの成功率を高めているとされる[43, 44]．また動作情報以外にも，過去に経験した状況に関する文脈情報が（相手の位置や行為選好など），予測に利用されることも近年明らかにされている[45, 46]．

B. パターン認識

　サッカーやバスケットボールなどのチームスポーツにおいて，熟練アスリートは対戦相手の位置を的確に認識し，瞬時かつ適切にパスやシュートを選択する意思決定が優れている．熟練アスリートの意思決定は，戦術的に意味のある情報をパターン化した記憶を再認・想起するスキル（パターン認識）に支えられている．

　スポーツにおけるパターン認識研究は，熟達化研究の基盤となったチェスの研究[47, 48]に端を発している．この研究では，参観者にチェスの駒の配置を短時間提示した後，そのすべてを再現させる課題（想起課題）を実施した．実験の結果，チェスの名人は実際の対局でみられるような駒の配置を提示した場合，駒の配置すべてを再現できるが，ランダムな配置を提示した場合には，初心者と同レベルにしか再現できないことがわかった．つまり，チェスの名人は写真を撮るように駒の配置を記憶するのではなく，戦術的に意味のある構造化された情報を記憶することがわかった．チェス研究の実験系はスポーツにも応用され，サッカー[49]やバスケットボール[50]の熟練アスリートは，競技の文脈に沿った構造化された情報に関する高度な知識を有することが報告されている．

　これまで紹介した研究は，課題提示の数秒後に回答する顕在的意識における実験課題から得られた知見である．しかし実際の競技スポーツでは，1秒に満たない潜在的意識において意思決定がなされる．こうした状況下において，熟練アスリートは優れたパターン認識を発揮できるのだろうか．村川ら[51]は，サッカーのパスを選択する状況下において，サッカー熟練者の潜在的なパターン知覚（論文では"パターン知覚"と表現する）について検討した．実験では，先行刺激としてサッカーの3対3の場面を先に提示し，その後画像がマスクされた後，先に提示された刺激と一致・不一致する画像が提示され，それを判断する課題（再認課題）であった．実験の結果，意思決定能力が高いとされる上位群は，意思決定の劣る他2群（中位群と下位群）に比べ，潜在的に知覚できる時間である34msの提示条件において再認精度が高かった．注目すべきは，この条件において，参加者全員が「わかった」という確信を持っていなかったことにある．これらの結果より，意思決定能力の高いサッカー熟練者は，本人も気づかない直感に近い潜在的意識のもと，適切にパスのコースを選択しているといえる．

図 1.1 のカラー写真

C. 視覚探索

　スポーツにおける予測や意思決定は，外部環境にある膨大な情報から，課題に関係する対象を抽出し，それを的確に捉えることで成立する．熟練アスリートは，視線をただやみくもに動かすのではなく，効率的かつ効果的に対象を捉えるように視線を戦略的に動かすことが知られている．これまでモバイル型の眼球運動計測装置（**図 1.8** 左）を用いて，熟練アスリートを対象とした視覚探索（visual search）や注視行動（gaze behavior）に関する検討が進められてきた[52]．

知覚・認知スキルを対象としたメタ分析（19章 p.222 参照）によれば，熟練アスリートは非熟練者に比べると，特定領域により長く注視する特徴を持つことを報告している[53]．サッカーのペナルティキック場面を調べた研究では[54]，熟練ゴールキーパーは相手キッカーの軸足を長く注視することを報告している．しかし，右方向にシュートする動作（図1.8 右A）と左方向（図1.8 右B）にシュートする動作の間で，その軸足を入れ替えても，予測精度に大きく変化はなかった．この結果より，キーパーは支持脚のみを見ているのではなく，支持脚を基点とした周辺情報を見ていたことが示唆される．つまり，視線を向けた箇所から情報を直接得るのではなく，周辺視を活用するように注意の焦点を変更する戦略をとることが示されている[55]．

図1.8
（左）眼球運動計測装置
（右）サッカーのペナルティキックの呈示刺激

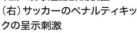
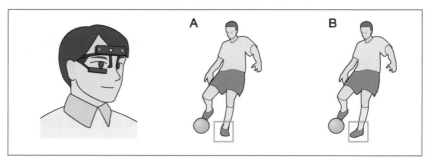

他にも，中心視で対象を捉える特徴的な注視行動もある．例えば，バスケットボールやゴルフなどのターゲットを狙う競技において，運動実行前に対象を注視する Quiet Eye[56]（5.1 節参照），クリケットやテニスなど高速に移動するボールの軌跡を捉えるために，視線をボールのバウンド位置へと先に移動させる予測的サッケード（predictive saccade）などである[57, 58]．これらの研究から示されるように，熟練アスリートはスポーツにおける課題や対象に応じて，適応的に視線を調節させているといえる．

練 習 問 題

1) 情報処理に基づく運動制御における知覚・認知の役割について説明しなさい．

2) 情報処理モデルの問題点について説明しなさい．

3) 熟練者の知覚・認知スキルとはどのようなものか説明しなさい．

【文献】

1) McPherson, S. L.(1993). Journal of Sport and Exercise Psychology, 15(3), 304-325.

2) 奥村基生・吉田茂(2006)．体育学研究，51，459-470．

3) 夏原隆之・山崎史恵・浅井武(2012)．スポーツ心理学研究，39，137-151．

4) 坂本梢・宮崎真(2011)．高知工科大学紀要，8，9-15．

5) Gray, R., & Cañal-Bruland, R.(2018). Psychology of Sport and Exercise, 36, 123-131.

6) Miyazaki, M., Yamamoto, S., Uchida, S., & Kitazawa, S.(2006). Nature Neuroscience, 9, 875-877.

7) Takamido, R., Yokoyama, K., & Yamamoto, Y.(2021). Research Quarterly for Exercise and Sport, 92(4), 747-759.

8) Harris, D. J., North, J. S., & Runswick, O. R.(2022). Psychological Research.

9) Fleishman, E. A.(1972). In R. N. Singer(Ed.), The psychomotor domain：Movement behavior(pp. 285-348). Lea & Febiger.

10) 杉原隆(2003)．運動指導の心理学：運動学習とモチベーションからの接近．大修館書店．

11) Donders, F. C.(1969). Acta Psychologica, 30, 412-431(Original work published in 1868).

12) Hick, W. E.(1952). Quarterly Journal of Experimental Psychology, 4, 11-26.

13) Hyman, R.(1953). Journal of Experimental Psychology, 45(3), 188-196.

14) Milic, M., Nedeljkovic, A., Cuk, I., Mudric, M., & García-Ramos, A.(2020). European Journal of Sport Science, 20(7), 896-905.

15) Elliott, D., Lyons, J., Hayes, S. J., Burkitt, J. J., Roberts, J. W., Grierson, L. E., Hansen, S., & Bennett, S. J.(2017). Neuroscience and Biobehavioral Reviews, 72, 95-110.

16) Desmurget, M., & Grafton, S.(2000). Trends in Cognitive Sciences, 4(11), 423-431.

17) Kawato, M.(1999). Current Opinion in Neurobiology, 9, 718-727.

18) Shadmehr, R., & Krakauer, J. W.(2008). Experimental Brain Research, 185, 359-381.

19) Wolpert, D. M., Miall, R. C., & Kawato, M.(1998). Trends in Cognitive Sciences, 2, 338-347.

20) Higuchi, T., Nagami, T., Nakata, H., Watanabe, M., Isaka, T., & Kanosue, K.(2016). PLoS ONE, 11(2), e0148498.

21) Keele, S. W.(1968). Psychological Bulletin, 70, 387-403.

22) Turvey, M. T., Fitch, H. L., & Tuller, B.(1982). In J. A. S. Kelso(Ed.), Human motor behavior: An introduction (pp. 239-252). Lawrence Erlbaum Associates.

23) Summers, J. J., & Anson, J. G.(2009). Human Movement Science, 28(5), 566-577.

24) Shea, C. H., & Wulf, G.(2005). Journal of Motor Behavior, 37(2), 85-101.

25) Prinz, W.(1997). European Journal of Cognitive Psychology, 9(2), 129-154.

26) Goodale, M. A., Milner, A. D., Jakobson, L. S., & Carey, D. P.(1991). Nature, 349(6305), 154-156.

27) Mann, D. L., Fortin-Guichard, D., & Nakamoto, H.(2021). Optometry and Vision Science, 98(7), 696-703.

28) Mann, D. L., Abernethy, B., & Farrow, D.(2010). Acta Psychologica, 135(1), 17-23.

29) Mori, S., Ohtani, Y., & Imanaka, K.(2002). Human Movement Science, 21(2), 213-230.

30) Higuchi, T., Murai, G., Kijima, A., Seya, Y., Wagman, J. B., & Imanaka, K.(2011). Human Movement Science, 30(3), 534-549.

31) Stöckel, T., & Breslin, G.(2013). Journal of Sport and Exercise Psychology, 35(5), 536-541.

32) Hadlow, S. M., Panchuk, D., Mann, D. L., Portus, M. R., & Abernethy, B.(2018). Journal of Science and Medicine in Sport, 21(9), 950-958.

33) Marteniuk, R. G.(1976). Information processing in motor skills. Holt, Rinehart and Winston.

34) Hodges, N. J., Wyder-Hodge, P. A., Hetherington, S., Baker, J., Besler, Z., & Spering, M.(2021). Optometry and Vision Science, 98(7), 681-695.

35) Broadbent, D. P., Causer, J., Williams, A. M., & Ford, P. R.(2015). European Journal of Sport Science, 15(4), 322-331.

36) 中本浩揮・福原和伸(2021)．体育の科学，71，458-464．

37) Loffing, F., & Cañal-Bruland, R.(2017). Current Opinion in Psychology, 16, 6-11.

38) Ward, P., Williams, A. M., & Bennett, S. J.(2002). Research Quarterly for Exercise and Sport, 73(1), 107-112.

39) 福原和伸・中本浩揮・樋口貴広(2020)．体育の科学，70，184-189．

40) Fukuhara, K., Ida, H., Ogata, T., Ishii, M., & Higuchi, T.(2017). PLoS ONE, 12(7), e0180985.

41) Huys, R., Cañal-Bruland, R., Hagemann, N., Beek, P. J., Smeeton, N. J., & Williams, A. M.(2009). Journal of Motor Behavior, 41(2), 158-171.

42) Williams, A. M., Huys, R., Cañal-Bruland, R., & Hagemann, N.(2009). Human Movement Science, 28(3), 362-370.

43) Brault, S., Bideau, B., Craig, C., & Kulpa, R.(2010). Human Movement Science, 29(3), 412-425.

44) Brault, S., Bideau, B., Kulpa, R., & Craig, C. M.(2012). PLoS ONE, 7(6), e37494.

45) Murphy, C. P., Jackson, R. C., Cooke, K., Roca, A., Benguigui, N., & Williams, A. M.(2016). Journal of Experimental Psychology: Applied, 22(4), 455-470.

46) Mann, D. L., Schaefers, T., & Cañal-Bruland, R.(2014). Acta Psychologica, 152, 1-9.

47) de Groot, A. D.(1978). Thought and choice in chess(2nd ed.). Mouton.

48) Chase, W. G., & Simon, H. A.(1973). Cognitive Psychology, 4(1), 55-81.

49) Williams, M., & Davids, K.(1995). Journal of Sport and Exercise Psychology, 17(3), 259-275.

50) Gorman, A. D., Abernethy, B., & Farrow, D.(2012). Quarterly Journal of Experimental Psychology, 65(6), 1151-1160.

51) 村川大輔・幾留沙智・高井洋平・小笠希将・森司朗・中本浩揮(2020). スポーツ心理学研究, 47(2), 57-74.

52) Mann, D. L., Causer, J., Nakamoto, H., & Runswick, O. R.(2019). In A. M. Williams, & R. C. Jackson(Eds.), Anticipation and decision making in sport(pp. 59-78). Routledge.

53) Mann, D. T., Williams, A. M., Ward, P., & Janelle, C. M.(2007). Journal of Sport and Exercise Psychology, 29(4), 457-478.

54) Woolley, T. L., Crowther, R. G., Doma, K., & Connor, J. D.(2015). Journal of Sports Sciences, 33(17), 1766-1774.

55) Vater, C., Williams, A. M., & Hossner, E.-J.(2020). International Review of Sport and Exercise Psychology, 13(1), 81-103.

56) Vickers, J. N.(2007). Perception, cognition, and decision training：The quiet eye in action. Human Kinetics.

57) Land, M. F., & McLeod, P.(2000). Nature Neuroscience, 3(12), 1340-1345.

58) Mann, D. L., Spratford, W., & Abernethy, B.(2013). PLoS ONE, 8(3), e58289.

運動技能の学習理論と学習方法

第2章

村山孝之（第1～3節）／國部雅大（第4～6節）

キーワード	学習曲線，パフォーマンス曲線，学習段階，フィッツの法則，学習の保持と転移，練習法，スキーマ理論，運動プログラム

到達目標	●運動やスポーツを行う際の学習理論について理解を深める. ●学習理論を運動技能の学習場面で適切に活用する方法について知る.

2.1 ⟫⟫ 運動の学習とは

A. はじめに

運動やスポーツを行う際には，最初は未熟練であっても，練習を通じて徐々に熟達化が進み，効率的に運動することができるようになることが多い．例えば，それまでに経験したことのない運動やスポーツを初めて行う際には，最初は運動のやり方が理解できなかったり，理解できたと思っても思うように運動することができなかったりして，戸惑いやつまずきの中で多くの時間を過ごすことがある．しかしその一方で，うまくできるときの感覚や"コツ"をつかんだときには上手にできるようになることもある．このように，運動が熟達するまでの道のりとは，学習が進んだり，停滞したり，低迷したりと，決して平坦なものではない．したがって，運動を効率的に学習するには，運動の学習過程やその過程に関わる要因についての理解を深め，そうした知識を日頃の練習や競技生活の中で活用することが重要となる．

B. 運動の「学習」と運動の「パフォーマンス」の違い

運動の「学習」とは何だろうか．「学習」と類似した用語に「パフォーマンス」（第1章参照）があり，両者は区別されている．運動の「学習」とは，練習や経験によって生じる運動技能の比較的永続的な向上を意味する．例えば，練習中には運動や知覚に関与する中枢神経系の機能に多様な変化が生じるが，比較的長期に渡って続く中枢神経系の変化が運動の「学習」とされている．そして，「学習」は身体内で生じる中枢神経系の変化であるために，学習者の中で生じている変化を外部から直接的に観察することはできない．しかし，一方の運動の「パフォーマンス」は外部から直接的に観察することができる．したがって，「学習」と「パフォーマンス」は本来異なるものであるが，練習や経験に伴う学習者の変化や進歩を評価する際には，外部から評価可能な「パフォーマンス」を手がかりにすることが多い[1].

ただし，「学習」と「パフォーマンス」では関与する要因が異なるため，「パ

フォーマンス」によって学習者の進歩を間接的に評価する際には注意が必要である．「学習」における中枢神経系の変化を生じさせる要因は，練習や経験，あるいはそれに関連する要因のみである．しかし，練習や経験がなくとも，例えばジュニア期には身体の成熟に伴って筋力や心肺機能が発達するため「パフォーマンス」が向上することがある．また，「パフォーマンス」は成熟以外にも，一時的な心理的，身体的，人為的要因（ストレス，気分，疲労，評価基準等）の影響も受ける．したがって，「学習」を評価する際には，練習や経験以外の要因の影響を考慮して，「パフォーマンス」を長期間に渡って観察することや，評価者間で「パフォーマンス」の評価基準を統一化するなどの工夫が必要となる．

C. 学習曲線とパフォーマンス曲線

　練習や経験によって生じる運動や知覚に関係する中枢神経系の変化の過程を図示したものを学習曲線（learning curve）と呼ぶ．前述したように，学習の過程は外部から直接観察できない．そのため，学習者の学習の過程を評価する際には，練習中のパフォーマンスの推移を図示したパフォーマンス曲線（performance curve）が用いられることもある．一般的には，横軸に練習回数や練習時間，縦軸にはパフォーマンスを表す成功回数や得点（運動の正確性や速度を反映する指標）がプロットされることが多い．ここでの成功回数や得点とは，バドミントンやバレーボールのサービスの成功率，射撃の得点，ゴルフのスコア，陸上のタイム等を指す．例えば，サービスの成功率や射撃の得点など，練習回数や時間，日数が増えるにつれて向上する場合には得点が右肩上がりに増加するが，ゴルフのスコアや陸上のタイムの場合には，右肩下がりに得点が減少することになる．さらに，パフォーマンスの変化は，急激なときもあれば緩やかなときもある．

　学習曲線の典型的な例として 4 つの例が示されている（**図 2.1**）．ただし，4 つの型のうち，いずれかが理想的であるかのように（それ以外は理想的ではないなど）特定の型の優位性が示されているわけではない．なぜなら，学習課題の性質や，個人の練習方法，学習段階，パフォーマンス指標（縦軸に成功回数をプロットするのか，遂行速度をプロットするのかなど）によって，曲線の型はいかようにも変わるためである．したがって，学習曲線がどの型に相当するかは重要な問題ではないと考えられている．

図 2.1　様々な学習曲線の例
（文献 2 を改変）

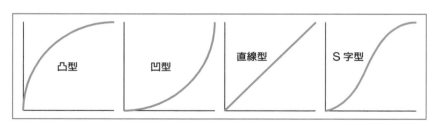

D. 学習曲線の活用

　学習曲線を活用することの利点は大きく分けて 2 つある．第一の利点は，学習者自身が，練習に伴う熟達の過程を視覚的に理解できる点である．それにより，練習に対する意欲や，練習方法に対する自信，ならびに運動有能感（第 7 章参照）が向上する．例えば，実際には熟達が進んでいるにもかかわらず，そのことに気づいていない学習者がいる場合には，学習曲線を描いてもらうことで，意欲，自信，有能感の停滞を防ぐことが期待できる．

　第二の利点は，練習方法や指導方法をチェックできる点である．学習曲線を描くことで熟達が順調に進んでいることを視覚的に理解できれば，それまでの練習方法や指導方法を継続することに対する不安が減り自信が向上する．反対に，熟達が順調に進んでいない，つまり本来は増加してほしいパフォーマンスの得点が減少したり停滞したりしてしまっている場合には，それまでの練習方法や指導方法を見直し，問題があれば修正することができる．実際には熟達が停滞したり後退したりしているにもかかわらず，そのことに気づくことができなければ，練習方法や指導方法の問題を解決しないまま多くの時間を費やしてしまうかもしれない．

E. プラトーとスランプ

　学習やパフォーマンスが向上せずに停滞する時期は，学習曲線を描くと高原のように平坦になる．このことから，学習やパフォーマンスが一時的に停滞する現象をプラトー（高原現象）と呼ぶ．プラトーの背景には，練習方法の問題や動機づけ，さらには疲労などの問題が関与している可能性がある．これらの問題がプラトーを引き起こしている可能性がある場合には，それらの問題に対処する必要がある．しかし，例えば基本的な運動技能が獲得されてパフォーマンスが安定した状態にあるときにも曲線が平坦になる．このときには練習方法や動機づけ，疲労などの問題は関与しておらず，むしろ熟達が順調に進んでいることを示している．したがって，プラトーにあることがわかった場合の解釈には注意が必要となる．

　また，思うようなパフォーマンスを発揮できない状態のことを一般的に“スランプ”と呼ぶことがあるが，スランプはプラトーとは異なる．具体的には，プラトーが学習やパフォーマンスの「停滞」を意味するのに対し，スランプはパフォーマンスの「後退，あるいは顕著な低下」を意味する．そのため，スランプの場合には，学習曲線が平坦ではなく下に凹む形になる．また，スランプはパフォーマンスが安定した中級者〜上級者にみられる現象であり，身体的問題（疲労，栄養障害等），精神的な問題（人間関係，意欲，競技継続の迷い，不適応等），あるいは運動技能上の問題（競技スタイルやフォーム変更等）が原因であると考えられている[2]（初級者の場合には，パフォーマンスが安定しておらずそもそも変動が大きいため，曲線の凹みが単なる学習過程における変動の一部を示しているにすぎないことが多い）．

2.2 ⟫⟫ 学習の段階

初級者から上級者に至る過程では，初めての運動に挑戦するため，運動をあれこれ考えて実行する段階から，徐々に考えずに実行できる段階へと移行していく．運動学習の分野では，学習段階を 3 つに区分した 3 段階モデルが伝統的に示されてきた [3]．このモデルでは，学習が認知・言語段階，連合段階，自動化段階の順で進むことを提唱している．例えば，テニスを始めたばかりの学習者は，ラケットの握り方，基本的なスイングやサービスの打ち方，見るべき場所，ルールなどを覚えるが，学習初期は基本的な動作や知識を認知的・言語的に理解しようとする段階であるため「認知・言語段階」と呼ばれる．この段階のパフォーマンスはたどたどしく不確実であり，認知的・言語的に動作を理解しようとすることからワーキングメモリ [*1] にも負荷がかかる [4]（**図 2.2**）．そのため，動作以外の戦術について考えたり，相手の位置，飛んでくるボールの位置の予測・判断など，外部環境の変化に対応する余裕はない．

第 2 段階の「連合段階」では，練習や経験を重ねることによって基本的な動作を習得し，運動をより効率的に行うことができるようになる．運動の一貫性が向上し，環境の規則性を少しずつ見出し，飛んでくるボールの予測も徐々にできるようになる．試行錯誤する段階であるため運動に一貫性がなく，安定した運動が可能な段階までには至っていないが，この段階は，動作を遂行するうえで必要な情報とそれに伴う反応の連合（情報と反応の関係性の構築）が生じるため，「連合段階」と呼ばれる．

そして第 3 段階の「自動化段階」では，安定した動作を行うことができるようになる．この段階では，意識せずとも基本的なスイングや動きが遂行可能となり，動作に対する注意要求量が減少する．そのため，ボールや相手の位置などの外部環境や，戦術に対しても注意を向けることができるようになる．この段階は，熟達の最終段階であるといえる．

しかし，熟練者は高いレベルのパフォーマンスを発揮するために，複雑な心的表象（運動のイメージや感覚）を発達させるべく，日々熟慮した練習を "認知的に" 行っており，むしろ認知・言語段階や連合段階にとどまっているとす

*1　ワーキングメモリは記憶の機能であり，行動やそのためのプランを準備し実行する際に，情報の一時的な保持や情報の処理，注意の制御に関わるため，「作業記憶」とも呼ばれる．コンピュータで言えばメモリ領域に相当し，容量に制約があるため，情報の保持や処理に負荷がかかると機能が低下してしまう．

図 2.2　学習と経験に伴う学習の段階と認知的な要求量
（文献 4 を改変）

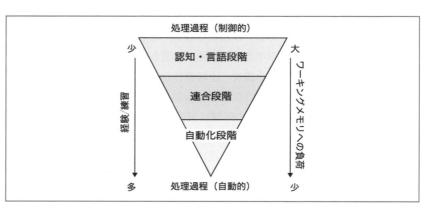

る考え方もある[5]．実際に，テニスの熟練者であっても，練習中や試合中に動作遂行上のいくつかのポイントにあえて注意や意識を向けることで安定したパフォーマンスを発揮している場合もある．また，フォームの修正やショットの精度を高める練習を行う際には，運動に対して注意を払うこともある．したがって，学習は自動化段階に向かって進行はするが，熟練者の運動やパフォーマンスが常に自動化段階にあると断定することはできない．

2.3 ⟫⟫ 速度と正確性のトレードオフ

スポーツ場面では，野球のピッチャーが正確に投げようとしたり，テニスのアスリートが正確にサービスを打つ際に，球速を抑えてゆっくりと投げたり打ったりすることがある．また一方で，正確性が低下することは承知のうえで，速いボールを投げたり打ったりすることもある．このように，運動の速度を高めると正確性が低下し，正確性を高めると運動の速度が低下することがわかっている．2つの標的を鉛筆状のスタイラスで素早くタッピングする課題を用いた実験から（**図2.3**），標的の幅が狭くなると，すなわち正確性に対する課題の要求量が増えると運動時間が延長することが示されており，これをフィッツの法則（Fitts's law）と呼ぶ．

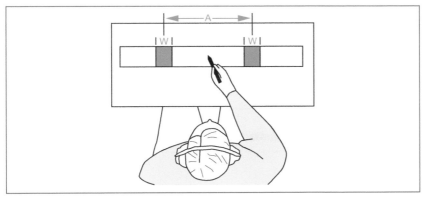

図2.3　**フィッツによるタッピング課題を用いた実験の図**
（文献6を改変）

フィッツの法則では，2つの標的間の距離（A）の値が大きく，標的幅（W）の値が小さくなると，運動時間（MT）が大きくなることが示されている．さらに，標的間の距離（A）と標的の幅（W）の比が一定であれば，運動時間（MT）が一定になることも示されている．つまり，幅の広い標的を遠くに置いた場合と，幅の狭い標的を近くに置いた場合では，タッピングの運動時間が変わらないということになる．これらの作用は次の等式として表されている．$\log_2(2A/W)$は課題の困難度指標（index of movement difficulty：ID）を表しており，AとWの値によって課題の困難度（ID）が高くなると，MTは増加する．

$$MT = a + b[\log_2(2A/W)]$$

※aとbはタッピングを行う人や実験機器（デバイス）によって決まる定数となる（例えば，aはスタイラスの移動開始・停止時間，bはデバイスにおけるカーソルの移動速度など）．

フィッツの法則の特に重要な特徴は，運動中に速度と正確性のトレードオフが生じることを指摘している点である．運動の速度が高まると正確性が低下する理由については，運動速度を増加させるための筋の収縮力の増大が，収縮力の変動性の増大をもたらすためであると考えられている[6]．したがって，ダーツを正確に投げる，パターでゴルフボールを打つといった空間的な正確性が特に重要な課題では，運動速度は高めずにゆっくりと運動するほうが正確に運動することができる．しかし，最大筋力50％程度の筋収縮を伴う運動速度よりも，70〜80％以上の筋収縮を伴うより速い運動速度のときのほうが，空間的な正確性を高めるという知見も示されている[7]（**図2.4**）．したがって，野球のバッティングやテニスのショットなど，正確性と速度の両方が求められる課題の場合には，動作を遅くして正確に打つ練習ではなく，動作が乱れたり協応性が損なわれない程度に素早くスイングする練習が求められる．

図2.4　運動時間に対する力の発揮率（発揮筋力）と狙準運動の変動性
（文献7を改変）

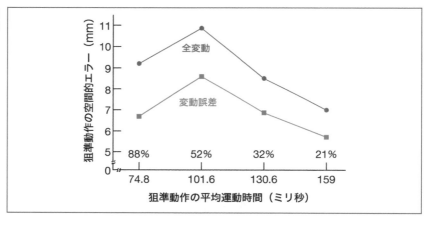

2.4 ⟫⟫ 練習効果の保持と転移

運動技能の保持と転移は，運動学習の中で非常に重要な概念である．ここではこれらの概念についてまとめる．

A. 練習効果の保持

練習効果の保持（retention）とは，練習後も練習によって習得された技能水準が保たれることをいう．例えば，子どもの頃練習して自転車に乗れるようになった人は，その後何年も乗らずに期間が経った後でも，再び乗ろうと思ったときにすぐ乗れるという例がある．このような保持がなされるためには，習得された技能をさらに反復練習をする必要がある．このことを過剰学習（オーバーラーニング：over learning）と呼ぶ．これにより，技能が固定化（考え

ながらできるようになる）および自動化（考えずにできるようになる）の段階に到達する．

　ただし，ひたすら練習時間と回数を重ねれば良いかというと，必ずしもそうではない．レミニセンスという，学習直後よりも休んでしばらく時間が経った後で学習効果が高くなっている現象がある．言い換えると「休むのも練習」ということであり，休むことにより必ずしも技能が低下するだけではなく，少し休んでから技能を習得するプロセスを経るほうが良いこともある．

B. 練習効果の転移

　練習効果の転移（transfer）とは，ある運動技能に習熟するとその効果が他の運動技能の学習に影響することをいう．転移は，正の転移と負の転移に分類される．正の転移とは，前に学習したことにより次の技能学習を促進することをいう．負の転移とは，前に学習したことにより次の技能学習が妨害されることをいう．例えば身近な運動の例として，スキーとスノーボードの関係が挙げられる．両技能は例えばエッジの効かせ方などに共通点があり，スノーボードを初めて行うとき，その人が以前にスキーを経験したことがある場合は，ない場合に比べてスノーボードの技能習得がしやすくなること（正の転移）が考えられる．また，負の転移の一例としては，ハンドボールとバスケットボールではボールを持って移動できる歩数制限が異なっているため（ハンドボールは4歩，バスケットボールは3歩で反則），ハンドボールの歩数ルールに慣れた人はバスケットボールの歩数ルールに慣れるのに時間がかかることなどがある．

　転移に関する他の例としては，両側性転移と呼ばれる，一方の側の肢を用いた練習が反対側の肢を用いた練習に影響を及ぼすものがある．例えば野球のピッチャーが利き腕ではなく非利き腕で投げる練習をすることがあるが，その意図としては利き腕を休ませるだけではなく，非利き手での練習により利き手での練習に正の転移を及ぼさせようとする意図を持った練習であるともいえる．

2.5 》》》 技能学習のための練習方法

　体育の授業やスポーツの練習などでは練習時間が限られていることが多い．その中で効果的に練習を行うためにはどのような練習方法が有効であるかについて考える．ここでは「課題の区切り方」「練習の継続時間」「練習課題の順序性」の3つの観点からまとめる．

A.「課題の区切り方」からみた練習方法

（1）全習法

　全習法は，運動課題全体をひとまとめにし，それを繰り返し練習する方法であり，通し練習とも呼ばれる．課題の困難度が低い場合や，学習段階の中〜後期，年長者に効果的であるとされている．

（2）分習法

　分習法は，運動課題全体をいくつかの部分に分けて，部分ごとに練習する方

法であり，部分練習とも呼ばれる．課題の困難度が高い場合，学習の初期，年少者に効果的であるとされている．

（3）全習法と分習法の使い分け

表2.1 には各方法を用いるのが効果的な場合について記している．対象者や技能習熟の段階に応じて使い分けていくことが大切である．子どもや年少者は課題に対する興味の持続というものが持ちにくい傾向があるため，動機づけを維持するために部分部分に区切り練習する．また，課題に慣れないうちは分習法を用い，徐々に慣れてきたら全習法に移行する過程をとることが望ましい．

分習法は全習法に比べて，動機づけの低下を防ぐという長所がある．一方で短所もあり，例えば全身動作において各部位を協調させる必要があるような全身動作において，各部分の動きを別々に練習するとかえって部位間の協調性が乱れてしまい，全体としてのつながりが悪くなってしまうということも起こりうるので注意が必要である．

表2.1　全習法・分習法を用いるのが効果的な場合について

方法	課題の困難度	学習段階	年齢層
全習法	低い場合	中〜後期	年長者
分習法	高い場合	初期	年少者

B.「練習の継続時間」からみた練習方法

ある技能を長時間練習するとき，途中でどの程度休憩を入れるかは，技能習得と関係している．ここでは，練習の継続時間からみた練習方法を考える．

（1）集中法（集中的練習法）

集中法（集中的練習法）とは，練習の間に休憩をほとんど入れずに連続的に反復練習する方法のことをいう．課題への動機づけが高い場合に効果的であるとされている．また，しばらく繰り返し練習を続けることでようやく要領が把握できるような複雑な技能で効果的であるとされている．

（2）分散法（分散的練習法）

分散法（分散的練習法）とは，練習の間に休憩を適当に入れて練習する方法のことをいう．学習者にとって身体的疲労が残るときや，学習者にとって興味の持続が保てないときに用いることが効果的であるとされている．

（3）集中法と分散法の使い分け

集中法の短所としては，忘却の機会をもてないことがいわれている．つまり，同じ運動を繰り返し休憩せずに行うと，その学習過程で生じた誤りが固定されてしまう可能性がある．それに対して，分散法に関しては忘却することにより誤動作を解消したり修正したりする時間があるといったメリットも挙げられる．ただし，一方であまり休憩が長すぎてしまうと，せっかく習得した技能が得られない，学習されないということになるので，あまり休憩が長すぎるのは効果的ではない．また，学習の保持効果は集中法よりも分散法のほうが高い．この

ように課題の種類や学習者の動機づけに応じて，集中法，分散法をうまく使い分けていくことが重要になる．

C.「練習課題の順序性」からみた練習方法

あるスポーツの練習をする中で，複数の種類の技能を練習する必要がある．例えばサッカーにおいてはドリブル，パス，シュートの複数技能を，テニスの場合ではストローク，サーブ，ボレーの複数技能を練習する．さらにストロークの中でもフォアハンド，バックハンドという複数技能がある．ここでは，これらの技能を限られた時間の中で練習するための方法を考える．

（1）ブロック練習

ブロック練習とは，同じ種類の運動技能ごとにまとめ，反復して練習する方法のことをいう．例えば，3つの運動技能をA, B, Cとしたときに，A→A→A→…，B→B→B→…，C→C→C→…というように，1つの運動技能をまとめて繰り返して練習する方法のことである．

（2）ランダム練習

ランダム練習とは，複数の種類の運動技能をばらばらな順序で練習する方法のことをいう．例えば，A→C→B→B→A→C→A→B→C→C→A→B→…というように，運動技能の種類を毎回乱順で変える練習方法のことである．

（3）ブロック練習とランダム練習の使い分け

ブロック練習は，短い時間で運動技能を上達させる必要がある場合や，フォームの固定化を図る場合に効果的であるとされている．一方，ランダム練習は技能習得期における短期間での技能向上は高くないものの，保持効果がブロック練習よりも高いとされている．この理由としては，ランダム練習では課題の変化に伴い前の短期的な運動プログラムを忘却し，その都度運動解を発生させる必要があり，長期記憶から運動プログラムやパラメータを検索すること（検索練習）が促進されるためと考えられる．運動計画を再構成することで，より強固な運動の記憶が形成されるという可能性（アクションプランの再構成説）が考えられている．また，ランダム練習では1回1回動きが異なるため，それらの動作を対比することによって動きの違いがより正確になり，精密な運動の記憶が形成される可能性（精緻化説）も考えられている．このように，様々な課題の記憶を意味深くすることで，課題間の区別がしやすくなるということがある．この効果を文脈干渉効果と呼ぶ[8]．また，ランダム練習は，主に開放技能（オープンスキル）[*2]のような複数の選択肢から行うべき動作を選ぶ必要がある種目で効果的とされている．

以上のことを考えると，特に初心者の指導において短期間で上達を実感させたいという初期の場合は，ブロック練習のほうが効果的であると考えられる．一方，目先のことだけではなく中長期的な視点に立った場合，徐々にランダム練習を用いていくほうが，保持効果の高い効果的な学習が進行することが期待される．

*2　開放技能（オープンスキル）：環境が不安定で，変化を予測できない状況下において発揮される運動技能(例：球技の状況判断場面，対人競技場面)
閉鎖技能（クローズドスキル）：環境が安定し，変化を予測しやすい状況下において発揮される運動技能（例：陸上競技，水泳競技，体操競技など）
主に開放技能を用いる競技の中にも，閉鎖技能を用いる場面がある（例:バスケットボールのフリースロー）．

＊３　ポリリズムタッピング
(polyrhythm tapping)： 左
右で異なるリズムでタッピン
グを行う運動課題のこと．ポリ
(Poly)とは多くのという意味．

D. 運動技能の練習方法に関する実習

　ここで，ポリリズムタッピング＊３という運動課題の学習を通して実践しな
がら考えてみよう．例として２：３のポリリズムタッピングを行う．つまり
「一方の手指で２回タップする間に，もう片方の手指で３回タップするリズム
を繰り返す」ことを学習する．これをどのように学習するのが良いだろうか．

　上記のように言葉で説明されても少々難しい運動課題であるが，**図2.5** のよ
うに，例えば左手が２回タップする間に右手が３回タップするというように，
２：３というリズムの四角で囲った一部分のみに注目して，矢印のタイミング
でタッピングする分習法での練習に取り組んでみよう．この一部分はさらに細
かく６つに分けられ，一方の手で２回目と３回目をタップする間にもう一方
の手のタップが入る形になる．これでできるようになった人は，練習した後左
右のリズムを入れ替えて，両側性転移が起こっているかについても試してみて
ほしい．

　このように言語で記述可能で「わかる」ようになることが認知学習であり，
実際に身体を用いて「できる」ようになることが技能学習と位置づけられる．
このように，新規で一見複雑そうな運動課題でも部分に分けて練習しそれを繰
り返す，つまり分習法から全習法に移行することによって，運動技能がより効
果的に練習できる．

**図2.5　ポリリズムタッピング
の学習における分習法の利用**

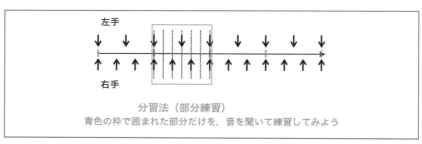

2.6 》》 多様性や自主性を促進する練習方法

A. 多様性を促進する練習方法

　運動プログラム（第１章参照）の理論には，人が無数に異なる運動をプロ
グラムとして長期記憶の中にどのように蓄えられるのかという問題（貯蔵の問
題）や，すでに蓄えられている運動プログラムにない新奇な運動をどのように
して生成するのかという問題（新奇性の問題）がある．この問題に対して，汎
化運動プログラム（generalized motor program：GMP）＊４と呼ばれる，運動
の新規性や柔軟性を生成するために，出力がある次元で変化しうるような運動
プログラムが用いられるという考え方がある．この汎化運動プログラムに関連
した練習方法として，スキーマ理論の考え方をもとにした変動練習（多様練

＊４　一般化された運動プロ
グラムとも呼ばれる．

習）が用いられる．

　スキーマとは，ある運動における出力の変動を規定するパラメータに関係づ
ける規則のことであり，「パラメータ値（P）」と「運動の結果（M）」の対応
関係（関数：$M = f(P)$）のことである（**図2.6**）．変動練習とは，ある運動の
パラメータ量を変動させて練習する練習方法であり，1つの運動課題について
多くのバリエーション（パラメータ）（例えば投運動であれば，投距離，球速，
フォームの大きさなど）を練習する（パラメータ学習）．これに対して，固定
練習（一定練習）は，ある種の課題において単一の形態だけを経験する練習計
画で，1つの運動課題について単一のバリエーションのみで練習を行う練習方
法である．習得期（練習期間中）の効果は固定練習のほうが高いが，転移テス
トの成績（学習効果）は変動練習で高い．この理由としては，それまでに経験
しなかったパラメータの動作に対して学習を適用することにより，一般化能力
を高め，新奇な状況に対して適応力が良くなることが挙げられている．

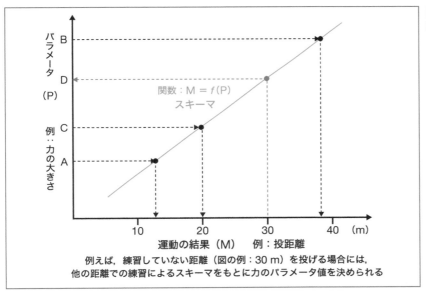

図2.6　スキーマ理論の概略図

　また，ディファレンシャルラーニング（differential learning：DL）と呼
ばれる練習方法もある[9]．DLとは，ドリル練習のようにある1つの同じ運動
を繰り返し実施するのではなく，毎回異なる様々な運動の種類を次々に実施す
る方法で，運動実施者が自ら修正を発見する（指導者から修正を求めない）方
法のことを指す．環境の様々な変化に対応しながら個人に合った複雑な動きを
修得していくうえで，どのようなプロセスで動作を修得していくかという過程
に関する方法論の1つである．サッカーのシュート練習やパス練習を対象に
した実践では，同じ運動を繰り返す練習とDLを比較すると，DLで練習した
グループのほうが技能テストの結果がより高くなったことが示されている[9]．

B. 自主性を促進する練習方法

　また，学習者の自主性および動機づけに関してはOPTIMAL（Optimizing

Performance Through Intrinsic Motivation and Attention for Learning）モデルと呼ばれる，内発的動機づけと注意によるパフォーマンスの最適化モデルが提唱されている[10]．このモデルは，学習においては内発的動機づけと注意の両方が影響しており，目標と行動の結合を強化することにより，パフォーマンスが最適化されるとするものである．新しい運動技能を教える際には，子どもや熟達したアスリートを問わず，動機づけの影響を考慮することの重要性を示している．

練 習 問 題

1）運動の学習が停滞している場合，どのような問題が背景にあると考えられるか．考えられる理由について具体的に記述しなさい．

2）運動技能の練習後の保持効果を高くするための練習方法について，体育・スポーツにおける運動の学習に関する具体例を挙げながら説明しなさい．

【文献】

1）工藤和俊（2008）．日本スポーツ心理学会（編），スポーツ心理学事典（pp. 201-203）．大修館書店．

2）杉原隆（2003）．運動指導の心理学：運動学習とモチベーションからの接近．大修館書店．

3）Fitts, P. M., & Posner, M. I.（1967）. Human performance. Brooks/Cole Pub. Co., CA, 5, 7-16.

4）Furley, P. A., & Memmert, D.（2010）. International Review of Sport and Exercise Psychology, 3(2), 171-194.

5）Ericsson, K. A.（2006）. In K. A. Ericsson, N. Charness, P. J. Feltovich, & R. R. Hoffman（Eds.）, The Cambridge handbook of expertise and expert performance（pp. 683-703）. Cambridge University Press.

6）Schmidt, R. A.（1991）. Motor learning and performance: from principles to practice. Human Kinetics Books.（調枝孝治（監訳）（1994）．運動学習とパフォーマンス．大修館書店．）

7）Schmidt, R. A., & Sherwood, D. E.（1982）. Journal of Experimental Psychology: Human Perception and Performance, 8(1), 158.

8）Shea, J. B., & Morgan, R. L.（1979）. Journal of Experimental Psychology: Human Learning and Memory, 5(2), 179-187.

9）Schöllhorn, W. I., Beckmann, H., Michelbrink, M., Sechelmann, M., Trockel, M., & Davids, K.（2006）. International Journal of Sport Psychology, 37, 186-206.

10）Wulf, G., & Lewthwaite, R.（2016）. Psychonomic Bulletin & Review, 23(5), 1382-1414.

第3章 運動の学習・指導に用いる フィードバック

國部雅大（第1〜4節）／福原和伸（第5節）

キーワード	要約フィードバック，漸減フィードバック，遅延フィードバック，VR，観察学習，チャレンジポイント仮説

到達目標	●運動の学習指導を行ううえでのフィードバックにはどのようなものがあるか説明できる． ●映像を用いたフィードバックをどのような基準で用いるのが良いか説明できる．

3.1 》》 フィードバック

体育の授業やスポーツの練習の場面で，運動を学習・指導する際に，適切なフィードバックを提示することは学習者やアスリートの動機づけを高めるため重要である．では，運動学習指導の過程においてはフィードバックをどのように用いれば良いだろうか．

A. フィードバックとフィードフォワード

（1）フィードバック

フィードバック（feedback）とは，ある目標値と実際の出力値の差に関して与えられる情報のことであり，フィードバック制御とはこの情報に基づいて運動を修正するプロセスのことをいう．反応出力とあわせて，その出力結果が理想値と比べてどれくらいの誤差があったかが入力側に返され，それをもとに運動が修正される（**図3.1**）．

図3.1　フィードバック制御の模式図
（文献10より引用）

例えば，目を閉じた状態で肩の高さまで腕を水平に挙上してみると，目を閉じた状態でも自分の腕がおよそどの位置にあるか認識できる．これは自分の身体の内部にある固有感覚情報を用いて自分の腕の目標に対する高低を判断しているためである．この際，腕の高さが基準とずれている場合は目を開けて視覚的フィードバックを用いて誤差検出（目標とのずれの確認）を行い，修正するプロセスを繰り返すことで，閉眼状態でも正確に肩と水平の高さに腕を伸ばす

ことができるようになる．もし最初の段階でずれていた場合でも，それ自体が問題なのではなく，大事なのは，どの方向にどれくらいの誤差があるかという情報を用いて修正するプロセスをうまく使えることである．

（2）フィードフォワード

フィードフォワード（feedforward）とは，運動を行うにあたり，運動の企画設計を外界の変化を見越して運動前に修正しておくことをいう．例えば素早い運動がこれにあてはまり，ゴルフのスイングを行うときにはスイング中の修正はできないので，事前に運動を修正しておくことが行われ，このような制御方法のことをフィードフォワード制御と呼ぶ．

B. フィードバックの分類

フィードバックは，内在的フィードバックと付加的（外在的）フィードバックに分類される．これらをうまく使い分けることが運動の学習に非常に重要である．

（1）内在的フィードバック

内在的フィードバックとは学習者の視覚，聴覚，固有感覚，体性感覚などから学習者が直接得る情報のことを指す．これは学習者が運動を行っている最中に得られる場合が多く，例えばボールを投げるときのボールと指先の触覚や，運動を行う際に自分の体がどこにあるかといった体部位や関節位置感覚などの情報が挙げられる．

（2）付加的（外在的）フィードバック

付加的（外在的）フィードバックとは何らかの人工的手段によって学習者に戻される情報のことを指す．これは運動を行った後に自分以外の他者によって返され，例えばコーチが運動後に情報を与えたり，ビデオを見て自分の動きを確認したりすることが挙げられる．

付加的フィードバックに位置づけられるものとして，結果の知識（knowledge of result：KR）あるいはパフォーマンスの知識（knowledge of performance：KP）がある．KR とは得点や目標についての情報であり，例えば目標タイムからの差や得点に関するような数値で表されるものである．一方 KP は行った動きが速（遅）かった，高（低）かったという，運動学的側面に関する情報と位置づけられる．運動技能の学習段階が進むにつれて，KR よりも KP を用いることが有効である．

指導者は様々なフィードバック情報を学習者に提示することで運動の出来を高めることができるため，これらの情報をうまく使えるかが，学習者への動機づけを高め運動を効果的に学習していくうえで非常に重要であると考えられる．運動の結果を予想し，その予想が実際の結果とどの程度一致しているか（どの程度ずれているか）を認識し，それにより予想の仕方を調整するということが，様々な練習の基本として考えられる一連のプロセスである（**図 3.2**）．

図3.2 練習を通した基本的
な修正プロセス

予想する
↓
実際の結果と比較する
↓
予想の仕方を調整する

3.2 ≫≫ 運動学習における指導の手段

もし学習者がエラー（誤差）を修正する手段を持っていないならば，練習しても学習は生じない．フィードバックをどのように提示するかを工夫することにより，効率の良い運動学習が可能になると考えられる．では，体育やスポーツの場面において運動学習する際に，指導者はどのような指導手段を用いれば良いか．

指導者としては様々な角度からの指導法，フィードバック手法を身につけておくべきと考えられる．言い換えると，学習指導における引き出しを増やし，様々なフィードバックを用いながらその人に合った学習方法やフィードバックの与え方を検討していくべきであるといえる．

A. 視覚的指導

まず実際の場面でよく使われる方法の1つに視覚的指導がある．これは他者あるいは自分自身の運動を見せることによる指導である．例えば実際に示してみせる示範や，ビデオ，図解，写真を見せる形で視覚的な情報を学習者に与える方法である．最近はスマートフォンなどで簡単にビデオ撮影をすることで，学習者が運動した後に自分の運動を振り返ることが行われるが，これらは主に学習者の外在的フィードバックを引き起こす形で情報が利用される（**図3.3**）．

図3.3 視覚的指導

B. 運動感覚的指導

また，運動感覚的指導と呼ばれる，学習者の運動時の感覚により働きかける指導が用いられる．例えば視覚情報を使わずに閉眼で運動を行う目隠し法が使われる．また，学習者のほう助をする手引き法や，補助を使うといった補助の利用がある．手引き法は，例えば肘の位置が低かったら指導者が学習者の肘を

支えて肘が高い位置にくるように，学習者に対して指導者が身体的なほう助を
するというものである．補助の利用は，例えば逆上がりで体が鉄棒から離れな
いように背中にタオルを当てたり，板を用いたりするものである．この背景と
して，一般的に運動感覚情報よりも視覚情報が優位に働くという視覚の優位性
と呼ばれるものが挙げられる．私たちが運動するときはつい視覚情報に頼って
しまう傾向があるが，視覚情報をあえて用いないことにより，より学習者自身
の運動感覚や固有感覚といった自分の体がどの位置にあるのかという感覚によ
り注意を向けさせることができる．これらは主に学習者の内在的フィードバッ
クを引き起こすことで有効であると考えられる．

上記の視覚的指導と運動感覚的指導は相補的に学習の場面で用いていくこと
が効果的と考えられる．ただしこの運動感覚的指導は有効である一方，頼りす
ぎると補助に依存してしまう（補助なしでは運動ができなくなる）場合もある
ので，使いすぎには気をつける必要がある．

C. 言語的指導

他に言語的指導ということで，例えば「もっとぐっと地面を踏んで飛びなさ
い」というように，言葉の中に擬音語・擬態語などのオノマトペを入れて具体
的なイメージを湧かせやすい指導方法が用いられることがある．この言語的な
指導というのは学習者にとって内在的フィードバックそして外在的フィード
バックの両方を引き起こさせ，運動のイメージをつかむ意味で有効な場面があ
る．

3.3 ≫ フィードバックを提示する頻度・タイミング

次に，学習指導の場面においてどれぐらいの頻度やタイミングでフィード
バックを学習者に与えると良いかについて考える．

A. フィードバックを提示する頻度

外在的フィードバックを与える頻度に関しては，いくつかの実践場面での研
究により，学習効果を高めるためのいくつかの方法が示されている．

（1）要約フィードバック

要約フィードバックは，いくつかの試行の結果をもとに学習者にフィード
バックを与える方法のことである．フィードバックは毎回与えるのではなくて，
数回に 1 回のように，たまに与えるほうが良いとされている（**図 3.4**）[1]．この
理由として，毎回フィードバックを与えてしまうと，学習者が自分で主体的に
誤差修正をする作業を行わなくなってしまうということが考えられている（ガ
イダンス仮説）．

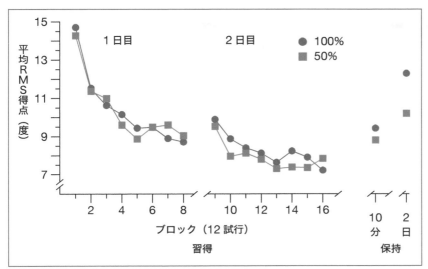

図 3.4　フィードバック頻度と
誤差修正の関係
（文献 1 より作成）

（2）漸減フィードバック

　漸減フィードバックは，試行を重ねるにつれ徐々にフィードバックの頻度を
減らしていくフィードバックの与え方のことをいう．漸減というのは「次第に
減らす」という意味である．ある課題は最初のうちは学習者にとって複雑であ
るが，学習の段階が進んでその課題が学習者にとってより容易になるにつれ，
フィードバックを与える頻度を減らしていくほうが効果的という考え方である
（**図 3.5**）．

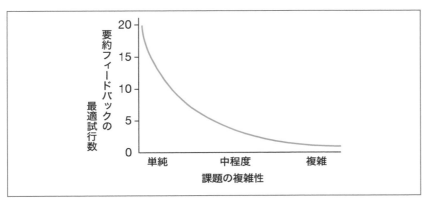

図 3.5　課題の難易度と要約
フィードバックの最適試行数
の関係
（第 2 章文献 6 より引用）

（3）帯域幅フィードバック

　帯域幅フィードバックは，エラーがある範囲を超えた場合（大きなエラーを
したとき）のみフィードバックし，小さなエラーの情報は学習者に提示しない
方法のことをいう．人の運動にはばらつきが生じ，誤差が完全にゼロになるこ
とは少ない．そのため，細かすぎる誤差情報まで提示してしまうと，過剰修正
をしてしまう可能性がある．これに伴い，結果的に学習者がうまくなるにつれ
てフィードバックが提示される頻度が減っていくということになる．

B. フィードバックを提示するタイミング

次に，運動を学習する中でどのタイミングでフィードバックを与えると良いかについて考える．

（1）即時的フィードバック

即時的フィードバックは，運動を行った後すぐにフィードバックを与える方法のことである．

（2）遅延フィードバック

遅延フィードバックは，運動後に少し時間をおいてからフィードバックを与える方法のことである．

どのタイミングでフィードバックを与えると効果的かを検討したものとして，KR が即時的に返される場合（即時的フィードバック）と，運動終了後少し経ってから KR が返される場合（遅延フィードバック）の 2 つのグループを比較検討した．その結果は，遅延フィードバックのほうが即時的フィードバックよりも学習の効果が高くなった[2]．このことから，外在的フィードバックは，運動が行われた後に少し時間をおいて提示するほうが望ましいと考えられている．この理由としては，学習者にすぐ結果を返してしまうと学習者自身が結果についてどうであったかということを振り返る時間が十分にとれないということが考えられている．つまり，少し時間をおいて学習者に今の運動がどうであったかということについて考えさせることが，その後のフィードバック情報を効率よく利用するうえで有効であるとされている．

このように，運動学習の場面においてフィードバックをどれぐらいの頻度やタイミングで提示するかということは，運動学習の結果に大きな影響を与える．よく指導者が学習者に対して一度にたくさんの情報やフィードバックを与えてしまっている場合が見られるが，いわゆる「フィードバック情報の与えすぎや教えすぎ」は良くないといえる．指導者は学習者に対して大事なポイントをすべて伝えるのではなく，大事なポイントを「気づかせる」役目を果たすことが重要であると考えられる．もちろん指導者が重要なポイントや情報を使って付加的に提示するというのも大切であるが，それだけではなく，学習者自身が運動中に得るフィードバック情報をもとに誤差修正をしていくというプロセスも学習するうえで大切にすべきであると考えられる．

3.4 ≫ フィードバックが動機づけに与える役割

これまでは，誤差情報に関するフィードバックの頻度やタイミングに関して検討されてきたが，新しい運動技能の学習ではフィードバックは動機づけの役割も果たす．例えば，フィードバックは成功試行やできばえの良い運動後に与えられたほうが，できばえの良くない運動後に与えられた場合よりも学習が促進されることが示されている[3]．これは，成功試行後のフィードバックが内発的動機づけや肯定的な感情，自己効力感の増加をもたらすと考えられているためである．また，フィードバックを受け取るタイミングを学習者が選択できる

場合，運動学習に有益な効果をもたらすことも示されている[4, 5]．これにより
学習者の自律性や有能感が高まり，高い動機づけにつながると考えられている．

3.5 》》》 映像を用いた学習支援ツールの活用法

　近年の技術革新に伴い，映像解析アプリケーションやバーチャルリアリティ
（virtual reality：VR）など，映像を用いた新たな学習支援ツールが登場してい
る．本節では，まず映像による視覚的フィードバックを概説し，次にVR技
術を活用した運動学習について紹介する．後者については，VRが多感覚
フィードバックを提示する環境であるため，運動学習におけるフィードバック
に関する理解を広げることを意図して紹介することとする．

A. 映像による視覚的フィードバック

（1）ビデオフィードバックと観察学習

　映像による視覚的フィードバックには，学習者自らの運動パターンを分析す
るビデオフィードバックと，理想的な運動パターンを観察して学習する観察学
習に大別されている（**図 3.6**）．

　ビデオフィードバックは，先に述べたように，学習者自らの運動と学習目標
とする運動との誤差を検出することで，運動技能を修正・獲得する[6, 7]．例え
ば，水泳のフォームやサッカーのフォーメーションの映像を見て修正すること
がこれに相当する．一方で，観察学習[8, 9]は，模倣学習やモデリングと同義で
ある．学習者は，言語での表現が難しい新しい運動や複雑な運動について，手
本モデルなど他者の運動を見て，真似ることで情報を獲得する．

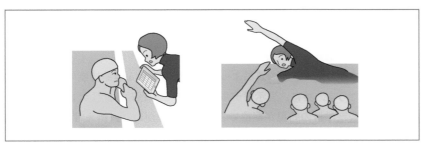

図 3.6　（左）ビデオフィード
バックと（右）観察学習の概
念図

　映像による視覚的フィードバックは，ただ見せるだけでは，その効果はあま
り期待できない．ビデオ映像は多くの情報を含むために，学習者に目的をはっ
きりと示す必要がある[10]．特に，競技経験の少ない学習者（特に初心者）は，
競技における理想的な動作に関する情報が不足しているため，具体的な情報に
着目した教示や映像提示が有効である．杉原[10]は，効果的な視覚的フィード
バックについて，①見る箇所や修正情報をはっきり指摘する，②継続的に使用
する，③映像再生や撮影による動機づけ効果を利用する，以上3点を紹介し
ている（詳細は文献10 p. 92を参照）．①に関しては，学習者の動作と手本モ
デルの動作との混合フィードバックが有効とする報告がある[7]．学習者の運動

と手本モデルの運動の映像を直接比較することで，学習者自身の運動スキルに関する問題点を明示できる．

（2）観察学習における新たな考え方

観察学習は，伝統的にバンデューラ（Bandura, A.）の社会的学習理論[11]により説明されてきた．具体的には，注意，保持，運動再生，動機づけという一連の認知過程によって学習が進むと理解されてきた．しかし近年，運動技能の獲得には，この理論が適さない可能性があるという指摘が数多く見られる[8, 12, 13]．

新たに注目される考えの1つには，自動模倣がある．自動模倣とは，他者の運動観察が自動的に自己の運動遂行に影響するという現象である[14, 15]．自動模倣の背景には，運動の知覚・認知と運動には共通表現があるという考え（共通符号仮説（第1章参照））[16]や，自己の運動に関与する脳領域が，他者の運動観察だけでも活性するミラーニューロンシステム[17, 18]が影響するとされている．スポーツに着目した研究によれば[19, 20]，熟練者が非熟練者の運動場面のビデオ映像を観察した後，動作結果を予測させるだけでも，映像観察後の熟練者による運動パフォーマンスの低下が見られることを報告している．熟練者は呈示モデルが非熟練者による失敗試技であると知っているにもかかわらず，無意識的に実際のパフォーマンスに影響してしまうのである．

竹内らは[13]，「見本モデルの運動を数回見てすぐ学習できる人もいれば，何度見ても学習できない人がいる」という個人差が生じる問題について，自動模倣に着目した研究を報告した．実験では，事前調査により自動模倣傾向が高い群と低い群に分け，模倣と運動を繰り返す運動学習から検討した．見本モデルとして，正しいパフォーマンス（上手なモデル）と誤ったパフォーマンス（下手なモデル）を遂行するモデルを活用した．実験の結果，自動模倣傾向の高い群は上手なモデルを，自動模倣傾向の低い群は下手なモデルを見ると効果的に学習が進むことが示された．

（3）観察学習における呈示モデル

観察学習では呈示モデルの質によって，学習者による運動技能の修正・獲得に影響をもたらす．特に，呈示モデルと学習者との運動技能に大きな差がある場合には，観察学習の効果が期待できない可能性がある．例えば，小学生が，憧れのプロ野球選手を手本モデルとした際，学習を積極的に進めるという動機づけの意味では一時的な効果はあるかもしれない．しかし小学生は，筋骨格サイズが異なる成人のダイナミックな運動を表現する能力を備えていない．また知的発達の違いにより，運動パフォーマンスの意味する情報を適切に処理することは難しい．学習者よりもわずかにスキルレベルの高い呈示モデルが有効と報告する研究もあるが[21, 22, 23]，その細かい基準等については未だ明らかにされていない．

B. バーチャルリアリティ技術を活用した運動学習

バーチャルリアリティ（VR）は，コンピュータで人工的に作り出した現実世界であり，人工現実感と訳される[24]．前項のビデオ映像による観察とは異

なり，VR は五感を通した主観体験を可能とする新たな技術として，医療，産業，スポーツなどの運動支援に導入されている．例えば，野球やサッカーなどのプロスポーツでは，高速で移動するボールを捉えることや，走って向かってくる対戦相手とマッチアップするなど，特定のプレーを学習するための補助ツールとして確立しつつある [25, 26, 27]．VR 環境で作り上げられる多様な感覚フィードバック情報は，実環境やビデオ映像では達成できなかった新たな運動学習の可能性を生み出している [28]．本項では，VR の技術的理解，運動学習の応用例，また体育・スポーツ現場への導入に必要となる知識について概説する．

（1）VR の技術的理解

　VR で利用される映像呈示システムには，頭部装着型ディスプレイ（head mounted display：HMD）や室内サイズのマルチスクリーンシステム（cave automatic virtual environment：CAVE）などが有名である（**図 3.7**）．これらの映像提示システムは，高精度グラフィックボードを搭載したコンピュータを利用し，3D 制作プラットフォーム（例えば，Unity や Unreal Engine）で構築したコンピュータ・グラフィックスの世界に入り込む，没入感（immersive）を演出する．

図 3.7　（左）HMD と（右）スクリーン投影型 VR を用いた実験の様子

　現実とは変わらない世界にいるとする臨場感（sense of presence）は，立体呈示と双方向性によるフィードバック情報によって実現される．立体呈示は，左右の網膜像のずれ（両眼視差）を利用し，2 次元呈示した映像を 3 次元空間であるかのように錯覚させる．双方向性は，トラッキング技術により観察者の動きを VR 環境に直接連動・反映させる仕組みである（文献 24 参照）．最近では，3 次元動作解析システムや眼球運動計測システムとの連携も可能となっている．

　他にも，力覚や振動などの触覚フィードバックを与えるハプティックデバイスがある．例えば，HMD を用いて実験参加者自身の背面を提示し，その状況下で背中に視覚刺激と同期した触覚刺激を与えると体外離脱に類似した錯覚を引き起こす [29]．また 3 次元力覚デバイスを用いて VR 環境内にある身体（アバター）の手に触れると，アバターの手に触覚刺激を与えるにもかかわらず，自己の手として錯覚するラバーハンド錯視が生じる [30, 31]．自己の身体の一部として知覚する身体所有感（sense of body ownership）は，アスリートがラ

ケットを身体の一部として錯覚する現象の理解にもつながるとされる [32].

　体外離脱やラバーハンド錯視のように，視覚と触覚，さらには視覚と味覚など，複数の異なる知覚が互いに影響を及ぼしあうクロスモーダル現象が生じる．このように我々は目前にある物理的現実（physical reality）をそのまま捉えるのではなく，脳の情報処理によって作り上げた心的現実を知覚している．競技スポーツにおいて，熟練アスリートは時空間的制約を克服するために，知覚・認知スキルを質的に発達（熟達）させており，そこには心的現実が反映されている（1.2 節を参照）．最近の研究では，VR 環境はアスリートの知覚・認知スキルの評価や獲得に有効であることが実証されている [33, 34, 35, 36, 37].

（2）VR 技術を活用した運動学習の利用メリット

　学習支援ツールとして VR を活用するメリットは，怪我や高価な機器の破損のリスクを低減する安全な環境を提供できることや，実環境では再現できない状況を設定できることにある．

　例えば，「けん玉 VR」では，実環境ではコントロールできない重力を VR 環境で柔軟に操作することで，けん玉の技を習得することを可能とする [38].学習者は，ボールがゆっくり落ちるスローモーションの状態から，徐々に重力値を実環境に近づけて練習する．VR 環境で獲得したけん玉の技は，短時間のうちに実環境でもできるようになる．このように，VR 技術を駆使した運動学習は，その利用発想によっては，実環境を超える新たな方法論の提案につながることもある．

（3）個人の学習進度に応じた課題難易度の設定

　新たな運動技能の獲得には，「学習者にどの程度の課題難易度を設定すべきか」という観点が重要となる．運動学習研究では，課題難易度を変えない学習よりも，徐々に負荷をかける学習のほうが，運動技能の保持・転移に効率的であるとの報告もある [39, 40].つまり，スモールステップで運動技能を学ぶことは，効果的な運動学習につながることが期待される．

　高齢者の衝突回避能力の改善を目指した歩行の VR トレーニングに関する研究では，段階的に課題難易度を高めていく方法の有効性を示した [41].実験では，参加者は大型スクリーンに投影された狭い隙間を，棒を把持しながら歩行通過するように指示された．参加者の持つ棒が隙間に接触すると，視覚刺激に加え，振動刺激による触覚的フィードバックが与えられた．棒が隙間に接触せずに通過できた場合，より狭い隙間が提示される課題難易度の調整が行われた．実験の結果，課題難易度を段階的に調整された群は，課題難易度を調整されなかった統制群よりも，衝突回避につながる肩の回旋運動に改善が見られることがわかった．

　他にも，野球の打撃トレーニングを対象とした VR 研究では [42]，学習者個人が辛うじて達成できる課題難易度であるチャレンジポイント [43] を設定することで学習が促進されるという「チャレンジポイント仮説」の有効性を報告している（**図 3.8**）．実験では，徐々に刺激の強度を変化させる階段法を用いて，野球打者の苦手なボール速度や高低の閾値であるチャレンジポイントを事前に調べた．実験の結果，チャレンジポイントが設定された群は，実環境や VR

環境における課題難易度の調整のない群よりも，競技における打撃パフォーマンスの改善が見られたことを報告した．

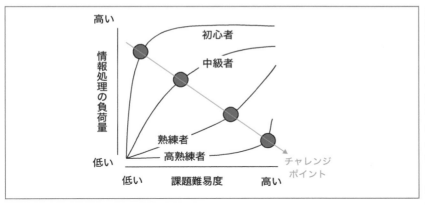

図3.8 チャレンジポイント仮説の概略図

図では，技能レベルに応じて運動学習を促進するためのチャレンジポイントが異なることを示している．例えば，初心者は専門的知識が少ないために，簡単な課題であっても，考えながら（情報処理にかかる負荷が高い）学習を進めることとなる．一方で，熟練者は豊富な知識を有するため自動化した情報処理がなされるため，課題難易度をある程度高めなければ，考えて学習することはない．

2つのVR研究は，VR技術を駆使して課題難易度を厳密に調整することの有効性を示している．特筆すべきは，学習者"個人"に応じた課題難易度の設定となっていることにある．学習者個人が運動技能の獲得に必要となるフィードバック情報は異なるといえる．個人差を考慮することは，運動学習研究が従来から指摘してきた重要な示唆を再確認するといえる[44]．

（4）体育・スポーツ現場への導入に必要となる知識

これまで紹介してきたように，VRは学習支援ツールとしての数多くの利点がある．しかし，体育・スポーツの現場でVRを活用するには，以下2点を注視する必要がある．

第一に，「VRでの運動学習は，実環境への転移にある程度の限界がある」という点である．現在のVR技術では，VRが提供する感覚フィードバックは，実環境で与えられるすべてを再現できていない．よって，実環境下の運動制御に求められる重要な知覚情報が得られないことを指摘する研究もある[45, 46]．ある研究によれば，奥行知覚にかかる視覚情報処理や物体接触における触覚フィードバックは，実環境における知覚と行為の連関に基づく脳情報処理を反映できていない可能性を指摘している[46]．VR環境で学習したことが実環境にどの程度転移されるのか，その詳細な限界値を知ることは，学習効果を言及するうえでの重要な判断指標となる．

第二に，「どのようにすれば，VRを運動支援の現場に導入できるのか」という点である．VRを活用した運動学習は数多くのエビデンスを示してきたが，運動支援の現場で当たり前のように利用されるツールとはなっていない．カナダのセラピストを対象にしたVR導入にかかる障壁に関する調査研究によれば[47]，セラピストはVRを臨床現場に導入することに肯定的であるにもかかわらず，技術使用における自己効力感が低いことを明らかにした．最近の追加調査によれば，①ユーザーの利用を満たす技術開発，②ユーザーのための情報化教育，③VR機器の臨床現場への導入，以上3点が導入にかかる障壁の突破口になることを示唆している[48]．よって，体育・スポーツにおける現場に

VRを導入するためには，周囲にいるユーザーに対する様々なフォローが必要になるといえる．

練 習 問 題

1) 体育・スポーツの場面で運動の学習指導を効果的に行ううえで，指導者は様々な「フィードバック」をどのように用いると良いか．具体的な場面を例に挙げながら説明しなさい．

2) 運動学習を効果的に行ううえで，映像を活用したフィードバックをどのような基準で用いると良いのか，学習支援ツールの特徴（ビデオ映像とVR）に基づいて説明をしなさい．

【文献】

1) Winstein, C. J. & Schmidt, R. A. (1990). Journal of Experimental Psychology: Learning, Memory, and Cognition, 16, 677-691.

2) Swinnen, S. P., Schmidt, R. A., Nicholson, D. E., & Shapiro, D. C. (1990). Journal of Experimental Psychology: Learning, Memory, and Cognition, 16, 706-716.

3) Chiviacowsky, S. & Wulf, G. (2007). Research Quarterly for Exercise and Sport, 78, 40-47.

4) Chiviacowsky, S. & Wulf, G. (2005). Research Quarterly for Exercise and Sport, 76, 42-48.

5) Wulf, G., Chiviacowsky, S., & Cardozo, P. L. (2014). Human Movement Science, 37, 12-20.

6) Kernodle, M. W., & Carlton, L. G. (1992). Journal of Motor Behavior, 24(2), 187-196.

7) Mödinger, M., Woll, A., & Wagner, I. (2022). German Journal of Exercise and Sport Research, 52, 447-460.

8) Hodges, N. J., Williams, A. M., Hayes, S. J., & Breslin, G. (2007). Journal of Sports Sciences, 25(5), 531-545.

9) Martens, R., Burwitz, L., & Zuckerman, J. (1976). Research Quarterly, 47(2), 277-291.

10) 杉原隆 (2003). 運動指導の心理学：運動学習とモチベーションからの接近. 大修館書店.

11) Bandura, A. (1986). Social foundations of thought and action: A social cognitive theory. Prentice-Hall.

12) 大島浩幸・山田憲政 (2010). スポーツ心理学研究, 37(2), 65-74.

13) 竹内竜也・幾留沙智・森司朗・石倉忠夫・中本浩 (2019). スポーツ心理学研究, 46(1), 13-26.

14) Cracco, E., Bardi, L., Desmet, C., Genschow, O., Rigoni, D., De Coster, L., Radkova, I., Deschrijver, E., & Brass, M. (2018). Psychological Bulletin, 144(5), 453-500.

15) Heyes, C., Bird, G., Johnson, H., & Haggard, P. (2005). Cognitive Brain Research, 22(2), 233-240.

16) Prinz W. (1997). European Journal of Cognitive Psychology, 9(2), 129-154.

17) Rizzolatti, G., Fogassi, L., & Gallese, V. (2001). Nature Reviews Neuroscience, 2(9), 661-670.

18) Iacoboni, M., Woods, R. P., Brass, M., Bekkering, H., Mazziotta, J. C., & Rizzolatti, G. (1999). Science, 286 (5449), 2526-2528.

19) Ikegami, T., & Ganesh, G. (2014). Scientific Reports, 4, 6989.

20) Ikegami, T., Ganesh, G., Takeuchi, T., & Nakamoto, H. (2018). eLife, 7, e33392.

21) Ste-Marie, D. M., Law, B., Rymal, A. M., Jenny, O., Hall, C., & McCullagh, P. (2012). International Review of Sport and Exercise Psychology, 5(2), 145-176.

22) Pollock, B. J., & Lee, T. D. (1992). Research Quarterly for Exercise and Sport, 63(1), 25-29.

23) Kawasaki, T., Aramaki, H., & Tozawa, R. (2015). Journal of Physical Therapy Science, 27(12), 3829-3832.

24) 舘暲・佐藤誠・廣瀬通孝 (監), 日本バーチャルリアリティ学会 (編) (2010). バーチャルリアリティ学. 工業調査会.

25) Bideau, B., Kulpa, R., Vignais, N., Brault, S., Multon, F., & Craig, C. (2010). IEEE Computer Graphics and Applications, 30(2), 14-21.

26) Drew, L. (2021). Nature, 592(7852), S4-S6.

27) Craig, C. (2013). Sports Technology, 6(4), 161-169.

28) 鳴海拓志 (2017). 基礎心理学研究, 36(1), 129-132.

29) Lenggenhager, B., Tadi, T., Metzinger, T., & Blanke, O.(2007). Science, 317(5841), 1096-1099.

30) Hara, M., Pozeg, P., Rognini, G., Higuchi, T., Fukuhara, K., Yamamoto, A., Higuchi, T., Blanke, O., & Salomon, R.(2015). Frontiers in Psychology, 6, 1509.

31) Slater, M., Perez-Marcos, D., Ehrsson, H. H., & Sanchez-Vives, M. V.(2008). Frontiers in Human Neuroscience, 2, 6.

32) Sakamoto, M., & Ifuku, H.(2022). Journal of Sport and Exercise Psychology, 44(1), 14-22.

33) Vignais, N., Kulpa, R., Brault, S., Presse, D., & Bideau, B.(2015). Human Movement Science, 39, 12-26.

34) Fortes, L. S., Almeida, S. S., Praça, G. M., Nascimento-Júnior, J., Lima-Junior, D., Barbosa, B. T., & Ferreira, M.(2021). Human Movement Science, 79, 102856.

35) Hadlow, S. M., Panchuk, D., Mann, D. L., Portus, M. R., & Abernethy, B.(2018). Journal of Science and Medicine in Sport, 21(9), 950-958.

36) Kittel, A., Larkin, P., Elsworthy, N., & Spittle, M.(2019). Journal of Science and Medicine in Sport, 22(9), 1049-1053.

37) 福原和伸・中本浩揮・樋口貴広(2020). 体育の科学, 70, 184-189.

38) 川崎仁史・脇坂崇平・笠原俊一・齊藤寛人・原口純也・登嶋健太・稲見昌彦(2020). エンタテインメントコンピューティングシンポジウム 2020 論文集, 26-32.

39) Malfait, N., & Ostry, D. J.(2004). The Journal of Neuroscience, 24(37), 8084-8089.

40) Torres-Oviedo, G., & Bastian, A. J.(2012). Journal of Neurophysiology, 107(1), 346-356.

41) Suda, Y., Fukuhara, K., Sato, K., & Higuchi, T.(2022). Frontiers in Sports and Active Living, 4, 844436.

42) Gray R.(2017). Frontiers in Psychology, 8, 2183.

43) Guadagnoli, M. A., & Lee, T. D.(2004). Journal of Motor Behavior, 36(2), 212-224.

44) Schmidt, R. A., & Lee, T. D.(2015). Motor control and learning: A behavioral emphasis. Human kinetics.

45) Harris, D. J., Buckingham, G., Wilson, M. R., & Vine, S. J.(2019). Experimental Brain Research, 237(11), 2761-2766.

46) Müller, S., Dekker, E., Morris-Binelli, K., Piggott, B., Hoyne, G., Christensen, W., Fadde, P., Zaichkowsky, L., Brenton, J., & Hambrick, D. Z.(2022). Sports Medicine, 1-9.

47) Glegg, S. M., Holsti, L., Velikonja, D., Ansley, B., Brum, C., & Sartor, D.(2013). Cyberpsychology, Behavior and Social Networking, 16(5), 385-401.

48) Glegg, S., & Levac, D. E.(2018). PM&R: The Journal of Injury, Function and Rehabilitation, 10(11), 1237-1251.e1.

第4章　運動の学習における ダイナミカルシステムアプローチ

横山慶子

キーワード　巧みな動き，ダイナミクス，制約を利用した練習

到達目標　●身体が複雑なシステムであることを知り，ダイナミカルシステムアプローチを用いてスポーツを分析することの利点を理解する．

4.1 ≫ 巧みな動きを支える身体

　私たちの身体の動きは，神経，筋肉，関節といった膨大な数の構成要素の働きによって実現される．例えば「モノを取る」という単純な動作（**図4.1**）であっても，その際の腕の軌道はいくつも存在する．このように，私たちの身体の構成要素は膨大であり，動きのパターンは多様である．それにもかかわらず私たちは，スポーツをはじめとする様々な場面で，身体を巧みに動かすことができる．これはどのように制御されているのだろうか？

　こうした疑問について，ベルンシュタイン（Bernstein, N. A.）は，職人やアスリートの動きを分析して，身体は個々の構成要素をすべて個別に制御しているのではなく，要素間が協調的な関係を持つことで，文脈や環境の変化に応じた柔軟で多様な動きを実現していると考えた[1, 2]．こうした筋の協調的な関係のことはシナジー（synergy）という．この概念は最近では，対人や集団の協調性にも拡張され，対人シナジー（interpersonal synergies）[3]やチームシナジー（team synergies）[4]などと呼ばれている．

図4.1　テーブルからマッチ箱を取り上げる際の動作
（文献2 p. 159, 図5-12を引用）

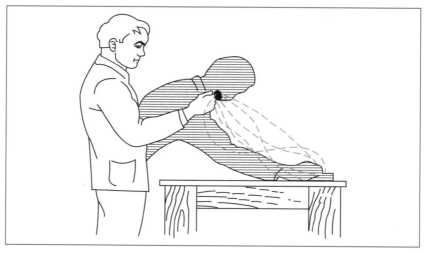

4.2 ≫≫ 身体と環境の相互作用

　私たちの身体の動きは，身体とそれを取り巻く環境との連続的な相互作用によって実現される．この考え方は，心理学者のギブソン（Gibson, J. J.）が発表した生態学的視覚論[5]が発端となった．特に，身体と環境の双方向の相互作用を前提としていることが特徴的であり，環境からの刺激を脳が処理をして身体が反応するといった従来の情報処理的アプローチとは異なる視点といえる．また，運動が身体と環境との相対的な関係性から生じる情報の知覚に基づくと考え，そのうちの重要な概念の1つに，光学的流動[*1]（optical flow）がある．例えば，ホームに停車中の電車に乗っているとき，自身の電車が停車しているにもかかわらず，別のホームの電車が発進すると，その発進方向へ身体が揺れた経験はないだろうか．これは，予想していない別の電車の移動で生じた光学的流動に，身体が騙された結果といえるが，アスリートは光学的流動を有効に利用することにより巧みな動きを実現している．例えば，斜面を滑走するスキーのジャンパーは，高速に移動する状況の中で踏切動作を実行する必要がある．このときジャンパーは，移動に伴って発生する光学的流動から，踏切のタイミングを測る（**図4.2**）[6]．一方で，モノが接近する場合も同様である．例えば野球のキャッチャーは，ピッチャーから投げられたボールの拡大率から，接触までの残り時間（time-to-contact：Tc）を見積もり，捕球する[7]（**図4.3**）．こうした情報は，予見的視覚情報タウ（τ）と呼ばれている．

＊1　光学的流動：身体の移動や環境の変化によって生じる，行為者の視野に映りこむ光の配列パターンのこと．

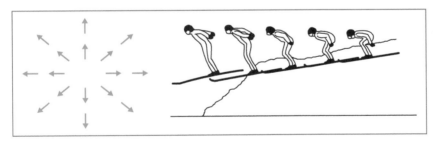

図4.2　（左）スキージャンパーの知覚する光学的流動と（右）助走最終局面の様子
（文献6 Figure18.5を改変）

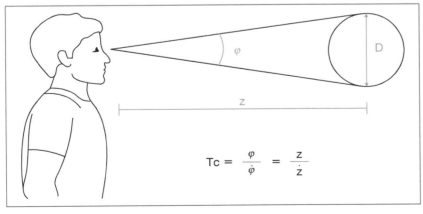

$$Tc = \frac{\varphi}{\dot{\varphi}} = \frac{z}{\dot{z}}$$

図4.3　接近するボールの接触までの残り時間の見積もり
（文献24 p. 60, Figure3.3を改変）
キャッチャーの網膜上に投影されるボールの大きさに関わる情報（D，φ）は，ボールが接近するに従って大きくなる．例えば，ある時刻において，ボールがキャッチャーに到達するまでの時間(Tc)は，φをφの変化率で割った値と等しい．これは，対象物との物理的な距離（z）がわからなくとも，ボールの到達時間を予見できることを示す．

4.3 ≫ 自己組織化現象としての身体

A. ダイナミカルシステムアプローチ

　私たちの身体の運動パターンは，運動の制御や学習，発達といった様々なレベルにおいて質的な変化をみせる．こうした質的変化は，相転移（phase transition）現象と捉えることができる．相転移の最も馴染みのある例は水である．水は，温度に依存して，氷から水，蒸気へとその様相を大きく変える（**図4.4**）．この例のように，身体運動も相転移が観察できる．

　例えば，目標物にモノを投げる場合（投動作）を考えてみよう．図4.4に示すように，目標からの距離が近い場合には，大きなエネルギーを使わずに，下手からの腕振りによる簡単な投動作を行う．一方で，目標物との距離が遠くなると，肩を利用した上手投げの動作になる．さらに距離が遠くなると，下半身を利用したダイナミックな投動作となる．これは，「投げる距離」に応じて運動の制御パターンが相転移した例である．さらに，運動の学習レベルでも同様である．例えば打動作は，練習当初は上肢だけを利用した，いわゆる手打ちと呼ばれる動作になる傾向が強いが，練習を重ねていくにつれて，上肢だけではなく，肩と腰の回転動作ができるようになり，さらには全身をダイナミックに動かす運動動作へと相転移する．また，発達のレベルにおいても，乳幼児の歩様運動は，ハイハイから，つかまり立ち，よちよち歩きといったように，時間経過とともに歩様パターンが相転移する．このように，運動パターンの質的変化は，運動の制御レベルから，学習，発達のレベルに至る様々なスケールで観察できる．こうした運動パターンの相転移を含めた自己組織化現象（self-organized phenomena）[*2]を理解するアプローチとして，ダイナミカルシステムアプローチ（dynamical system approach：DSA）[8, 9]が知られている．

　このアプローチの対象は，ヒトの運動に限らず，生命・自然現象を扱う[10]．その手法は，数理モデルを用いて，位相空間やアトラクター，ポテンシャルといった方法により，システムの時間変化を記述する．ヒトの運動を扱った研究は，1980年代にケルソ（Kelso, J. A. S.）らが提出した両手の同期現象を扱った研究[11]が発端となり（後述），2000年代前後から，スポーツを対象とした研究にも導入されるようになった．スポーツ現場への還元を目的とするスポーツ科学者が，ダイナミカルシステムアプローチを導入することによる利点は，次の2点と考えられる．

　①複雑に見える運動パターンに潜む規則を明らかにできる．

　②①で得られた知見をもとに，効果的な練習環境を考えることができる[*3]．

＊2　ここでは，相転移を例にダイナミカルシステムアプローチを紹介したが，このアプローチは，相転移に限らず，カオスやフラクタル，同期など，様々な自己組織化現象を対象とすることができる．

＊3　例えば，運動の学習レベルを研究対象とするのであれば，初心者と熟練者の運動パターンの違いの本質とは何かを明らかにし，初心者にとって効果的な練習とは何かを明らかにできる．

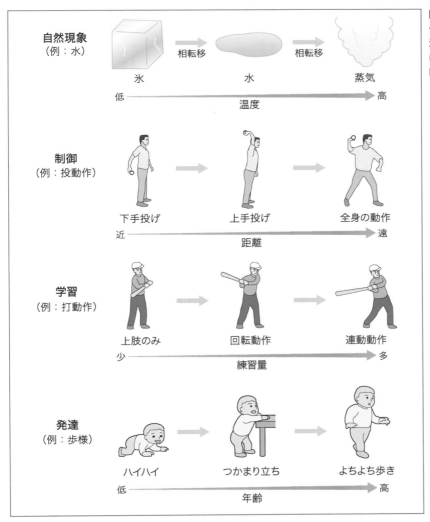

B. 個人内および個人間の同期

　ダイナミカルシステムアプローチから，ヒトの運動の相転移現象を扱った 2 つの代表的な研究を紹介する．まず 1 つは，両手の指振り運動を実験データと数理モデル[*4] で説明した研究[11] である．この研究では，両手の人差し指を左右に動かす運動を対象とした．**図 4.5** 上に示すように，両手のうちの一方の人差し指を内転方向，もう一方の指を外転方向へと移動させる動きを繰り返していき，指を振るスピードを増加させると，両手がともに外転もしくは内転する動きに急に切り替わる．これは，運動スピードの増加により，逆位相の同期パターンから同位相の同期パターンへと相転移する現象[*5] である．彼らは，こうした相転移現象を数理モデルを用いて説明した（図 4.5 下）．これらの研究は，例えばダンサー[12] やドラマー[13] のリズム感に関する研究などにも応用されている．

　さらに，シュミット（Schmidt, R. C.）らは，個人内で確かめられた同期パ

＊4　このモデルは，論文の著者のハーケン（Haken, H），ケルソ，バンツ（Bunts, H.）の頭文字を取り，HKB モデルと呼ばれている．

＊5　なぜ同位相に切り替わるのかというと，両手が互いに違う筋を利用する場合（逆位相）よりも，同じ筋肉を利用する場合（同位相）のほうが楽に動かせるためである．スピードの増加という厳しい状況に対応するために，簡単な動きに身体が勝手に切り替わったといわれている．

図 4.5　個人内および個人間の同期パターンの相転移とその数理モデル
（上図：文献 8 Figure2.3 および Figure2.4A, B を用いて作成
中図：文献 14 Figure1 および Figure7 を用いて作成）

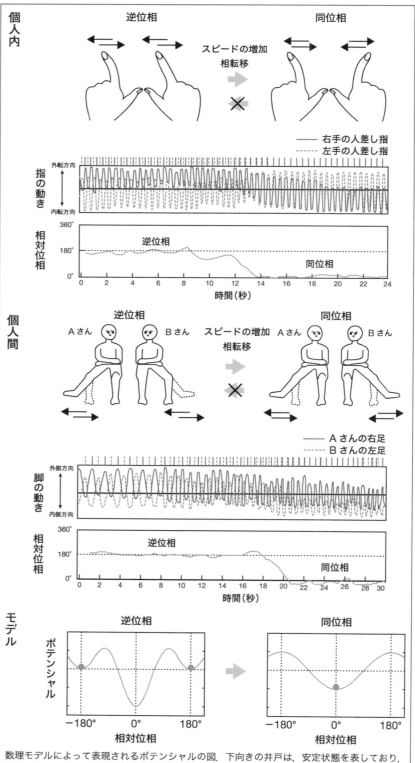

数理モデルによって表現されるポテンシャルの図．下向きの井戸は，安定状態を表しており，井戸が深いほど，より安定した状態を示す．逆位相の状態では，相対位相（180°）の安定状態であるが（赤色の点），スピードを増加させると，ポテンシャルの地形が変化していく．同位相の状態とは，相対位相（180°）の井戸がなくなり，それよりも安定した相対位相（0°）へ相転移した状態といえる．

ターンの相転移を二者間の動きに拡張した[14]．彼らは，隣り合って座る2人が互いの脚の動きが見える状況で，左右に脚を振る実験を行った（図4.5中）．その結果，2人のうちの一方が外側方向，もう一方が内側方向へと脚を振る状態（逆位相）から開始し，その運動スピードを上げていくと，2人がともに内側もしくは外側に脚を振る状態（同位相）へと相転移することを明らかにした．個人間の同期現象を扱ったこの研究は，スポーツにおけるプレイヤー間の動きの研究に影響を与えた．

C. スポーツの動きに潜む同期

　スポーツにみられる選手間の競争や連携する動きにおいても，個人間の同期が報告されている．例えば，陸上選手を対象とした研究[15]では，世界トップレベルの陸上競技の大会における2選手の接地タイミングを調べたところ，両者の歩様が同期する傾向が確かめられている．また，剣道選手を対象とした研究[16]では，大学トップレベルの剣道選手の攻防パターンを調べ，二者の詰め─引きのパターンには，一方が詰めてもう一方が引くといった逆位相の同期パターンと，両者とも詰める（あるいは引く）といった同位相の同期パターンがあることが明らかにされた（**図4.6**）．興味深いことに，これら2種類の同期パターンの切り替えの精度は10 cmのスケールであったことから，剣道選手の他者との距離を測る察知能力の高さが窺える．この剣道の例のように，二者の接近によって勝負が決まる格闘技や集団スポーツでは，対人間の距離が攻防パターンの相転移を導くことが報告されている[17,18]．

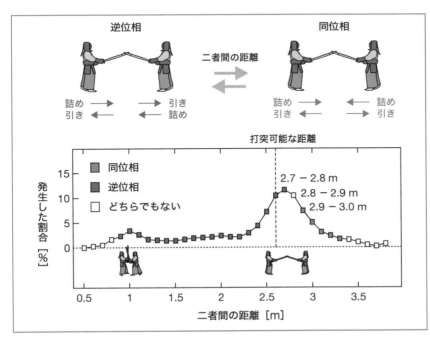

図4.6
（上）剣道の攻防にみられる2種類の同期パターンの模式図
（下）縦軸は二者間距離の発生割合を示す（2つのピークは，近い間合いと遠い間合いの2種類が多いことを示す）
（文献16 Figure2より作成）
各二者間距離について詰め─引きの同期傾向を色の違いで示す．

　ここまでは主に，個人間の競争を扱った研究を紹介したが，他者と協力する動き，すなわち連携動作にも同期現象が確認されている．サッカーの3対1

＊6　三者のプレイヤーが限られた空間内（この研究では6 m四方）で1人の敵にボールを奪われずにできるだけ多くのパスをつなぐことを目的とした課題.

ボール保持課題＊6 における三者のプレイヤーの連携を調べた研究 [19] では，熟練者と初心者では同期パターンが異なることを確かめた（**図 4.7**）．分析では，三者の位置取りを結んだ三角形の 3 つの角度の時間変化を調べた．その結果，熟練者は，3 つの角度が時間差を持ちながらも同期するパターン（回転同期）が多い傾向であった．一方で初心者は，3 つの角度のうち 2 つのみが逆位相で同期するパターン（部分逆位相）が多い傾向であった．これは，対称性の観点からみると，熟練者は初心者よりも，時空間的に対称性の高い同期パターンであったことから，経験を積んだ巧みな連携プレーの背景には高い対称性が潜んでいたことを示している．

　なお，ここではダイナミカルシステムアプローチの観点からスポーツを対象とした研究のうち，対人や集団の動きに絞って紹介したが，個人の運動技能を対象とした研究については，例えばテニス [20] や卓球 [21]，競歩 [22] などがある．その他の書籍を参考にされたい.

図 4.7
（上）サッカーの 3 者連携の実験で用いた課題
（下）熟練者と初心者の角度変化の 1 試行の例と各条件で頻度が多かったパターンの模式図
（文献 19 Video S3 (https://doi.org/10.1371/journal.pcbi.1002181.s010) および Figure S1 より作成)
下図で時系列が途切れた場面は，パスがつながらずに課題が停止した時間．下の線分は，ボール保持した選手を色で表す.

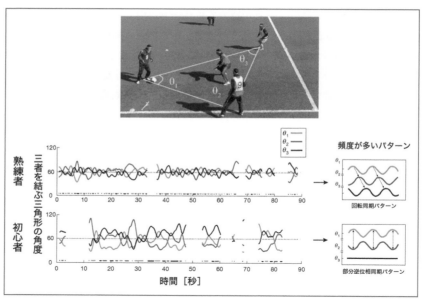

4.4 ≫≫ 制約を利用した練習方法

　運動の制御や学習，発達の相転移に関わる要因とは何だろうか？　例えば，図 4.4 の打動作の運動パターンの質的な変化を導くにはどうすれば良いのだろうか？　この疑問は「どのような練習をすれば運動が上達するのか」という問いと等しい．このことについて，ニューウェル（Newell, K. M.）は，生体，環境，課題という 3 種類の制約（constraint）（**図 4.8**）から影響を受けて，運動パターンの変化や運動技能の上達が導かれると考えた [23]．この考えは最近では，スポーツの指導場面や体育教育の分野にも応用され，制約主導アプローチ（constraints-led approach：CLA）[24, 25] あるいは非線形教育学

（nonlinear pedagogy）[26] などと呼ばれている．以下では，この3種類に沿って紹介するが，すべての練習が，どれか1種類だけに分類できるというわけではなく，複数の制約を含む練習もあるので注意されたい．

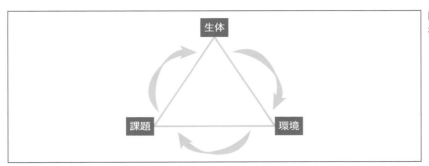

図4.8　運動技能の上達に関わる3種類の制約

　まず，生体の制約とは，運動の実践者そのものを指し，身長や体重，四肢の長さなどの身体の生理学的な要因から，動機づけやストレスなどの心理的な要因を含む．生体の制約を利用した練習方法としては，道具を用いて身体を物理的に拘束する方法がある．例えば，競歩を扱った研究[27] では，円滑な腰動作を導く方法として，肩に棒を担いで肩の動作を制約する方法の効果が実証されている．また，サッカーの連携スキルを高める練習道具として，他者との距離間隔をゴムバンドで察知する道具が開発されている[28, 29]．あるいは，テニスの場合，サービスで軸足に体重を乗せて打つ練習をするために，前足は地面に接地せずに軸足だけで打つ練習などが提案されている[30]．

　次に環境の制約とは，例えば，気温，風，地面表面など，プレイヤーを取り巻く物理的な環境が挙げられる．ゴルフやスキー，スノーボード，トライアスロン，ボートなど，自然の中で実施するスポーツは，この影響を強く受ける．例えばゴルフの場合，芝の状態や地形は場所によって異なるため，環境の多様な変化にも対応できる技能を獲得する必要がある[31]．一方で，仮に競技を実施する環境が固定されていたとしても，様々な状況で練習することによる練習効果も期待できる．例えばテニスでは，土のコートと芝生のコートの両方で練習経験を積むことによって，多様な環境に適応できる不変のスキルのトレーニングとなる[30]．

　最後に課題の制約とは，運動を実施する際の課題の内容のことを指す．練習においては，コートサイズや道具，ルールなどが考えられる．例えば，野球のバッティング[32] を扱った研究では，ある打球方向に境界を視覚的に呈示して，それ以上の打球を飛ばすようにと教示する方法でトレーニングした群は，内的焦点化や外的焦点化（第5章参照）した群よりもトレーニング効果があったという．また，サッカーの連携練習では，味方同士の3角パスの練習よりも，敵プレイヤーを加えた3対1で練習したほうが，認知的負荷が加わり，練習効果が高まることが知られている[33]．

　このように，運動技能の上達に関わる練習方法は，3種類の制約の観点から検討することができる．ダイナミカルシステムアプローチの視点から，運動パ

ターンのダイナミクス（動的変化の規則）を明らかにすることは，そのダイナミクスの質的変化に関わる制約が，なぜ効果があるのかを科学的に示すことに等しい．しかしながら，こうした観点からの研究はまだ少なく，研究の余地は多く残されている．今後の展開に期待したい．

練習問題

1) あなたの好きな運動を 1 つ選び，その運動パターンの質的変化（相転移）とその変化を導く要因について記述しなさい．

2) あなたの好きな運動を 1 つ選び，その運動を初心者に教えることを想定して，生体の制約，環境の制約，課題の制約という 3 つの観点から練習方法を考えて記述しなさい．

【文献】

1) Bernstein, N. A.(1967). The co-ordination and regulation of movements. Pergamon Press.

2) Bernstein, N. A.(1996). On dexterity and its development. Lawrence Erlbaum Associates.（工藤和俊（訳），佐々木正人（監訳）（2003）．デクステリティ：巧みさとその発達．金子書房．）

3) Rieley, M. A., Richardson, M. J., Shockely, K., & Ramenzoni, V. C.(2011). Frontiers in Psychology, 2, 38.

4) Araújo, D., & Davids, K.(2016). Frontiers in Psychology, 7, 1449.

5) Gibson, J. J.(1979). The ecological approach to visual perception. Houghton Mifflin.（古崎敬・古崎愛子・辻敬一郎・村瀬旻（訳）（1985）．生態学的視覚論：ヒトの知覚世界を探る．サイエンス社．）

6) Warren, R., & Werthemim, A. H.(Eds.).(2014). Perception and control of self-motion. Psychology Press.

7) 佐々木正人・三嶋博之(2001)．アフォーダンスの構想：知覚研究の生態心理学的デザイン．東京大学出版会．

8) Kelso, J. A. S.(1995). Dynamic Patterns: The self-organization of brain and behavior. MIT Press.

9) Thelen E., & Smith L. B.(1996) A dynamic systems approach to the development of cognition and action. MIT Press.

10) 丹羽敏雄(1999)．数学は世界を解明できるか：カオスと予定調和．中央公論新社．

11) Haken, H., Kelso, J. A., & Bunts, H.(1985). Biological Cybernetics, 51, 347-356.

12) Miura, A., Kudo, K., Ohtsuki, T., & Kanehisa, H.(2011). Human Movement Science, 30(6), 1260-1271.

13) Fujii, S., Kudo, K., Ohtsuki, T., & Oda, S.(2010). Journal of Neurophysiology, 104, 2178-2186.

14) Schmidt, R. C., Carello, C., & Turvey, M. T.(1990). Journal of Experimental Psychology: Human Perception and Performance, 16, 227-247.

15) Varlet, M., & Richardson, M. J.(2015). Journal of Experimental Psychology: Human Perception and Performance, 41, 36-41.

16) Okumura, M., Kijima, A., Kadota, K., Yokoyama, K., Suzuki, H., & Yamamoto, Y.(2012). PLoS ONE, 7, e51877.

17) Hristovski, R., Davids, K., Araújo, D., & Button, C.(2006). Journal of Sports Science and Medicine, 5, 60-73.

18) Araújo, D., Davids, K., & Hristovski, R.(2006). Psychology of Sport and Exercise, 7(6), 653-676.

19) Yokoyama, K., & Yamamoto, Y.(2011). PLoS Computational Biology, 7(10), e1002181.

20) 山本裕二(2005)．複雑系としての身体運動：巧みな動きを生み出す環境のデザイン．東京大学出版会．

21) 鈴木啓央・山本裕二(2013)．スポーツ心理学研究，40(2)，91-108．

22) 平川武仁・吉田茂(2006)．スポーツ心理学研究，33(1)，1-13．

23) Newell, K. M.(1986). In M. G. Wade, & H. T. A. Whiting(Eds.), Motor development in children: Aspects of coordination and control(pp. 341-360). Martinus Nijhoff.

24) Davids, K., Button, C., & Bennett, S.(2008). Dynamics of skill acquisition: A constraints-led approach. Human Kinetics.

25) Renshow, I., Davids, K., & Savelsbergh, G. J. (2010). Motor learning in practice: A constraints-led approach. Routledge.

26) Chow, J. Y., Davids, K., Button, C., & Renshaw, I. (2015). Nonlinear pedagogy in skill acquisition: An introduction, Routledge.

27) 平川武仁・吉田茂 (2005). 陸上競技研究, 3, 18-27.

28) Yokoyama, K., Tabuchi, N., Araújo, D., & Yamamoto, Y. (2020). Journal of Sports Science and Medicine, 19, 245-255.

29) 横山慶子・田渕規之・山本裕二 (2020). スポーツパフォーマンス研究, 12, 193-208.

30) Farrow, D., & Reid, M. (2010). In I. Renshaw, K. Davids, & G. J. Savelsbergh (Eds.), Motor learning in practice: A constraints-led approach (pp. 231-240). Routledge.

31) Renshaw, I., Arnott, P., & McDowall, G. (2020). A constraints-led approach to golf coaching. Routledge.

32) Gray, R. (2018). Sport, Exercise, and Performance Psychology, 7 (3), 318-332.

33) 中山雅雄・浅井武・田嶋幸三 (2007). 体育学研究, 52, 419-430.

<table>
<tr><td>第5章</td><td>注意集中・プレッシャーと
運動パフォーマンス
村山孝之（第 1 節）／田中美吏（第 2 節）</td></tr>
</table>

キーワード　内的焦点，外的焦点，注意集中，視線行動，あがり，皮肉過程

到達目標
- スポーツを行う際の注意と運動の関係性について理解を深め，運動技能の学習場面や運動パフォーマンスの発揮場面で適切に注意をコントロールする方法を知る．
- 注意，思考，フォームなどの観点から，プレッシャー下でパフォーマンスが低下する理由を理解し，それを防ぐための対処法を知る．

5.1 ⟫⟫ 注意集中（内的焦点・外的焦点）と運動の関係性

A. 注意集中とは

　運動やスポーツを行う場面において重要な心理的要素に集中力があり，スポーツ心理学では，集中力のことを注意集中と呼ぶ．注意集中には，多くの情報の中から注意を向ける対象を選択する機能（選択的注意）や，選択した情報を処理する機能（注意の処理資源）がある[1]．例えば，テニスやサッカーで高いパフォーマンスを発揮するためには，プレーや課題に無関係な情報（観客席の歓声や「失敗したらどうしよう」という気持ち等）よりも，プレーや課題に関連する重要な情報（ボールや相手の動き等）に対して選択的に注意を向ける選択的注意の機能が求められる．また，素早い状況判断が求められる場面では，ボール，相手の位置，ならびに味方の位置といった複数の情報に同時に注意を向け，それらの情報を素早く処理する必要がある．しかし，人間が一度に処理できる情報量には限界があるため，同時に処理できる情報量，すなわち処理資源という情報処理の機能もまた求められる．

　このように，注意集中は練習や試合の様々な場面でプレーと密接に関わっている．したがって，競技力の向上や試合でのパフォーマンス発揮を望む場合には，注意の機能を理解し，その機能をいかに活用するか，あるいはいかに向上させるかという点に着目して日々の練習を行うことが重要となる．

B. 身体内・外への注意と運動

（1）内的焦点，外的焦点

　運動を行う際には，どこに，どれだけ，どのようなタイミングで選択的に注意を向けると良いのだろうか．運動遂行時の注意の向け方は注意焦点（attentional focus）と呼ばれる．ウルフ（Wulf, G）は，運動やスポーツを行うときの注意の場所を内的焦点（internal focus of attention）と外的焦

点（external focus of attention）の 2 つに区分し，両者の比較から，外的焦点が運動技能の学習やパフォーマンスの発揮に対して有効であることを多くの研究で報告している[2]．ここでの内的焦点とは身体への注意であり（腕，脚などの身体部位，あるいは力の入れ具合，動かし方等），外的焦点とは，身体外部の環境内にある器具や目標物（ラケット，ターゲット，リング，ゴール等），あるいは運動による効果（ボールの軌道，道具の動き等）である．特に，外的焦点の優位性は，ゴルフのピッチショット（**図 5.1**）[3]，バスケットボールのフリースロー[4]，ダーツ[5]，スプリント走[6]，クロール[7] などの課題を用いた実験で示されている．

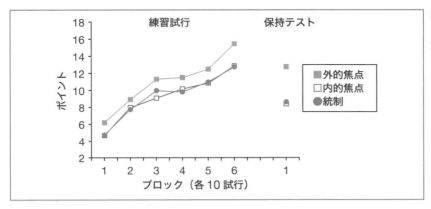

図 5.1　ゴルフのピッチショットの正確性と内的焦点，外的焦点の関係性
（文献 3 より引用）

（2）運動制約仮説

　外的焦点の優位性を説明する仮説として運動制約仮説（constrained action hypothesis）があり[8]，運動に必要な注意の容量，運動の制御システム，筋活動の 3 つの視点から外的焦点の優位性を示している．外的焦点の場合，注意を身体外に向けるため，運動制御に対して意識的に干渉しない．したがって，運動に必要な注意量が少なく，自動的な運動制御が促進するため，高頻度かつ低振幅（"小さく細かい"調整）の運動調整が行われ，不必要な筋活動が増大しにくいために学習やパフォーマンスが促進すると説明されている．

　一方，内的焦点の場合，注意を身体に向け，運動制御に対して意識的に干渉する．そのため，運動に配分される注意量は増大し，低頻度かつ高振幅の運動調整（"大きく粗い"調整）になり，不必要な筋活動も増大しやすい[4]．その結果，運動制御の自動的過程が混乱して学習やパフォーマンスが阻害されると捉えられている．

（3）外的焦点，内的焦点の影響は課題や個人によって異なる

　ただし，外的焦点が常に優位かといえばそうではない．外的焦点の優位性がみられるのは，課題の遂行に対して意識的に干渉したくなるような比較的，難易度の高い課題とされている[9]．なぜなら，そのような課題では運動に対する注意量を減少させる外的焦点が運動を効率化させるためである．したがって，自動的に行うことができる難易度の低い運動では，運動に対してそもそも意識的に干渉しようとしないため，外的焦点の優位性は生じにくい．

　また，一口に内的焦点といえど，注意の対象は様々な身体部位に及ぶ．そのため，注意焦点と運動の関係性を詳細に調べるためには，内的焦点の対象を細分化して運動への影響を調べる必要がある．例えば，ランニング課題を用いた実験では，脚の動きの調整や呼吸への内的焦点よりも，ランニング強度の感じ方や，運動による身体の反応の様子（発汗量や筋感覚の変化）といった身体感覚への内的焦点のほうが持久能力に関わる酸素消費量を増大させにくい（疲労が促進しにくい）ことが報告されている[10]．この研究では外的焦点との比較こそしていないものの，内的焦点の場所によってパフォーマンスへの効果が異なることを実験的に示している．そして近年では，特定の内的焦点が外的焦点と同等の効果を有することを報告する知見が示されている．遠投課題を用い，内的焦点における注意の対象を細分化してパフォーマンスへの効果を調べた実験では，体幹への内的焦点と外的焦点で遠投距離に違いがないことが示されている[11]．

　また，内的・外的焦点の効果が個人特性の違いによって異なる可能性も示されている．手指運動学習課題を用いた実験において，実験参加者の運動イメージ能力を測定して注意焦点との関係性が調べられており，運動感覚イメージが得意な参加者は内的焦点条件，視覚イメージが得意な参加者は外的焦点条件で高いパフォーマンスを示したことが報告されている[12]．これらのことから，注意焦点に関する研究については，これまでの"外的焦点か，内的焦点か"という二者択一的な視点から，課題の難易度や内的焦点の対象，ならびに個人特性等を踏まえた視点へのパラダイムシフトが求められているといえる．

C. 注意集中のコントロール

（1）注意と視線行動

　運動・スポーツ場面において，注意と視線行動は密接に関わっている．特に，運動に必要な情報に対して選択的に注意を向ける際には，視線行動を伴うときと伴わないときがあり，前者を顕在的注意，後者を潜在的注意と呼ぶ．顕在的注意の例としては，パスする相手を眼で見てボールをパスする状況が挙げられる．一方，潜在的注意の例としては，パスする相手を眼で見ずにパスをする状況が挙げられる（いわゆる"ノールックパス"）．

　また，不安やプレッシャーが伴う状況下では，視線の動かし方がいつものそれとは異なってしまうことがある．視線行動の変化は，我々に備わっている本能的な注意に関する機能と関係が深い．通常，注意集中が必要な状況では，目標とするプレーや課題に注意を向けてプレーを行う（目標駆動型）．しかし，プレッシャーや不安を感じると，我々は環境の中に潜む脅威刺激を探そうと周囲の物事に注意を向けてしまうため，視線の移動回数が増えてしまう（刺激駆動型）．課題に無関連な刺激が気になってしまい，適切な場所・物事への注意集中ができず，注意が散漫になって混乱するときに視線が定まらないのはこのためである．

（2）注意と QE

　バスケットボールのフリースローやゴルフ，射撃では，動きだけでなくター

ゲットやボールに注意を向ける必要がある．特に，運動の自動的制御が促進している熟練者がチャレンジングな課題を行う場合には，ターゲットやボールに対して外的焦点をすることで高いパフォーマンスを維持できる可能性が高い．

　これまでの研究から，ターゲット課題を行う際，熟練者は初心者に比べて動作開始前に特定の対象物に対して注視点（視線を向ける場所）の移動を視野角3度以内に抑えて100ミリ秒以上停留させていることが明らかにされている．この視線行動の特徴をQuiet Eye（QE）と呼び[13]，バスケットボールのフリースロー場面では，熟練者ほどリングの手前の縁へのQE時間が長く，その時間は初心者のQE時間の約2倍であることがわかっている（初心者はリングやボードなど様々な場所を見ている）（**図5.2**）．このような傾向は，ゴルフのパッティングや射撃，バレーボールのレシーブ，ビリヤードなどでも見られる．ゴルファーの場合には，上級者と中級者を比べてもやはり上級者のQE時間（動作開始前にボール後方を注視する時間）が中級者よりも長いことが明らかにされている[14]．

　では，なぜQE時間が長いとパフォーマンスに有効なのだろうか．QEの機能やメカニズムについては，情報処理の機能と行動選択システムの2つの視点から仮説が示されている．まず，情報処理の視点からみると，QEが①スキル遂行上，適切な場所への注意を促し，正確な情報の獲得を可能にする，②大脳の背側経路を活性化させ，運動に利用される正確な空間性情報をもとにした運動プランニングの時間を確保する，③頭部や身体の動きを安定させる，④筋活動や心拍数を減少させるという4つの機能的特徴が挙げられている[15]．

　しかし，QE時間が選手の情報処理過程を反映しているならば，経験豊富な熟練者ほど情報処理の効率が良いためQE時間が短縮するとも考えられる．したがって，情報処理ではなく，不適切な行動の選択肢を抑制する時間を反映している可能性に着目した抑制仮説も示されている．熟練者は初心者よりも多くの課題解決策を有していると考えられる．そのため，抑制仮説では，熟練者ほど運動遂行時に不適切な選択肢を抑制する要求度が増えるためにQE時間が長いと説明している[16]．

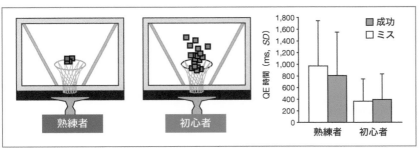

図5.2　熟練者と未熟練者のフリースロー時の視線位置，ならびにQE時間の違い
（文献13を改変）

　ただし，運動・スポーツ場面では，潜在的注意のように視線を向けた場所以外に注意を配分することもあるため，リングへのQE時間をそのままリングへの注意量を直接反映する指標とすることはできない．しかし，内的焦点が促進する場面では熟練者であってもQE時間が減少することがわかっている[17]．

したがって，QE 時間は注意焦点を反映する 1 つの指標であり，外的焦点，内的焦点と関連が深い視線行動の特徴であるといえる．

（3）視線による注意集中のコントロール

注意と視線行動が密接に関係するのであれば，視線行動を意図的にコントロールすることで，適切な場所へ注意集中をコントロールすることができる．例えば，試合前や試合中に，結果や観衆など試合に直接関係しないものが気になってプレーに集中できないときは，不必要な視線の移動回数が普段よりも多い可能性がある．そのような状況では，視線を特定のものに留める方法が有効となる．環境内の特定の対象物に視線を留めてそこに注意を向けることで，注意散漫状態を抑制する効果が期待できる．

また，外的焦点がパフォーマンスに対して有効なアスリートや課題の場合，プレッシャーによって正確にミスせずプレーしようとする際に，内的焦点が促進してパフォーマンスが低下する場合がある（詳細は後述）．こうした状況では，外的焦点を促進させるためにターゲットやボールなどを意識的に長く見る，すなわち QE 時間を確保する方法も有効である．QE 時間を意図的に長くする練習を QE トレーニング（Quiet Eye Training：QET）と呼び，QET を行うことで運動技能の学習はもとより，プレッシャー下でのパフォーマンスの低下を抑制できることが実験的に示されている．例えば，ゴルフパッティングを課題に用いた実験では，自分の視線と熟練ゴルファーの視線の違いを学習し，ボールへの QE 時間を長く確保する練習をした QET 群ほどプレッシャー条件でもパフォーマンスが低下せず，実際のラウンドでのパット数も 1 ラウンドあたり 1.9 打減ったことが示されている [17]．なお，QET の効果はスポーツ以外にも外科結びを課題にした実験で確認されている．外科結びは高い水準の注意集中が求められるスキルであり，失敗が患者の生死を左右するスキルであるが，1 年目の研修医を対象とした実験において，熟練外科医の視線行動と自己の視線行動を映像で比較しながら，糸を運ぶ場所への QE 時間を長くする練習をすることで，プレッシャー条件でも課題成功率が高く維持できたことが示されている [18]．したがって，注意集中のコントロール方法は多様であるが，視線によって注意をコントロールする方法は，広義の運動技能遂行場面で有用であると考えられる．

5.2 ≫≫ プレッシャー下でのパフォーマンス

A. 用語の整理

アスリートは，試合や局面の重要性，他者評価，観衆などの様々なプレッシャーがある中で，実力を発揮することが求められる．プレッシャーとは，「高いパフォーマンスを発揮することの重要性を高める因子」と定義されており [19]，図 5.3 に示したように，プレッシャーがある状況では，心理面（不安の増加等），生理面（心拍数の増加等），行動面（フォームの変化等）にストレス反応が生じ，その結果としてパフォーマンスが影響を受ける．プレッシャー

下でパフォーマンスが高まることはクラッチ（clutch）と呼ばれ，パフォーマンスが低下することはチョーキング（choking）と呼ばれる．チョーキングの邦訳としては，"あがり"という用語が使用されている．

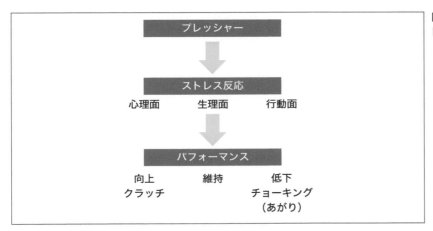

図 5.3　プレッシャー下でのストレス反応とパフォーマンス

B. 不安，自信，覚醒とパフォーマンス

　プレッシャー下での心理面の変化の例として，不安の増加や自信の低下が挙げられる．不安は，特性不安と状態不安*1に分けられるが，特性不安が高い人ほどプレッシャー下でパフォーマンスを低下させやすい[20]．さらに，状態不安とパフォーマンスは負の相関関係にあるが，自信とパフォーマンスは正の相関関係にある．状態不安が高く，自信が低いほどパフォーマンスが低下する[21]．

　さらに，プレッシャー下で心拍の増加を感じるように，不安が高まったときに自己の身体状態の変化を知覚することを身体不安といい，身体不安とパフォーマンスは逆 U 字関係にある[21]．身体不安と同様に，心拍数の増加に代表されるプレッシャー下での覚醒水準とパフォーマンスも逆 U 字関係にある（**図 5.4**）．適度な身体不安や覚醒水準のときにパフォーマンスが高まり，過度な身体不安や覚醒水準のときにはパフォーマンスが低下する．

＊1　特性不安は個人の性格傾向を反映する不安であり，状態不安は状況によって変化するある一時点での不安である．

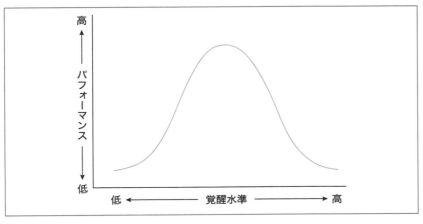

図 5.4　覚醒水準とパフォーマンスの関係

C. 3つのタイプの注意の変化

　プレッシャー下でのパフォーマンスの低下には，注意の変化も介在する．**図5.5** の1段目のように，プレッシャーのない平常時には，注意容量の一部が運動（プレー）に使用される．しかしながら，プレッシャー下では注意容量が小さくなることで，運動に十分な注意を配分できなくなるとパフォーマンスの低下につながる（図5.5の2段目）．アスリートが試合中の心理状態を振り返り，「頭が真っ白になった」と回想することがこの例であり，注意狭隘（きょうあい）と呼ばれる．

　また，プレッシャー下では他者や周辺環境などへの注意が増え，さらには上記の状態不安や身体不安に対しても注意が配分されることで注意散漫になる．それらによって運動に要する注意が不足することもパフォーマンスを低下させる（図5.5の3段目）．プレッシャー下でスポーツを行うときには，対戦相手や周辺刺激への注視回数が増え[22, 23]，前述の QE に代表される注視時間が短縮するが[24]，このような視線行動は注意散漫を反映している．

　運動に配分する注意が不足する注意狭隘や注意散漫とは対照的に，運動に対する注意が増えることでパフォーマンスが低下する場合もある（図5.5の4段目）．プレッシャー下でフォームや力の調整などの内的焦点に過剰に注意を向けることを指し，意識的処理と呼ばれる．多くの練習によって自動化された運動技能が，意識的処理によって脱自動化することで，パフォーマンスの低下が起きると考えられている[25]．

図5.5　プレッシャー下での3タイプの注意の変化
（田中美吏（2015）．新・スポーツ心理学，pp. 129-149，図9-4より引用）

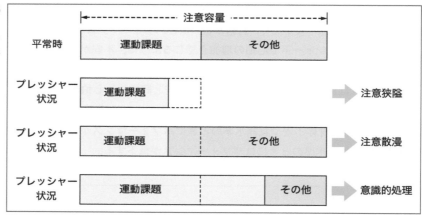

D. 「～してはいけない」の思考

　プレッシャー下では「ミスをしそう」などのように，プレーに対するマイナスな思考やイメージも生じやすい．プレッシャー下でのマイナスな思考やイメージもパフォーマンスに影響し，特に「～してはいけない」の思考がパフォーマンスを低下させる．「～してはいけない」と考えるにもかかわらず，してはいけないことに注意が向き，行動が生じることは皮肉過程と呼ばれる[26]．例えばサッカーのシュートにおいて，キーパーの近くに蹴ってはいけないと考

えるとキーパーの近くに蹴ってしまうように[27]，スポーツのプレーにおいても，皮肉過程が原因で期待するパフォーマンスを発揮できなくなる．そして，野球の投手が対戦している打者が打つことを得意とするコース（投手にとっては投げてはいけないコース）に投げてしまうように[28]，プレッシャー下では皮肉過程によるパフォーマンスの低下が非プレッシャー下よりも生じやすくなる．

E. 知覚の変化

　アスリートは，スポーツを行う場の環境や道具，チームメイトや対戦相手などについて，大きさ，高さ，距離，位置，速度，時間，重さ，動きなどの様々な知覚情報を利用しながらプレーしている．動機づけや不安などの心理状態によって，これらの知覚が変化することは力動的知覚と呼ばれる[29]．そして，ゴルフパッティングにおいてカップを大きく知覚すると成功率が高まるように[30]，力動的知覚はパフォーマンスに影響する．

　プレッシャー下でのバドミントン選手が自陣のコートを広く知覚し[31]，陸上の走高跳の選手がバーの高さを高く知覚するように[32]，プレッシャー下では課題の難度を高く感じる方向に力動的知覚が促進する．さらに，ゴルフパッティングにおいて，プレッシャー下での心拍数の増加やフォームの変化が生じた選手は，パッティングの成績が低下するとともにカップのサイズを小さく知覚していた実験結果[33]からわかるように，プレッシャー下での知覚の変化とパフォーマンスは関連する．

F. フォームや力調整の変化

　アスリートは多大な練習時間を費やし，パフォーマンスを高めるためのフォームの確立に注力する．しかしながらプレッシャー下では，フォームの乱れや力みを感じるように，プレーに関わる力の調整も含めて，練習によって確立したフォームを再現できなくなる．では具体的に，どのようにフォームや力調整が変化するのかについて調べる多くの研究が行われている．

　筆者らは，モーション・キャプチャー[*2]を使用して，プロゴルファーとゴルフ初心者を対象に，プレッシャー下でのゴルフパッティングのフォームの変化を調べた[34]．図5.6は，その実験において典型的なフォームの変化が生じたプロゴルファー1名とゴルフ初心者1名のパターの動きを示している．横軸がパターの位置，縦軸がパターの速度を表し，原点を動作開始の起点とし，「の」の字を書く流れでパターの動きが描かれている．ゴルフ初心者のみならず，多大な練習を行っているプロゴルファーでさえも，プレッシャー条件では非プレッシャー条件に比べてバックスイング期やフォロースルー期の動きが小さく遅くなっていることがわかる．プロゴルファーと初心者ともに，この実験に参加した多くの者が同様なフォームの変化を生じさせた．

*2　モーション・キャプチャー：撮影されたフォームのビデオ映像をもとに，身体の各部位や使用する用具の動きの大きさ，速さ，時間などを数値化すること．

図 5.6　プレッシャー下でのゴルフパッティングのフォームの変化
(田中美吏 (2014). 体育学研究, 59, 1-15, Figure1 より引用)

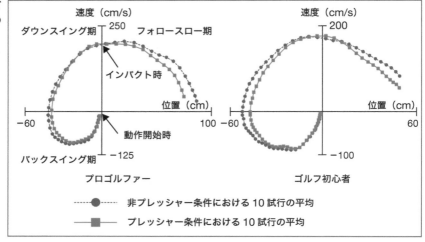

動きの大きさや速さ以外にも，同じ動きを複数回行うときのフォームの変動性（一貫性）に対するプレッシャーの影響を調べている研究もある．例えば，野球の打撃における足の動きを分析することで，プレッシャー下では足を上げる時間の変動性が大きくなり，それに加えてバットとボールの打撃タイミングの誤差も大きくなっている [35)]．プレッシャー下でのフォームの変動性の増加もパフォーマンスの低下に関連すると考えられる．

　図 5.7 は，ピアノ演奏における上肢の動きに関わる複数の筋の筋電図[*3] を示している．リハーサルに比べて演奏会では，これらの筋の筋放電量が大きい [36)]．筋放電量の大きさはそれに伴い発揮される力の大きさと正比例関係にある．したがって，プレッシャー下では力調整が難しくなり，必要以上の力が出力されることを意味している．さらに，総指深筋と浅指屈筋の共収縮[*4] も数値化されており，共収縮が増えることもプレッシャー下での筋活動の特徴である．

*3　筋電図：筋を収縮させるための活動電位（筋放電）を導出・増幅し，横軸を時間，縦軸を筋放電量として描かれる図．

*4　共収縮：関節を動かすために収縮する主動筋，伸張する拮抗筋がともに活動すること．

図 5.7　ピアノ演奏時の筋電図
(文献 36 Figure2 より引用)

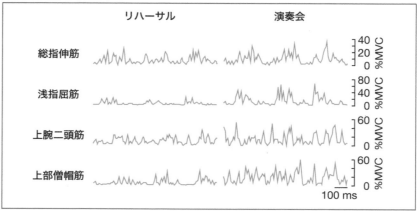

G. "あがり" の対処法

　アスリートは，プレッシャー下でのパフォーマンスの低下を防ぐことが求め

られる．アスリートを支える指導者も，そのための適切な支援を要する．本章の主題である注意集中の観点から"あがり"を防ぐための対処法を紹介する．

プレッシャー下では，注意狭隘，注意散漫，意識的処理を防がなければならない．そのための方策として，運動技能について注意するポイントの数を減らす[37]，事前に計画した高いパフォーマンスを発揮するためのプロセスに注意を向ける[38]，ターゲットなどの外的焦点に注意を向ける[39]などが，パフォーマンスの低下を防ぐ効果がある．また，プレ・パフォーマンス・ルーティン[*5]を確立し，プレッシャー下でルーティンの実行に注意を向けることも効果的である[40]．

なお，"練習は試合のように，試合は練習のように"の格言のように，これらの対処法についても，試合場面で急に取り組むのではなく，練習場面でのプレーから取り組むことを勧める．その際に，試合場面のようなプレッシャーがある中での練習を行うことも重要である[41]．

*5 プレ・パフォーマンス・ルーティン：動作の開始前における特定のパターン化された思考や準備行動

練 習 問 題

1) 内的焦点と外的焦点のそれぞれが有効な状況について具体例を挙げ，その理由について記述しなさい．

2) あるスポーツ種目の運動技能（例えば野球の打撃）を想定し，プレッシャー下でその運動技能のパフォーマンスが低下する理由を考えて記述しなさい．

【文献】

1) 樋口貴広（2008）．日本スポーツ心理学会（編），スポーツ心理学事典（pp.171-174）．大修館書店．

2) Wulf, G. (2007). Attention and motor skill learning. Human Kinetics. （福永哲夫（監訳）（2010）．注意と運動学習：動きを変える意識の使い方．市村出版．）

3) Wulf, G., & Su, J. (2007). Research Quarterly for Exercise and Sport, 78(4), 384-389.

4) Zachry, T., Wulf, G., Mercer, J., & Bezodis, N. (2005). Brain Research Bulletin, 67(4), 304-309.

5) Marchant, D. C., Clough, P. J., Crawshaw, M., & Levy, A. (2009). International Journal of Sport and Exercise Psychology, 7(4), 488-502.

6) Ille, A., Selin, I., Do, M., & Thon, B. (2013). Journal of Sports Sciences, 31(15), 1705-1712.

7) Freudenheim, A. M., Wulf, G., Madureira, F., Pasetto, S. C., & Corrêa, U. C. (2010). International Journal of Sports Science & Coaching, 5(4), 533-542.

8) Wulf, G., McNevin, N., & Shea, C. H. (2001). The Quarterly Journal of Experimental Psychology Section A, 54(4), 1143-1154.

9) Poolton, J. M., Masters, R. S. W., & Maxwell, J. P. (2007). Consciousness and Cognition, 16(2), 456-468.

10) Schücker, L., Knopf, C., Strauss, B., & Hagemann, N. (2014). Journal of Sport and Exercise Psychology, 36, 233-243.

11) Oki, Y., Kokubu, M., & Nakagomi, S. (2018). Perceptual and Motor Skills, 125(1), 177-189.

12) Sakurada, T., Hirai, M., & Watanabe, E. (2016). Experimental Brain Research, 234(1), 301-311.

13) Vickers, J. N. (2007). Perception, cognition, and decision training: The quiet eye in action (pp.10-13). Human Kinetics.

14) Vickers, J. N. (2012). International Journal of Golf Science, 1(1), 2-9.

15) Vine, S. J., Moore, L. J., Cooke, A., Ring, C., & Wilson, M. R. (2013). International Journal of Sport Psychology, 44(4), 367-386.

16）Klostermann, A., Kredel, R., & Hossner, E. J.（2014）．Journal of Sport and Exercise Psychology, 36（4）, 392-400.

17）Vine, S. J., Moore, L., & Wilson, M. R.（2011）．Frontiers in psychology, 2, article8.

18）Causer, J., Vickers, J. N., Snelgrove, R., Arsenault, G., & Harvey, A.（2014）．Surgery, 156（5）, 1089-1096.

19）Baumeister, R. F.（1984）．Journal of Personality and Social Psychology, 46（3）, 610-620.

20）Wilson, M., Smith, N. C., & Holmes, P. S.（2007）．British Journal of Psychology, 98, 411-428.

21）Martens, R., Vealey, R. S., & Burton, D.（1990）．Competitive anxiety in sport. Human Kinetics.

22）Runswick, O. R., Roca, A., Williams, A. M., Bezodis, N. E., & North, J. S.（2018）．Psychological Research, 82（4）, 708-719.

23）Nieuwenhuys, A., Pijpers, J. R., Oudejans, R. R. D., & Bakker, F. C.（2008）．Journal of Sport and Exercise Psychology, 30（2）, 171-185.

24）Alder, D. B., Ford, P. R., Causer, J., & Williams, A. M.（2018）．Human Movement Science, 61, 81-89.

25）Masters, R. S. W.（1992）．British Journal of Psychology, 83, 343-358.

26）Wegner, D. M.（1994）．Psychological Review, 101（1）, 34-52.

27）Binsch, O., Oudejans, R. R. D., Bakker, F. C., & Savelsbergh, G. J. P.（2010）．Human Movement Science, 29（2）, 277-288.

28）Gray, R., Orn, A., & Woodman, T.（2017）．Journal of Sport and Exercise Psychology, 39（1）, 3-12.

29）加賀秀夫（1987）．松田岩男・杉原隆（編），新版 運動心理学入門（pp.29-39）．大修館書店.

30）Cañal-Bruland, R., Zhu, F. F., van der Kamp, J., & Masters, R. S. W.（2011）．Acta Psychologica, 136（3）, 285-289.

31）村山孝之・田中美吏・関矢寛史（2009）．体育学研究, 54, 263-277.

32）Tanaka, Y., Sasaki, J., Karakida, K., Goto, K., Tanaka, Y. M., & Murayama, T.（2018）．Journal of Functional Morphology and Kinesiology, 3（2）, 29.

33）Gray, R., & Cañal-Bruland, R.（2015）．Psychonomic Bulletin & Review, 22（6）, 1692-1700.

34）Tanaka, Y., & Sekiya, H.（2010）．Research Quarterly for Exercise and Sport, 81（4）, 416-424.

35）Gray, R.（2004）．Journal of Experimental Psychology: Applied, 10（1）, 42-54.

36）Yoshie, M., Kudo, K., Murakoshi, T., & Ohtsuki, T.（2009）．Experimental Brain Research, 199（2）, 117-126.

37）Gucciadi, D. F., & Dimmock, J. A.（2008）．Psychology of Sport and Exercise, 9（1）, 45-59.

38）Jackson, R. C., Ashford, K. J., & Norsworthy, G.（2006）．Journal of Sport and Exercise Psychology, 28（1）, 49-68.

39）Lawrence, G. P., Gottwald, V. M., Khan, M. A., & Kramer, R. S. S.（2012）．Frontiers in Psychology, 3, article468.

40）Mesagno, C., & Mullane-Grant, T. A.（2010）．Journal of Applied Sport Psychology, 22（3）, 343-360.

41）Cassell, V. E., Beattie, S. J., & Lawrence, G. P.（2017）．Anxiety, Stress, and Coping, 31（1）, 107-120.

中須賀巧

第6章 体育・スポーツにおける動機づけ

キーワード	動機づけ（モチベーション），動機づけ雰囲気，体育授業

到達目標	●体育・スポーツの動機づけの機能について理解を深め，説明できる． ●動機づけ理論を学び，体育・スポーツ実践での理論の活用法を解説できる． ●動機づけ雰囲気の視点から子どもが夢中になる体育授業を提案できる．

6.1 ≫≫ 動機づけとは何か

A. 動機づけとは

　動機づけは，人間のあらゆる行動を支える心理的要因であり，学校教育現場，企業研修，スポーツ指導，日常生活場面など，世代や職種を問わず，多くの人が興味・関心を持つ心理用語の1つとして注目されている．動機づけとは，モチベーション（motivation）の訳語であり，「行動を起こさせ，その行動を一定の目標に方向づけ，持続させる心理的エネルギー」[1] と定義されている．この定義からもわかるように，動機づけには，「①人の行動を引き起こす働きである行動始発機能，②始めた行動を続け，困難な状況に接しても行動を維持する行動維持機能，そして③高い動機づけで目標に到達すると欲求が充足され，新しく目標を定めて行動を起こしたくなる行動強化機能」[2] の3つの機能が備わっている．

　人の動機づけが高まるのは，行動する当人に何らかの欲求と，その欲求の対象となる誘因の両方が存在するときのみであり，どちらか一方の存在だけでは喚起されないといわれている [1, 3]．この欲求に類似する概念には，動因や動機がある．動因は主に「お腹がすいた」や「喉が渇いた」などの生理的欲求に対して，動機は「上達したい」や「みんなに認められたい」など心理的・社会的欲求に対して用いられる．また誘因とは，自己の周りに存在し，その人にとって価値や魅力を有する行動を引き起こす具体的な対象物のことであり，食べ物やドリンクといった物理的なものと，達成したい課題や対象人物に対する魅力度などの心理的なものがあると考えられている．杉山 [4] は，喉の渇きを例に欲求について解説している．例えば，喉が渇いている状態であれば，一刻も早く，その喉の渇きを潤したいという欲求が生じるのではないだろうか．このときの水やスポーツドリンクといった何か喉を潤すものが誘因であり，ドリンクをのむという行動によって誘因を獲得したことになる．このように誘因は行動

の目標であり，誘因の獲得は言い換えると目標の達成である．人に欲求（動因や動機）が生じ，目標を達成しようと行動が活性化されていく過程が動機づけである．

B. マズローの欲求階層説

さて先述した「欲求」には様々な種類があり，私たちの行動の原動力になる．マズロー（Maslow, A.）[5] は，**図 6.1** に示すように動機づけに関わる基本的な欲求を 5 つに整理し，それらを階層的に位置づけて説明している．1 つめの欲求は，食べることや眠ることなどの生命維持に関わる生理的欲求である．2 つめは，自己の安全，家族・知人の安全，苦痛や恐怖から逃れたいなど安全の欲求である．3 つめは，他者に愛されたいや所属する集団内のメンバーでありたいといった愛情と所属の欲求である．4 つめは，他者から注目されたいや自信を持ちたい，何かを達成したいなどの承認の欲求である．これら 4 つの欲求は，満たされているときには現れてこないが，欠乏しているときや満たされていないと感じたときに強く現れるため，欠乏欲求と呼ばれている．5 つめの自己実現の欲求とは，自分自身の能力を高めたい，自分の可能性を試したい，挑戦したいなど成長を求め続けたいという欲求であり，目的を満たすとさらに高まることから成長欲求と呼ばれている．

図 6.1　マズローの欲求階層説
（文献 5 p. 231 より引用）

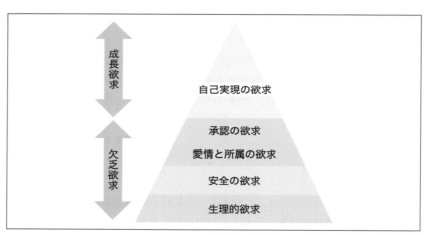

C. 外発的動機づけと内発的動機づけ

動機づけは，一般的に外発的動機づけ（extrinsic motivation）と内発的動機づけ（intrinsic motivation）の大きく 2 つに分けて考えることができる．

まず外発的動機づけとは，主体の側の欲求が弱かったり，なかったりする場合に活動と直接関係のない外部からの誘因（賞罰や強制，義務など）を強調して行動を喚起させる動機づけである[1, 3]．例えば，スポーツで有名になりたいと思っているアスリートは，一生懸命練習する可能性が高い．また体育で良い成績（高い評価）が欲しい生徒は，誰よりも早く集合し，しっかり活動にも参加する可能性が高いと考えられる．ここでの，スポーツで一生懸命練習するこ

とや，授業に早く集合し，しっかり参加するといった行動の背景には，有名になりたいや良い成績（高い評価）といった別の目的があり，それらの手段として実行された行動といえる．そのため，目標が達成されたり，目指す目標がなくなると，やりたくない，面倒といったネガティブな感情や思考が生まれ，本来の行動は継続されなくなる．

一方で，内発的動機づけとは，走ること自体が好きだから走る，バスケットボールがネットをすり抜ける音が快感だからシューティングをするなど，活動自体の魅力や面白さに触れることを目的に行動が喚起されている状態である．内発的に動機づけられた行動は，運動やスポーツそれ自体の楽しさの実感や技能上達・記録向上に伴う充実感・満足感など行動の中に報酬があるため，外発的に動機づけられている場合よりも，自発的に行われることが期待できる[6]．また運動・スポーツへの魅力や面白さにずっと触れていたいと思えば，行動は継続されていくが，それに熱中しすぎてしまう場合もある[2]．

D. 体育・スポーツ指導におけるアンダーマイニング効果

ここで，特に体育やスポーツ指導時の注意点としてアンダーマイニング効果について紹介する．アンダーマイニング効果とは，自発的な活動に対して報酬を与えて，後に報酬を取り去ると，報酬を与える前よりも活動量（生産性）が低下するという現象[7]である．もともと楽しい活動に加えて，報酬やご褒美がもらえるとなれば，さらにやる気が出るのではないかと誰もが想像する．例えば，ドリブルやシューティングが面白いから夢中になって取り組んでいる子どもの姿は，まさしく内発的に動機づけられた行動の現れである．その姿に直面すると教師や指導者も嬉しくなり，さらにやる気の向上を求め，何らかの報酬（成績アップを示唆する発言やスタメンの確約など）を与えてしまうと，楽しみのための活動から報酬のための活動へと転換してしまう．その後，活動自体は持続するかもしれないが，提示された報酬が実現しなかった（もらえなかった）場合は，これまでの行動が途絶える可能性がある．ただし，報酬にも児童・生徒の内発的動機づけを低下させる成績評価や確約されたポジションなどを与えようとする物質的・社会的報酬もあれば，内発的動機づけを直接的に低下させない褒め言葉や励ましなどの言語的報酬もあり，決して児童・生徒に報酬を与えることを否定するのではなく，報酬が悪にも善にもなる[8,9]ことがある．

体育教師や指導者には，内発的に動機づけられた行動の強化を報酬に頼るのではなく，新たな目標や誘因を子ども自身が設定できるような雰囲気づくりや，行動の価値や魅力をさらに高められるようなサポートが求められる．

最後に，内発的動機づけは善で外発的動機づけは悪という考え方が教育界には蔓延っているが，外発的動機づけは社会の中での人の一般的な動機づけのあり方そのものでもあり，単純に内発的動機づけを教育的・社会的に無条件に善いとする立場には注意が必要だ[7]という指摘があることも付け加えておく．

6.2 ⟫⟫ 体育・スポーツへの動機づけ理論の活用

A. 自己決定理論

　デシとライアン（Deci, E. L. & Ryan, R. M.）によって提唱された自己決定理論[10]では，能力を発揮して目標を達成したいという有能さへの欲求，行動は自分自身で決めて行いたいという自律性（自己決定）への欲求，他者との関わりを持ちさらに深めたいという関係性への欲求といった内発的動機づけの中核となる 3 つの心理的欲求があり，それらすべての充足が重要であることが主張されている．また，動機づけを外発（手段）か，内発（目的）かの二項対立で捉えるのではなく，「他律—自律」という区別を導入し，その自律性（自己決定）の程度によって無動機づけ，外発的動機づけ，内発的動機づけを連続体上に位置づけている（**図 6.2**）．そして外発的動機づけを自律性の低い（すなわち他律性の高い）ものから自律性の高いものへと 4 つの調整段階に整理している．4 つの調整段階で自律性の程度が最も低いものが外的調整（外部からの強制や圧力によってやらされている状態）である．続いて，取り入れ的調整（課題の価値を取り入れつつも，やらないといけない義務感や，やらないことによる罪悪感を回避するために行動している状態）と，同一化的調整（課題の価値を受け入れ自分にとって重要だから取り組むという状態）がある．そして最後に外発的動機づけの中でも最も自律性の程度が高いものが統合的調整（課題の価値が自己の一部として機能しているが，依然として結果を得るために行動している状態）である．なお無動機づけとは行動の意図や目的（価値）が欠如している無気力状態である．

図 6.2　自己決定の連続体
（文献 10 p. 16 を改変）

動機づけのタイプ	無動機づけ	外発的動機づけ				内発的動機づけ
調整のタイプ	無調整	外的調整	取り入れ的調整	同一化的調整	統合的調整	内発的調整
行動の質	非自己決定					自己決定

B. 体育・スポーツにおける自己決定理論

　自己決定理論は動機づけの連続体と呼ばれるがゆえに自律性が高まるにつれて，外発的な動機づけから内発的動機づけへと段階的に移行すると考えられることが多いが，それは誤解であり，段階的な移行を示すものではない．例えば，スポーツは，報酬獲得のための手段である外発的動機づけと，スポーツをすること自体が目的となる内発的動機づけとでは，どんなに自律していても，動機づけの源泉そのものが異なる[11]ため移行するには至らないと考えられる．またスポーツに対して非常に自律していれば，スポーツを楽しみたいやうまくなりたいだけではなく，仲間との絆も深めたいし，健康でいたいとも考えるように，スポーツの行動を 1 つの調整段階で説明することは極めて困難であり，

むしろ複数の動機づけの調整段階が同時に発生する[12]と考えるほうが自然である．とはいえ，スポーツ継続や技能向上を目指すのであれば，子どもたちがどの段階に位置しているのかを把握し，やらされているではなく，自分からやりたいと思えるように，自律性（自己決定）の程度を高めることが大切である．自律性の高め方に関しては，一斉指導や強制指導をできる限り回避し，子どもたちに活動を選択できる機会を提供することで，自分で決めているという自己決定感や自律性を高めることができる[6]と考えられる．間違ってはいけないが，決して体育授業やスポーツにおいて，子どもたちにすべてを決めさせるということではなく，教師や指導者は学習のねらいや上達の仕組み（系統性）に関するプランを持ちながら，そのフレームの中で子どもたちに与える選択肢を徐々に増やしていくなどの段階的指導は必要である．

なお，スポーツ動機づけ測定尺度[13]や運動継続のための動機づけ尺度[14]が開発されており，これらを活用することで，自己決定理論に基づく動機づけを把握することができる．

C. 達成目標理論

達成目標理論とは，勉学やスポーツなどの達成場面において自己の有能さを証明するために設定する達成目標の持ち方（目標を設定する視点）によって，その後の行動，認知，感情などに異なる影響を与えるというプロセスの違いを説明する理論である[15,16,17]．達成目標には，他者に勝つことや良い順位（成績）をあげて自己の能力の高さを示すことを目標とする成績目標と，技能の上達を目指し，努力することや練習することを目標とする熟達目標の2つがある[16,17,18]．高崎[19]によると，「高い学業成績をあげたい」という目標を持つとしても，ある人は「人にすごいと言われたいから」頑張り，また他の人は「学習して能力を伸ばしたいから」頑張るということが挙げられている．客観的には同じ目標を目指しているように見えても，有能さを追求する目的には個人間で差異があり，その差異は個人が目標を達成することに対してどのような価値をおいているのか（例えば努力か結果か），何に関心や興味を持って達成場面に臨むのか（例えば成長か評価か）によって異なると考えられている．

D. デウェックの達成目標理論モデル

デウェック（Dweck, C. S.）の達成目標理論モデル[16]によれば，有能さを規定するものとして暗黙の能力観というパーソナリティ的な概念が導入されている（**図6.3**）．暗黙の能力観には，能力や知能は生まれつき決まったものであり努力によっても変わらないと捉える固定観と，能力や知能は柔軟で学習や努力によって変化する可能性があると捉える拡大観がある．前者の場合は，自己の能力は不変で制御できないものと判断し，能力が十分か，不十分かを注目することから成績目標が選ばれると考えている．一方，後者の場合は，自己の能力は伸ばせるものと判断し，どのようにして拡大・進歩させることができるかに関心があることから熟達目標が選ばれると考えている．この両方の能力観について，多くの子どもは12歳前後を境に理解すると考えられている．

図 6.3 デウェックの達成
目標理論モデル
（文献 16 p. 1041 より引用）

能力観		達成目標		有能さに 対する自信		行動パターン
固定観 （能力は固定的）	→	成績目標	→	高い場合	→	熟達志向型 挑戦を求める 高い持続性
				低い場合	→	無気力型 挑戦を避ける 低い持続性
拡大観 （能力は可変的）	→	熟達目標	→	高い場合 もしくは 低い場合	→	熟達志向型 挑戦を求める 高い持続性

E. 体育・スポーツにおける達成目標理論

　例えば，体育の授業で，走ることに自信がある生徒が成績目標を設定した場合，学習行動も他者に勝つことを目指し，ライバルに挑戦することが考えられる．一方で，走ることに自信がない生徒が成績目標を設定せざるを得ない状況に置かれた場合，無気力型（不適応的）行動パターンになり，すべてを回避しようとする意識が強まる．具体的には，目標を達成するためには他者と比較して自分のほうが速いことを証明しなくてはならないため，自分よりも遅い相手を見つけること（少ない努力で成功（勝利）を収められるような易しい課題の選択）に専念し，セルフハンディキャッピング方略[*1]を多用することが考えられる．また努力することは自己の能力の低さを意味するため，速くなるために練習する姿が周囲に見られないように必死に隠そうとする傾向もある．その他にも，極端に難しい課題を選択し，あえて能力の評価に影響しないようにする．これらのことを繰り返していると，技能向上に必要な正しい目標設定や新たな挑戦ができなくなる．もし誤ったトレーニングや練習を実践していても，教師や指導者はその子の現状がわからないままになり，学習者に必要なトレーニング方法の紹介やスキルアップに適した改善策を提案できない．このように結局上達が見込めないという負の連鎖が起こる．

　一方，熟達目標を設定する子どもには，上記のようなことは起こりにくいと考えられる．なぜなら，自分自身の努力や練習で技能上達できたか否かが目標達成の基準になるため，何が良くて，何がダメだったのか，どのように継続すると良いのか，あるいはどこを修正すると良いのかなどについて，自己理解し，改善策を見つけることができると考えられているからである．また，自信の高さにかかわらず，自分の能力やスキルを最大限に高める最適挑戦レベルの課題が選択されやすく，自分の努力それ自体が有能さを高めるものになる．熟達目標のもとでの失敗は，努力不足や練習方法の不適切さを示す手がかりにもなり，新たな方略の選択・実行に向かわせるものとなる．

　以上のことから，自己の熟達を中心に目標設定することで，仮に，直面した運動課題に自信があろうとなかろうと，達成を目指すために挑戦したり，練習を継続できたり，熟達志向型の行動パターンを取ることができる．体育授業では子どもたちが熟達目標を積極的に取り入れることができるような場づくりが望まれる．

＊1　セルフハンディキャッピング方略：あえての自己不調の訴え，不適切な課題選択，努力の差し控えなどのような行為．以下 SH 方略とする．

6.3 >>> 体育の動機づけ雰囲気

A. 体育における動機づけ雰囲気とは

　体育やスポーツなどの達成場面における個人の動機づけは，教師，指導者，そしてクラスメイトなど個人を取り巻く環境要因である動機づけ雰囲気の影響を強く受けている．動機づけ雰囲気は，達成目標理論をベースにクラスやチームといった集団が持つ目標に着目した概念であり，集団の目標構造とも呼ばれている．学習場面での重要な他者（教師や生徒など）によってつくられる環境の構造（雰囲気）を意味する動機づけ雰囲気[20]には，能力に価値が置かれ競争を通しての達成が重視される成績雰囲気と，努力に価値が置かれ熟達に至る過程が重視される熟達雰囲気の2側面がある．これらの雰囲気は，体育授業で設定される学習目標（めあて），教師の指導方針や評価の観点，生徒同士の激励やサポートなど様々な要素が，教師と生徒もしくは生徒間で複雑に関連（相互作用）しながら形成される．

　例えば，何らかの運動課題があって教師が「一生懸命練習を積んで，以前よりも上手にできるようになったね」とした場合，自己の有能さを示すために生徒は「たくさん練習しないと」「○○さんのように練習してみよう」という意識が高まり，その体育授業は次第に熟達雰囲気が強まった空間になる．一方，教師が「○○さんは○○くんよりも上手，クラスの中でもトップだな」と相対的に評価した場合，そのクラスで有能さを示すために生徒は「○○くんよりも上手になってやる」「このクラスで自分が一番になってやる」という意識が強まり，次第に成績雰囲気が強調された授業空間になると考えられる．

　また近年では，班やグループ活動といった体育学習の特性を反映した協同雰囲気（仲間との協同体験に価値が置かれ，技能習得や他者比較（競争）よりも生徒間の相互作用が重視される雰囲気）を加えた3側面で捉える動機づけ雰囲気の新たな視点[20]も提示されている．協同雰囲気は，教師の「○○くん，今のプレーは惜しかったね」「○○くんの立場だと先生も同じプレーしてたと思うな」「○○さん，すごくいい声かけしてたね」といった激励，共感，承認などが，生徒たちの「同じ班の○○くんすごく惜しかったな，私でも同じことしていたな」「○○さんと一緒に練習できてとてもよかったな」という意識を高めることで強まると考えられる．

B. 体育における動機づけ雰囲気の3視点による研究

　体育における動機づけ雰囲気の3視点（熟達雰囲気・協同雰囲気・成績雰囲気）の測定尺度*2を用いた調査結果は，小学生を対象とした伊藤ほか[21]，中学生を対象とした中須賀ほか[22]によって報告されている．これらは，動機づけ雰囲気を体育の環境要因に位置づけ，学習動機や目標志向性といった個人要因を介すことで，どのような学習行動を取るのか，またどのような力が高まるのかを基本に進められている．

*2　体育における動機づけ雰囲気の3視点の測定尺度の項目は，文献21を参照いただきたい．

　まず伊藤ほか [21] は，小学校 5，6 年生を対象に，体育における動機づけ雰囲気，学習動機（承認志向，実用志向，集団・充実志向，優越志向，課題回避志向），そして学習方略（一般学習方略，SH 方略）の関連について横断データ（一時点調査）をもとに検討している．結果は以下のように整理されている．①熟達雰囲気が認知されれば，子どもの実用志向（体育で体を丈夫にしたい）と承認志向（他者から注目されたい）が高まって一般学習方略（積極的な学習方略）を使用すること，集団・充実志向（みんなと一緒に学習したい，学習が面白い）が高まって SH 方略（回避的な学習方略）の使用を抑制すること，などが確認されている．②協同雰囲気が認知されれば，実用志向が高まり，一般学習方略が採用されること，学習動機にかかわらず積極的な学習方略を多く使用すること，集団・充実志向が高まり，SH 方略の使用が抑制されること，集団・充実志向を目指しているいないにかかわらず SH 方略の使用を直接抑制する可能性があること，などが確認されている．③成績雰囲気は，課題回避志向を高めることを通して，SH 方略の使用を促進させるだけでなく，課題回避志向の高さにかかわらず，SH 方略の使用を促進させる可能性があること，成績雰囲気は承認志向を高めることを通して，一般学習方略の使用を促進させる可能性があることが確認された．特に③の成績雰囲気がもたらす結果には，「他者からの高い評価が期待できる比較的能力の高い児童は，学習方略をより多く用いようとするのに対して，他者からの評価を脅威と感じる比較的能力の低い児童では，学習そのものを最小限の努力で回避しようとする課題回避志向を高め，結果として，自尊心を守るためにわざと課題に取り組まないという自己防衛的な SH 方略を採用しやすい傾向にある」という二面性があるため注意が必要であると述べられている．

　続いて，中須賀ほか [22] は，中学生を対象に，体育における動機づけ雰囲気，目標志向性（課題志向性，自我志向性），そして生きる力の因果関係を 1 年間の縦断データ（同一対象者への複数回調査）をもとに検討している．体育における動機づけ雰囲気を起点に，中学生の生きる力向上について，5 つに整理されている．①熟達雰囲気や協同雰囲気の学習雰囲気を生徒に認知させることが生きる力の向上につながること，②同雰囲気の認知によって生徒の課題志向性が強まり，それによって生きる力が高まること，③さらに，そこで高まった生きる力が再度，生徒の課題志向性を強め，その後の熟達雰囲気や協同雰囲気の認知を促進することが確認された．一方で，④成績雰囲気を強く認知させることは生徒の自我志向性を強め，自我志向性が強まった生徒はさらに成績雰囲気を好むようになること，⑤成績雰囲気を強く認知した生徒の課題志向性は弱まる可能性があること，などが確認されている．②および③のところでも述べているが，課題志向性は生きる力の向上要因であり，成績雰囲気によって，その課題志向性を弱めることは間接的に生きる力の向上を阻害することになると考えられる．

　このように 1 年間の体育学習を通して生きる力を育成するうえで重要なことは，教師・生徒間で熟達雰囲気と協同雰囲気の両方を認知していること，そして生徒の課題志向性を高めること，成績雰囲気の学習は最小限に抑える必要

があること，以上3点が挙げられる．ただし，志向性に関しては，競争や他者比較を好むことを否定すると，その生徒のやる気が維持されない可能性があるため，あえて生きる力の高低に効果を示さない自我志向性を弱める必要はなく，むしろ課題志向性を向上させることに教師は徹するよう心掛けていただきたい．

C. 熟達・協同雰囲気の体育授業づくりの条件

これまでの体育授業における動機づけ雰囲気の一連の研究において，おおよそ熟達・協同雰囲気といった学習環境を強めることが教育効果を高めると考えられている．この熟達雰囲気や協同雰囲気の授業づくりに関して中須賀ほか[22]は，エイムズ（Ames, C.）[23]を手がかりに実践条件を以下の通りに整理することができると述べている．熟達・協同雰囲気を強調するためには，短期目標を設定すること，努力の機会を与えること，挑戦的な課題を準備することなどが必要である．このような条件を満たすために教師は，多様で挑戦的な課題を複数準備し，生徒一人ひとりが自己の技能と課題の難易度を照らしあわせながら自分で課題選択できるように促すことが重要である．そして，生徒一人ひとりに努力するための十分な機会（時間）を提供する必要があり，そこでの努力（どの程度努力したのか，どのような練習をしたのか）が課題解決に結びつくことを生徒一人ひとりに理解させることが大切である．また教師は，自己の努力だけに注目させるのではなく仲間の努力・頑張りを認めることや，互いに協力することができているかなどを十分に理解させたうえで班やグループ活動を行わせる必要がある．

D. 体育における成績雰囲気がもたらす功罪

体育授業における成績雰囲気では，教員は運動ができたかや記録が出せたかといった結果を重視し，子ども同士も勝敗や記録において仲間よりも勝ることに重点が置かれるようになるため，失敗することや下手なことは恥として認識される傾向がある．また競争に負けた，挑戦に失敗した，記録が停滞したといった姿が周囲に知られることは，他者よりも技能（能力）が劣ることを証明することになる[22]．つまり，子どもは失敗するところは見られたくないし，良い結果（記録）を出さないと好成績がもらえないという状況に置かれるのである．能力がある子どもにとっては，一生懸命，苦手な運動に取り組んでいる仲間がいても，それが消極的と判断されれば，その仲間がいる限りチームが勝てない，強さを証明できないとなり，成績雰囲気で強調される他者よりも高記録であることや勝利することなどの授業内目標が達成できず，仲間に対する怒りや不満などが上昇することになると考えられる．例えば，バスケットボールやサッカーなどの集団種目では，仲間と協力しあうことや互いにアドバイスを出しあうことを通してチームの勝利あるいは成功を目指すことが予想される．しかし，成績雰囲気が強調された授業雰囲気の場合，自己が目立つこと，そして勝つことが目標となり，万が一，技能レベルが劣る者がいた場合はチームの足を引っ張る邪魔な存在として評価されてしまうこともある．そのため，チー

ム内で互いに技能を高め合おうとするのではなく，目先の勝利が有能さの証明になることから，仲間と助け合うことや上手い下手にかかわらずいろんな人と関わろうとする大切さは理解されず，またその価値にも気づかない可能性がある．

　以上のことから，体育での競い合いや記録を重視することが強調される成績雰囲気の中での能力評価は，運動に対して自信を持つ子どもにとっての動機づけとなり，一部行動（授業内・外の運動活動）を促進させる効果も期待できる [24] が，それらはあくまで限定された子どもへの効果であることは理解しておく必要がある．

練 習 問 題

1) 体育教師やスポーツ指導者の立場を想定し，子どもの運動への動機づけを高めるうえで，特に注意したい点を挙げるとともに，その理由についても述べなさい．

2) 動機づけ理論を1つ取り上げ，体育やスポーツの指導で，どのように活用できるか，具体例を挙げながら説明しなさい．

3) 子どもが運動に夢中になれる体育学習の展開を，動機づけ雰囲気の視点から述べなさい．

【文献】
1) 速水敏彦(2008)．日本スポーツ心理学会（編），スポーツ心理学事典(p. 237)．大修館書店．
2) 蓑内豊(2016)．髙見和至(編)，スポーツ・運動・パフォーマンスの心理学(p. 17)．化学同人．
3) 佐々木万丈(2019)．基礎から学ぶスポーツの心理学(pp. 41-59)．勁草書房．
4) 杉山哲司(2013)．西田保(編)，スポーツモチベーション：スポーツ行動の秘密に迫る！(pp. 10-23)．大修館書店．
5) Maslow, A. (1962). Toward a psychology of being. D Van Nostrand.（上田吉一（訳）（1964）．完全なる人間：魂のめざすもの (p. 231)．誠信書房．）
6) 伊藤豊彦(2007)．中込四郎・山本裕二・伊藤豊彦(共著)，スポーツ心理学：からだ・運動と心の接点(pp. 97-116)．培風館．
7) 上淵寿(2019)．上淵寿・大芦治(編著)，新・動機づけ研究の最前線(pp. 1-19)．北大路書房．
8) 西村多久磨(2019)．上淵寿・大芦治(編著)，新・動機づけ研究の最前線(pp. 45-73)．北大路書房．
9) 瀧沢絵里(2012)．上淵寿(編著)，キーワード 動機づけ心理学(pp. 68-72)．金子書房．
10) Deci, E. L., & Ryan, R. M. (2002). Handbook of self-determination research. University of Rochester press.
11) 外山美樹(2011)．行動を起こし，持続する力：モチベーションの心理学(pp. 69-83)．新曜社．
12) 藤田勉(2011)．杉原隆(編著)，生涯スポーツの心理学(pp. 121-131)．福村出版．
13) 杉山哲司(2008)．日本女子大学紀要家政学部，55，57-63．
14) 松本裕史・竹中晃二・高家望(2003)．健康支援，5(2)，120-129．
15) Ames, C. (1984). Journal of Educational Psychology, 76 (3), 478-487.
16) Dweck, C. S. (1986). American Psychologist, 41 (10), 1040-1048.
17) Nicholls, J. G. (1984). Psychological Review, 91(3), 328-346.
18) Ames, C., & Archer, J. (1988). Journal of Educational Psychology, 80(3), 260-267.
19) 高崎文子(2003)．心理学評論，46，26-40．
20) 西田保・小縣真二(2008)．総合保健体育科学，31(1)，5-12．
21) 伊藤豊彦・磯貝浩久・西田保・佐々木万丈・杉山佳生・渋倉崇行(2013)．体育学研究，58，567-583．
22) 中須賀巧・阪田俊輔・杉山佳生(2018)．体育学研究，63，623-639．

23) Ames, C. (1992). In G. Roberts (Ed.), Motivation in Sport and Exercise (pp. 161-176). Human Kinetics.
24) 磯貝浩久 (2012). 中込四郎・伊藤豊彦・山本裕二 (編著), よくわかるスポーツ心理学 (pp. 80-81). ミネルヴァ書房.

体育学習における 児童・生徒の心理

須崎康臣（第 1 〜 3 節）／小野雄大（第 4，5 節）

| キーワード | フロー，自尊感情，自己調整学習，体育学習観，運動有能感，好意的態度 |

到達目標
- フローに至る条件を踏まえて，フローを導く指導法について理解する．
- 自尊感情の特徴について理解する．
- 主体的・対話的で深い学びである自己調整学習の構造と発達について理解する．
- 体育学習観を通した学習者理解が，体育の授業実践にもたらす意義について説明できる．
- 新しい運動有能感の特徴と留意点について説明できる．

7.1 ≫ フロー

A. フローとは

　フローは，「全人的に行為に没入しているときに人が感ずる包括的感覚」[1] である．そのため，フローでは，「1 つの活動に深く没入しているので他の何ももも問題とならなくなる状態，その経験それ自体が非常に楽しいので，純粋にそれをするということのために多くの時間や労力を費やすような状態」[2] を体験する．フローの体験は，6 つの主観的状態と 3 つの近接条件に分類される（**表 7.1**）．

B. フローモデル

　フロー理論では，フロー状態に至るかは知覚された能力と知覚された挑戦との関係によって規定される[5]．つまり，フローを体験するかは，客観的な難易度と技能判定によって決まるのではなく，その課題の難易度と，その課題を達成する自分自身の技能を，どのように考えるかによって生じるものである[6]．この知覚された技能と知覚された挑戦との関係を示すモデルが**図 7.1** である．

　また，フロー状態にとどまり続けるには，人はより複雑な挑戦を見つけ，自ら進んで挑戦していく必要がある[5]．ある活動でフローを体験したとしても，次に同じような活動を行ったときフロー状態に至れないことがある．これは，活動を通してできなかったことができるようになり，そのような達成経験が自身の技能向上を知覚させてしまうためである．

フローの主観的状態	
行為と意識の融合	活動に対して深く没入しているため，行為が自然発生的，自動的になり，行っている自分自身を意識することがなくなる
目前の課題への集中	その瞬間に取り組んでいることへの強い，焦点の絞られた注意を向けている感覚
自分の行為を統制	次に何が起きても，どのように対応すれば良いかをわかっているから，その状況に対して対処できるという感覚
自我意識の喪失	自分に対する気がかりや，心配になることがない
時間感覚の変容	時間が実際より早く過ぎるように感じること
自己目的的*1 な体験	活動を行う経験自体が内発的な報酬と感じる
フローの近接条件	
挑戦と技能のバランス	現在の技能に釣り合った課題に取り組んでいるという感覚
明確な目標	何を行うかについて明確に感じる
明瞭なフィードバック	自分の行動について明確で，素早いフィードバックがある

表 7.1　フローの体験の主観的状態と近接条件
（文献 3 の枠組みに準拠し，文献 1，2，4 を用いて作成）

＊1　自己目的的：活動によって報酬を得ようとするのではなく，活動自体を目的とすること．

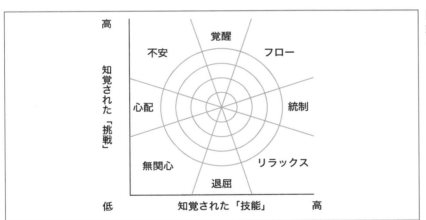

図 7.1　フロー理論による心理状態
（文献 4 Figure18.2 より引用）

C. 体育授業におけるフローの個人的要因と状況的要因

　体育授業におけるフローの体験と関係する要因には個人的要因と状況的要因がある[6]．個人的要因は，有能感，自己決定感と他者受容感[7]，心理的欲求の充足[8,9]，勤勉性[10]，自己能力の評価と目標志向性[11,12]，内発的動機づけ[11]がある．状況的要因は，チーム（ペア）の雰囲気[12]，動機づけ雰囲気[13]がある．

D. 体育授業でのフローをもたらす指導

フローは，限定された刺激領域への注意の集中から生ずるものであり，邪魔になる刺激を注意の外にとどめておく必要がある[8]．そのため，体育授業では課題に対するルールを明確化することで，余計な刺激を統制することができ，課題に対して注意を向けることが可能となる．また，課題に対するルールの明確化に合わせて，課題に対する動機づけを高める必要がある[8]．さらに，技能の向上とフローの近接条件（挑戦と技能のバランス，明確な目標，明瞭なフィードバック）への気づきを促す指導がフロー体験を導くことに有効である[14]．

7.2 ≫≫ 自尊感情

A. 自尊感情とは

ジェームズ（James, W.）[15]は，自己評価の感情には自己に対する満足と不満足の2種類あり，自己評価の類似語の1つとして自尊感情を位置づけている．また，ローゼンバーグ（Rosenberg, M）[16]は，自分の基準をもとに自分を受容し，自分への好意を抱く感情を含む「これで良い」という評価を自尊感情としている．さらに，自尊感情は多くの経験の積み重ねを通して形成された自分自身に対する感じ方のことであり，自己評価的な感情の複合体と考えられている[17]．

B. 運動によって自尊感情は高まるのか

運動は認知機能の改善効果と落ち込みへの部分的な改善効果がみられるが，自尊感情の向上に寄与する効果が支持されないことが報告されている[18]．また，学校での身体活動への介入や座位行動を減らす介入では，自尊感情の向上に寄与しないことが確かめられている[19]．一方で，須﨑ほか[20]は，高校時代の体育授業と授業外での運動が，大学生の運動有能感を介して自尊感情を高めることを明らかにしている．つまり，子どもの自尊感情は，運動によって直接向上するのではなく，運動有能感といった個人要因を媒介することによって高まることが考えられる．

C. 自尊感情の多面的階層モデル

自尊感情に対して，体育授業での活動が間接的に影響を及ぼす理由としては，自尊感情と類似する概念である自己概念の特徴が関係している．自己概念は特定の領域だけで構成されているのではなく，多面的な領域で階層的に構成されている．シャベルソンほか（Shavelson, R. J. et al.）[21]は，自己概念を学業的自己概念，社会的自己概念，情動的自己概念，身体的自己概念に分類する多面的階層モデルを仮定している．また，多面的階層モデルに基づき運動による自尊感情の変化を示すモデルがフォックスとコルバン（Fox, K. R., & Corbin, C.

B.)[22) によって提示されている（**図7.2**）．フォックスとコルバン[22]は，4つの身体的自己概念（スポーツ有能感，魅力的なからだ，体調管理，身体的強さ）が包括的身体的自己概念である身体的自己価値を構成し，身体的自己価値の上位に自尊感情を位置づけるモデルを示している．

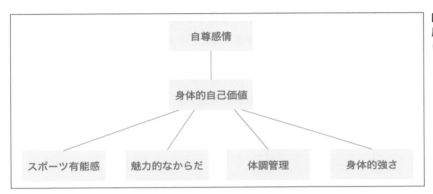

図7.2　自尊感情の多面的階層モデル
（文献 22 Figure2 より引用）

D. 自尊感情を高めるための働きかけへの留意点

バウマイスターほか（Baumeister, R. F. et al.）[23]は，先行研究を概観し，自尊感情の高さは攻撃性，暴力，非行，逸脱行動と関係することをまとめている．そのため，自尊感情の高低だけではなく，自尊感情の質である変動性も考慮する必要がある[24]．自尊感情の変動性とは，「短期的な自尊感情の変動のしやすさ」[25]のことである．カーニスほか（Kernis, M. H. et al.）[25]は，実験を通して，自尊感情が高くても，自尊感情が不安定な人は自尊感情が安定的な人より怒りを感じることを明らかにしている．

7.3 >>> 自己調整学習

A. 自己調整学習とは

児童・生徒が受け身の学習ではなく，主体的・対話的で深い学習の育成が求められている[26, 27]．主体的・対話的で深い学習を捉える概念として自己調整学習がある．自己調整学習とは，「学習者が，メタ認知[*2]，動機づけ，行動において，自分自身の学習過程に能動的に関与している」（ジマーマン（Zimmerman, B. J.））[28]学習のことである．自己調整学習は，楽しい，面白いといった内発的動機づけを重視するのではなく，社会的に重要であると思われる事象について自ら重要と認知し，粘り強く学習することを重視している理論である[29]．

＊2　メタ認知：自らの認知についての認知を意味し，高次の認知のこと.

B. 自己調整学習の学習過程

ジマーマンとキャンピロ（Campillo, M）[30]は，自己調整学習の学習過程を示すモデルを想定している（**図7.3**）．このモデルでは，学習過程を予見段階，遂行段階，自己省察段階の3つに分類している．予見段階は，活動の下準備

を行う段階であり，課題分析を通して活動での目標を設定し，動機づけの高さによって設定する目標や遂行段階での学習活動を動機づける．遂行段階は，活動中に生じる段階であり，活動に対して直接影響を与える．遂行段階では，セルフ・コントロールを通して人に援助を求めて問題解決に取り組んだり，自己観察を通して学習（動作）をモニタリングして修正を行う．自己省察段階は，遂行後に生じ，自らの努力に対して反応する段階になる．自己省察段階では，自己判断を通して学習の目標が達成できたかを評価し，自己反応で課題達成への満足を感じたりする段階である．次の学習において，自己省察段階が次の学習時の予見段階に影響するため，各段階が循環する学習過程が生じる．そして，各段階で用いられるのが自己調整学習方略である．自己調整学習方略とは，認知，学習行動，学習環境を自己調整する方略のことである[31].

図 7.3　自己調整学習の段階と下位プロセス
（文献 30 figure8.1 を改変）

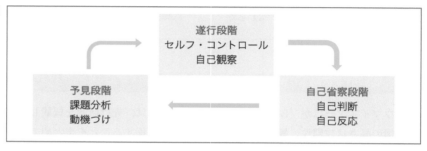

C. 自己調整学習の形成

　自己調整学習は生まれ持った能力ではなく，習得可能なスキルである[32].そのため，自己調整学習を促す指導を通して，児童・生徒が自己調整学習を行うことが可能である．また，自己調整学習方略の使用には，動機づけが影響することが報告されている[33].そのため，学習者の自己調整学習方略の使用を促すには，自己調整学習方略を使用する機会を提供し，動機づけを促す介入が重要になる[34].その際，特定の自己調整学習方略や段階に焦点を絞るのではなく，複数の自己調整学習方略と各段階での循環を考慮することが効果的である[35].

D. 自己調整学習の発達

　自己調整学習の発達には，観察，模倣，自己コントロール，自己調整状態の4つの水準がある[36, 37]（**表 7.2**）．観察と模倣は，教師や友人などの他者といった社会的（外的）資源から影響を受けている．自己コントロールと自己調整状態は，自己的（内的）資源となり，影響の資源が学習者自身になる．つまり，自己調整学習の発達は，社会的（外的）資源から自己的（内的）資源へと推移していくことになる．そのため，教師の指導は，特に児童・生徒の自己調整学習の形成の初期段階において必要になる．中期段階以降は教師の指導は減らしていき，学習者が自己調整できる度合いを増やしていくバランスが大切になる．このように自己調整学習の発達が進むにつれて，社会的な影響は少なくなるが，

なくなるわけではない．自己調整学習は，孤立的な学習過程を意味するものではなく，人を含む環境との協同的な学習過程になる．

表7.2　自己調整の発達水準
（文献36 Table1を文献37を参考に改変）

水準	資源	主要な過程
観察	社会的（外的）資源	自己調整学習方略についての説明や，自己調整学習方略を用いているモデルの観察を通して，理解する
模倣		教師から指導や，フィードバックと励ましを受けながら，自己調整学習方略を用いる
自己コントロール	自己的（内的）資源	教師からのフィードバックを減らした状態で，学習者自身が自己調整学習方略を用いて，自分のものにしていく
自己調整状態		文脈の状況や個人の状態に応じて，自己調整学習方略を調整しながら，課題に取り組む

7.4 ⫸ 体育授業における学習観を通した学習者理解

A. 体育における学習者の学習観の重要性

　以前より，教育心理学分野を中心とした学習観の研究において，教科独自の学習観の重要性が指摘されてきた．学習観とは，「学習とは何か」というように，学習それ自体に対する見方を示す概念であり[38]，一言で表すならば，「学習とはこういうものである」という学習者の見方である．

　当然，体育も例外ではない．むしろ，体育には身体活動を主とする運動学習といった他教科にはない独自性があることから，学習者もまた体育独自の学習観を形成していると考えられる．ところが不思議なことに，これまでの体育科教育学分野では，その学習観についてあまり詳しくは検討されてこなかった．

　学習観が知識の獲得や利用を方向づけるメタ認知の重要な一側面である以上，学習者による多様な体育学習観の形成は，充実した体育学習の遂行の鍵となることは間違いないだろう．そこで本節では，小学生と中学生の体育授業における学習観（体育学習観）について，筆者の研究成果[39,40]を踏まえながら概観したい．

B. 小学生と中学生の体育学習観の構造

　まず，中学生の体育学習観を検討した結果，「運動技術の習得」，「コミュニケーション能力の涵養」，「身体と運動に関する知識の修得」，「運動の魅力の感受」，「身体能力の向上」という5因子から捉えられることが明らかになった（図7.4）．

　こうした体育学習観を構成する諸因子には，クルム（Crum, B.）を中心として提唱されてきた体育の学習領域構造と類似した傾向が示されている[41]．

83

すなわち,「運動技術の習得」はスポーツや運動の個人的・集団的な運動技術の習得に関わる技術学習に対応している. さらに,「コミュニケーション能力の涵養」はスポーツや運動の規範的・価値的内容や態度形成に関わる社会学習に,「身体と運動に関する知識の修得」は体育の科学的知識に関わる認識学習に,「運動の魅力の感受」はスポーツや運動への嗜好性や愛好性の育成に関わる情意学習に対応していると考えられる. また, これらに加えて, 体づくりや体力の向上を意図した「身体能力の向上」が抽出された.

　続いて, 小学生の体育学習観を検討した結果,「運動技術の習得」,「コミュニケーション能力の涵養」,「身体と運動に関する知識の修得」,「運動の魅力の感受」,「心身の向上」という 5 因子から捉えられることが明らかになった (図 7.4).

図 7.4　小学生と中学生の体育授業における学習観
（文献 39 および文献 40 より作成）

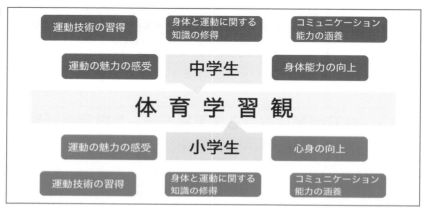

このことからも, 小学生と中学生は概ね近似した体育学習観を形成していることがわかった. 両者の体育学習観の形成には, 日本の体育の学習領域構造のあり方が影響を及ぼしていると考えられる.

　しかし, 中学生の「身体能力の向上」と小学生の「心身の向上」は近似しているように見えるものの, その内実は異なっている. 具体的には, 中学生の「身体能力の向上」は持久力や筋力, 柔軟性, 瞬発力というように, 身体能力に特化した項目である. 一方で, 小学生の「心身の向上」は, 基礎的な体力に加えてあきらめない心やたくましい心をキーワードとしながら, 精神力の向上を伴う健康な身体の獲得を示している. こうした点で, 学校段階ごとの若干の異同を伴った体育学習観の実態が浮き彫りとなった.

　以上を踏まえ, 体育学習観の特質として以下の 2 点についてまとめておきたい.

　1 つ目に, 教科の独自性である運動学習を基調とした特徴的な学習観の存在である. スポーツや運動に関する技術・知識の修得, さらに健やかな身体・体力の獲得などは, 体育の独自性を主張するうえで重要な要素であると考えられる.

　2 つ目に,「うまくなる」,「できるようになる」以外の新しい価値の存在である. 古くはアーノルド（Arnold, P. J.）が「運動の中の教育」の存在を強調し, それによって生み出される成果として「コミュニケーション能力の改善」

や「アイデンティティの形成」，「社会的責任の自覚」などを挙げたように，「コミュニケーション能力の涵養」や「運動の魅力の感受」もまた，体育の内在的価値として大きな意義を有している[42]．

　以上のように，体育学習観の構造を俯瞰することによって，小学生や中学生が，スポーツや運動の技術・知識にとどまらず，社会的行動様式や価値観など，多様な側面から体育学習観を形成している実態を窺い知ることができる．

C. 学習者の体育学習に対する自覚をめぐって

　ところで，体育学習観を論じるにあたり，さらに注目したいのが学習者の体育学習に対する自覚である．

　上述の調査研究の中で，中学生に対して「これまで，『体育の授業で学ぶ内容』について考えたことがあるか」と質問したところ，7割もの中学生が「考えたことがない」と回答した．さらに，自由記述欄には，「体育は学ぶというより勉強の息抜きの時間」，「体育はレクリエーションみたいなものだ」というように，学習と相反的なワードを用いて率直な考えを吐露する回答も散見された．こうした学習者の考えからは，学習者が体育における学びを直感的に認識していることが浮き彫りとなる．あえて尖った見方をすれば，学習者はそもそも体育を学習としては捉えていないという解釈もできるだろう．

　一方で，自身の学習観など，改めて他者から問われることがなければ，自覚的になることはないかもしれない．自身の学習に対する認知状態を把握することは，自身の学習方略を効果的に調整するために不可欠な行動であるとされているが[43]，学習者にとってみれば，簡単なことではないのであろう．だからこそ，学習者自身の学習観に対する自覚を促すことには重要な意味があるのだろう．

　ただし，学習者と一言で言ってもその内実は多様であり[44]，学習者を理解することは容易いことではない．体育の学習者理解の促進につながる多彩な研究[*3]を展開することによって，今後の教育実践の質の向上に寄与していきたい．

7.5 ≫≫ 子どものスポーツや運動に対する好意的態度と運動有能感

A. スポーツや運動に対する好意的態度をめぐる現状

　近年，子どものスポーツや運動に対する好意的態度をめぐって，様々な議論が展開されている．

　例えば，第2期スポーツ基本計画[*4]において，「スポーツが『嫌い』・『やや嫌い』である中学生の割合を16.4％から8％に半減させる」という施策目標が掲げられたように[48]，子どものスポーツ・運動嫌いは，かねてより日本の教育行政における重要課題として位置づけられてきた．しかし，その後の報告では，2021年度時点で18.5％に増加したことが明らかになっている[49]．そのため，2022年3月に策定された第3期スポーツ基本計画においても，引き続き，

＊3　体育の学習者の内発的動機づけに関わる概念である「適応感」[45]，「学習方略」[46]，「成功体験」[47]に着目した研究についても参照されたい．

＊4　スポーツ基本計画：わが国の今後のスポーツ施策の具体的な方向性を示す方針．

日常的な運動習慣の確立や体力の向上を軸としながら，スポーツや運動に親しむことのできる子どもを増やしていくことが目指されている.

　他方で，子どもにとって最も身近なスポーツ機会である体育授業においてもまた，スポーツや運動に対する好意的態度の形成に関する方針が示されている*5. 総じて，スポーツや運動との多様な関わりの中で，様々な課題発見・解決に通じる学習成果の涵養が目指されているといえよう.

　言うまでもなく，こうした行政施策がスポーツをめぐる個人の志向性を押しつけることになってはならない. 子どものスポーツや運動に対する態度は，子ども自身の心的内面に湧き出る感情のもとで育まれていくべきである. そのため，子どものスポーツ参加への動機づけや関わり方などに注視しながら，多様な個人にとって望ましい形のもとで，スポーツや運動への好意的態度を育んでいくことが求められる.

＊5　例えば，小学校の体育科では，「生涯にわたって運動に親しむ態度」や「運動の楽しさや喜びを味わい，自主的に学習活動に取り組む態度」の育成が求められている [50, 51].

B. 運動有能感と体育授業

　体育における学習者の主体的な関わりを考えるうえで注目すべき概念が，運動に対する有能さの自己認知，すなわち，運動に対する自信を表す運動有能感である [52]. そもそも有能感とは，有能であるという自己認知あるいは感情であり，学習者の学習意欲の向上に重要な働きを果たすことが指摘されている [53]. また，自己決定理論（第 6 章参照）の下位理論である基本的欲求理論では，人間の基本的な欲求の 1 つに「コンピテンスへの欲求」が挙げられており，様々な課題に対峙し，やり遂げることで得られる有能感が内発的な活動を後押しするとされている [54].

　以上を踏まえれば，体育授業において学習者の運動有能感を高める試みは，学習者が運動に親しむ資質や能力を身につけていくための有効な手段であると考えられる. 実際に，運動有能感は日本の体育科教育学において人気のある研究テーマの 1 つであり，特に運動有能感を高めることを意図した実践研究が数多く蓄積されてきた.

C. 新しい運動有能感の構造

　これまでの心理学分野で行われてきた有能感に関する研究では，他者の能力を批判的に評価・軽視することによって形成される有能感の存在が指摘されてきた [55]. すなわち，「他者をどのように認知するのか」という問題は，自己認知を高めるうえで不可分な関係にあると考えられることから，他者比較・軽視による有能さの認知は，有能感を構成する重要な要素であることがわかる.

　特に，体育授業は運動学習を主とすることから，他者に運動の得手・不得手が可視化されやすく，他者比較・軽視がなされやすい学習環境にあると考えられる. ところが，従来の運動有能感の研究では，他者比較・軽視の実態は一切考慮・検討されてこなかった.

　体育授業では，子どもたちの実態や運動発達を踏まえつつ，適切な運動技能が習得できる学習環境を保障していくことが求められることから [56]，他者比較・軽視によって引き起こされる心理的問題は，本来であれば真っ先に注視さ

れるべき対象であろう．そこで，筆者は先行研究の知見を踏まえつつ，新しい運動有能感の解明を目的として，小学生の体育授業における運動有能感の構造を検討した[52]．

　その結果，小学生の運動有能感は，努力を積み重ねることによって運動ができるようになるという自信を表す「統制感」，他者からの承認によって得られる自信を表す「承認感」，身体的な有能さに対する強い自信を表す「全能感」，他者への優越性を見出すことによって得られる自信を表す「優越感」，明確な目標や高い目標を持つことによって得られる自信を表す「向上感」の5因子から構成されていることが明らかになった（**図7.5**）．「統制感」，「承認感」，「全能感」の3因子は，既存の運動有能感尺度[*6]と近似した因子として位置づけることができよう．そして，注目すべきは「優越感」と「向上感」という新しい2因子の存在である．

　「優越感」は，「クラスの中で運動がうまくできるほうだと思う」や「運動がうまくできない友達を見ると，なぜだろうと思う」というように，他者比較を行うことで有能感を見出している．内容的には，単に他者比較をしているのではなく，他者への優越性を見出すことで，自己価値を保持している点が特徴的である．

　また，「向上感」は，体育授業に臨むうえでの明確な目標の存在と向上心を表している．このことからは，学習者がはっきりとした目標や高い目標を持つことが，そのまま運動への動機づけへとつながっていることがわかる．目標の存在は動機づけの源泉とされており[58]，目標を持つことで，学習への動機づけや肯定的な行動変容に対して様々な効果が期待される．

*6　例えば，岡沢ほか[57]の開発した運動有能感尺度では，①「身体的有能さの認知」，②「統制感」，③「受容感」の3因子が見出されている．

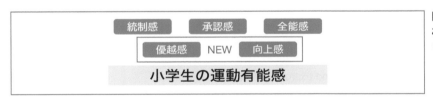

図7.5　小学生の体育授業における運動有能感
（文献52より作成）

D. 運動有能感を見極める

　体育授業では，仲間同士の関わり合いの中で，体力や技能の程度の違いを超えて，互いに認め合いながら学習していくことが重要である．しかし，優越感が高まってしまうと，それに起因する問題行動が仲間同士の関わり合いに深刻な不和を生じさせる可能性がある．また，行きすぎた全能感は過信へとつながり，高すぎる向上感もまた現実との乖離を生じさせ，体育授業への不適応の要因になりかねない．

　こうした意味で，授業者は運動有能感をやみくもに高める試みだけではなく，運動有能感の多層性や特徴への理解を深めながら，適切な運動有能感を見極めていく必要があるだろう．これにより，体育授業において「できる」という経験を味わわせ，子どもたちの豊かなスポーツ経験の形成につながることが期待される．

練 習 問 題

1) フローに至るための条件と，そのための指導方法についてまとめなさい.

2) 自己調整学習の学習過程を示すモデルを踏まえて，自己調整学習形成のための指導方法についてまとめなさい.

3) 学習者の体育学習観を理解することの意義についてまとめなさい.

4) 新しい運動有能感の特徴と，体育学習における指導上の留意点についてまとめなさい.

【文献】

1) Csikszentmihalyi, M.（1975）. Beyond boredom an anxiety. Jossey-Bass.（今村浩明（訳）（2000）. 楽しみの社会学 改版新装版（旧題：楽しむということ）. 新思索社.）

2) Csikszentmihalyi, M.（1990）. Flow: The psychology of optimal experience. Harper & Row.（今村浩明（訳）（1996）. フロー体験 喜びの現象学. 世界思想社.）

3) Kawabata, M., & Mallett, C.（2011）. Motivation and Emotion, 35（4）, 393-402.

4) Nakamura, J., & Csikszentmihalyi, M.（2002）. In C. R. Snyder, & S. J. Lopez（Eds.）, Handbook of positive psychology（pp. 89-105）. Oxford University Press.

5) ミハイ，チクセントミハイ・ジーン，ナカムラ（2003）. 今村浩明・浅川希洋志（編）. フロー理論の展開（pp. 1-39）. 世界思想社.

6) Kimiecik, J. C., & Stein, G. J.（1992）. Journal of Applied Sport Psychology, 4（2）, 144-160.

7) 小橋川久光・平良勉・金城文雄・大村三香（1997）. 琉球大学教育学部教育実践研究指導センター紀要, 5, 13-20.

8) Stormoen, S., Urke, H. B., Tjomsland, H. E., Wold, B., & Diseth, Å.（2016）. European Physical Education Review, 22（3）, 335-371.

9) 山田あづさ・西村公孝・池田誠喜・前田洋一（2016）. 鳴門教育大学学校教育研究紀要, 31, 57-64.

10) 村瀬浩二・安部久貴・梅澤秋久・小坂竜也・三世拓也（2017）. スポーツ教育学研究, 37（1）, 1-17.

11) Franco, E., Coterón, J., Huéscar, E., & Moreno-Murcia, J. A.（2020）. Journal of Teaching in Physical Education, 39（1）, 91-101.

12) 川端雅人・張本文昭（2000）. 東京電機大学理工学部紀要, 22, 19-27.

13) Camacho A. S., Murcia, J. A. M., & Tejada, A. J. R.（2008）. Perceptual and Motor Skills, 106, 473-494.

14) Kawabata, M.（2018）. Psychology of Sport and Exercise, 38, 28-38.

15) James, W.（1890）. Principles of psychology vol.1. Henry Holt and Company.

16) Rosenberg, M.（1965）. Society and the adolescent self-image. Princeton University Press.

17) 榎本博明（1998）. 「自己」の心理学：自分探しの誘い. サイエンス社.

18) Biddle, S. J. H., Giaccioni, S., Thomas, G., & Vergeer, I.（2019）. Psychology of Sport and Exercise, 42, 146-155.

19) Andermo, S., Hallgren, M., Nguyen, T. T. D., Jonsson, S., Petersen, S., Friberg, M., Romqvist, A., Stubbs, B., & Elinder, L. S.（2020）. Sports Medicine - Open, 6, 25.

20) 須﨑康臣・中須賀巧・谷本英彰・杉山佳生（2018）. 体育学研究, 63（1）, 411-419.

21) Shavelson, R. J., Hubner, J. J., & Stanton, G. C.（1976）. Review of Educational Research, 46（3）, 407-441.

22) Fox, K. R., & Corbin, C. B.（1989）. Journal of Sport and Exercise Psychology, 11（4）, 408-430.

23) Baumeister, R. F., Campbell, J. D., Kruger, J. I., & Kathleen, D. V.（2003）. Psychological Science in the Public Interest, 4（1）, 1-44.

24) 中間玲子（2016）. 中間玲子（編著）. 自尊感情の心理学 理解を深める「取扱説明書」（pp. 10-34）. 金子書房.

25) Kernis, M. H., Grannemann, B. D., & Barclay, L. C.（1989）. Journal of Personality and Social Psychology, 56（6）, 1013-1022.

26) 文部科学省（2017）. 小学校学習指導要領（平成29年告示）解説 総則編. https://www.mext.go.jp/component/a_menu/education/micro_detail/__icsFiles/afieldfile/2019/03/18/1387017_001.pdf

27) 文部科学省（2017）．中学校学習指導要領（平成 29 年告示）解説 総則編．https://www.mext.go.jp/component/a_menu/education/micro_detail/__icsFiles/afieldfile/2019/03/18/1387018_001.pdf

28) Zimmerman, B. J. (1986). Contemporary Educational Psychology, 11(4), 307-311.

29) 神藤貴昭（2017）．立命館教職教育研究，4，23-32.

30) Zimmerman, B. J., & Campillo, M. (2003). In J. E. Davidson, & R. J. Sternberg (Eds.), The psychology of problem solving (pp. 233-262). Cambridge University Press.

31) 塚野州一（2012）．自己調整学習研究会（編），自己調整学習：理論と実践の新たな展開へ(pp. 3-29)．北大路書房.

32) Zimmerman, B. J. (1998). In D. H. Schunk, & B. J. Zimmerman (Eds.), Self-regulated learning: From teaching to self-reflective practice. Guilford Press.（塚野州一（訳）（2007）．塚野州一（編訳），自己調整学習の実践(pp. 1-19)．北大路書房.）

33) Zimmerman, B. J., & Schunk, D. H. (2008). In D. H. Schunk, & B. J. Zimmerman (Eds.), Motivation and self-regulated learning: Theory, research, and applications (pp. 1-30). Lawrence Erlbaum Associates.（塚野州一（訳）（2009）．塚野州一（編訳），自己調整学習と動機づけ(pp. 1-23)．北大路書房.）

34) 須﨑康臣・杉山佳生（2017）．体育学研究，62，227-239.

35) Zimmerman, B. J., & Kitsantas, A. (1997). Developmental phases in self-regulation: Shifting from process goals to outcome goals. Journal of Educational Psychology, 89, 29-36.

36) Schunk, D. H., & Zimmerman, B. J. (1997). Educational Psychologist, 32, 195-208.

37) Schunk, D. H., & Usher, E. L. (2013). In H. Bembenutty, T. J. Cleary, & A. Kitsantas (Eds.), Applications of self-regulated learning across diverse disciplines: A tribute to Barry J. Zimmerman (pp. 1-28). Information Age Publishing.（伊藤崇達（訳）（2019）．中谷素之（監訳），自己調整学習の多様な展開：バリー・ジマーマンへのオマージュ (pp. 1-36)．福村出版.）

38) 藤村宣之（2008）．三宮真智子（編），メタ認知：学習力を支える高次認知機能(pp. 39-54)．北大路書房.

39) 小野雄大・友添秀則・髙橋修一・深見英一郎・吉永武史・根本想（2018）．体育学研究，63(1)，215-236.

40) Ono Y., & Kaji, M. (2020). Journal of Physical Education and Sport, 20(3), 1415-1422.

41) Crum, B. (1992). International Journal of Physical Education, 29(1), 9-16.

42) Arnold, P. J. (1979). Meaning in movement, sport, and physical education. Heinemann.

43) 植阪友理（2010）．日本認知心理学会（監），市川伸一（編），現代の認知心理学 5 発達と学習(pp. 172-200)．北大路書房.

44) 梶将徳（2022）．小野雄大・梶将徳（編著），新時代のスポーツ教育学：Neo Sport Pedagogy and Andragogy(pp. 50-51)．小学館集英社プロダクション.

45) Kaji, M., & Ono, Y. (2020). International Journal of Sport and Health Science, 18, 57-66.

46) Kaji, M., & Ono, Y. (2021). Journal of Physical Education and Sport, 21(6), 3211-3217.

47) Kaji, M., & Ono, Y. (2021). Cogent Education, 8(1), 1-13.

48) 文部科学省（2017）．スポーツ基本計画．https://www.mext.go.jp/sports/content/1383656_002.pdf

49) 文部科学省（2022）．スポーツ基本計画．https://www.mext.go.jp/sports/content/000021299_20220316_3.pdf

50) 文部科学省（2018）．小学校学習指導要領（平成 29 年告示）解説 体育編．東洋館出版社.

51) 文部科学省（2018）．小学校学習指導要領（平成 29 年告示）．東洋館出版社.

52) Ono. Y., & Kaji. M. (2020). International Journal of Sport and Health Science, 18, 122-133.

53) Deci, E. L., & Ryan, R. M. (1985). Intrinsic motivation and self-determination in human behavior. Plenum Press.

54) Deci, E. L., & Ryan, R. M. (2002). Handbook of self-determination research. The University of Rochester Press.

55) Hayamizu, T., Kino, K., Takagi, K., & Tan, E. H. (2004). Asia Pacific Education Review, 5(2), 127-135.

56) 梶将徳（2022）．小野雄大・梶将徳（編著），新時代のスポーツ教育学：Neo Sport Pedagogy and Andragogy(pp. 46-47)．小学館集英社プロダクション.

57) 岡沢祥訓・北真佐美・諏訪祐一郎（1996）．スポーツ教育学研究，16(2)，145-155.

58) Moskowitz, G. B., & Grant, H. (Eds.). (2009). The psychology of goals. Guilford Press.

第8章　体育学習における教師の働きかけ

山本浩二（第1，2節）／中須賀巧（第3，4節）

キーワード　相互作用，フィードバック，認知，学習成果，学習意欲，ストレス

到達目標
- 体育授業中の教師行動における相互作用のフィードバックについて理解し，それが学習成果に及ぼす影響について説明できる.
- 体育において生徒が抱くストレスの特徴について理解を深め，指導のポイントを挙げることができる.
- 体育の学習意欲を喚起するために教師に求められる授業工夫や言語的フィードバックについて説明できる.

8.1 ≫ 体育の学習成果に影響を及ぼす教師の学習指導

　多様な運動領域におけるスポーツ種目を中心に展開される体育授業では，教師や学習者である児童・生徒，運動教材（内容）によって学習活動が生み出される. 以下では，体育の学習指導において中心的な役割を担う教師について解説する.

　中学校学習指導要領[1]では「生涯にわたって豊かなスポーツライフを実現する資質や能力の育成」という保健体育科の目標をもとに，「主体的・対話的で深い学び」の実現に向けた授業改善が図られている. また，体育授業を通じて「何ができるようになる（なった）か」という従来から求められてきた結果に加え，「どのように学ぶ（学んだ）か」という学習過程の重要性が強調されている[2]. さらには，身体活動量・運動量の減少や基本的な動きの未習得，新型コロナウイルス感染症による身体活動の制限等を背景に，児童・生徒の体力や運動能力の低下や，不適切な運動習慣が指摘されている[*1]. 以上の背景を踏まえ，学校体育における教師の学習指導の重要性が今後もますます高まっている.

A. 体育学習中の主な教師行動

　では，体育授業中に教師はどのような学習指導をすれば，生徒が運動技術の習得やクラスメイトとの交流を通じて，運動・スポーツの楽しさや喜びを味わうことができるのだろうか. また，生徒の学習成果や授業評価に望ましい影響を及ぼす学習指導とはどのようなものだろうか.

　教師の体育授業における学習指導について，古くは，学習の習熟度や好ましい態度との関係が，教師の有効性に関する289件の先行研究から検討され[4]，その結果，生徒に対する称賛が多い一方で，叱責や批判が少なく，肯定的な動機づけを与えること，授業のマネジメント時間が少なく構造化[*2]されていることなどが明らかになるなど，体育授業における効果的な教師行動の知見を提

*1 「令和三年度全国体力・運動能力・習慣等調査」[3]では，前回調査と比較して，生徒の体力合計点が低下，体育授業以外での1週間の総運動時間が減少していることが報告されている.

*2 単元序盤にマネジメントに関わる徹底した指導を行い，単元中盤以降に教師のマネジメント行動は，ほぼ表出されない状態のこと.

供している.

次に,体育授業における主な教師行動は4つに分類される.指導場面における説明や指示,演示などの直接的指導（インストラクション），授業全体の管理的行動（マネジメント），授業中の生徒の様子等についての観察的行動（モニタリング），生徒の行動に対して称賛や助言，叱責，励まし等を行う相互作用（インタラクション）である[5].その中でも,相互作用は「授業中の教師と生徒との間で営まれる人間的・教育的交流」を意味しており,発問や受理,フィードバック,励ましに分類され,生徒の理解度を確認することや重要な情報を強く認識させるために有効であることが示されている[6].特に,フィードバックは生徒個人の運動学習などに影響することが明らかになっている.そもそもフィードバックとは,どのような教師の働きかけなのだろうか.次に,フィードバックを取り上げ,解説する.

B. 体育学習における教師のフィードバック

体育授業では,教師が生徒の運動技能や一般的行動に対して,称賛や修正,時には叱責や批判などのフィードバックを用いながら展開し,生徒の運動学習を促進していると考えられる.このフィードバックは,「子どもの注意を特定の意図した学習成果に向けるための重要な情報」[7]等と定義されており,生徒の運動技能の習得状況に対する情報や反応に対する修正や承認,運動・スポーツへの動機づけといった様々な機能を含む,包括的な概念であるとされる.また,教師が生徒の行動に対して行うフィードバックは,「肯定的」「矯正的」「否定的」にそれぞれ分類されている[8].肯定的フィードバックとは,「うまい！」や「いいね」など,授業中における生徒の適切な行動に対して称賛するなどの肯定的な言動を示し,矯正的フィードバックとは,「もっと腕を上げたほうが良い」など,運動技能や意見などの誤りを修正する言動を示している.そして,否定的フィードバックとは,「○○ができていない」や「○○はダメだ」など,生徒の不適切な行動に対する,叱責や批判などの否定的な言動を示している.さらに,生徒の技能的学習を促進させるフィードバック,認知的行動を促進させるためのフィードバック,一般的行動を促進させるフィードバックのそれぞれに細分化されており,主に教師の生徒に対するフィードバックとして位置づけられている.このように,体育授業では教師の多様な種類のフィードバックを用いて,学習内容の成果を確保するための指導方法の充実を図っている.また,体育授業では各運動領域におけるそれぞれのスポーツ種目を主として展開されており,各運動の特性や実施する環境などによって,教師のフィードバックの内容や頻度は異なることが予想される.さらに,学年の進級によって学習成果は蓄積するが,学習課題が一般的に質・量ともに増加することが予想され,フィードバックについても学年の違いによる影響を検討していく必要性がある.以上を踏まえ,フィードバックについては体育学習の種目を横断的に,学年などを要因とした縦断的にそれぞれ検討することが必要である.

C. 教師のフィードバックよる学習成果への影響

　教師のフィードバックによる影響は，「実際に行った教師のフィードバック」と「学習者である生徒が認知したフィードバック」のそれぞれの視点を検討する必要がある．なぜなら，教師が単元計画や授業計画における学習のねらいに基づき，意図して行ったフィードバックであっても，受け手となる生徒が認知したフィードバックとの間に相違が生じ，学習成果についても異なる可能性がある．そこで，以下には教師の視点と生徒の視点からみたフィードバックによる学習成果への影響について紹介する．

　教師が実際に行ったフィードバックにおける学習成果への影響について概論すると，上で述べたように，生徒を称賛する肯定的フィードバックは正に影響する一方で，生徒の不適切な行動に対する叱責や批判を行う否定的フィードバックは負に影響することが明らかにされている[8, 9]．その関係について，具体的に述べるために，実際の体育授業における教師行動をビデオカメラによって記録し，その記録（VTR）をもとに分析した高橋ほか[8]の研究結果を示す．まず，生徒の技能的側面に対する肯定的，矯正的フィードバックが「技や力の伸び」や「新しい発見」，「自主的学習態度」などに正の関連を示している．また，否定的フィードバックは「個人的な学習のめあて」や「自主的学習態度」に負の関連を示している．これらのことから，生徒の運動技術の習得に対して称賛する，修正を加えるような教師のフィードバックは，運動技能や体力の向上に加え，生徒個人の課題抽出や学習に取り組む主体的な態度の促進に影響することが示唆されている．他方で，生徒に対して叱責や批判を伴うフィードバックは，自主的な学習への態度を阻害する可能性が明らかになった．

　次に，生徒が受けた（認知した）フィードバックと学習成果の関連について述べるため，山本ほか[10]の研究を概観する．この研究では，現行の学習指導要領[1]で推進された「主体的・対話的で深い学び」の実現に向けた授業改善の推進を踏まえ，教師のフィードバックに加え，生徒間のフィードバック行動をも対象としている．まず，山本ほか[10]はフィードバックの認知の程度を測定する尺度の開発を試みた．その結果，体育授業におけるフィードバックの認知構造は「称賛」「助言」「授業態度に対する注意」「運動技能に対する指摘」の 4 側面で構成されることを明らかにした（**表 8.1**）．

＊3　学習成果は小野ほか[11]の体育学習観尺度における各下位尺度を参考に作成．

　尺度の開発後，体育の学習成果[*3]への影響について男女ごとに検討している．その結果，男女ともに肯定的フィードバックを示す称賛や，矯正的フィードバックを示す助言が学習成果に正の影響を及ぼしていることが示された．このことから，体育授業中のポジティブなフィードバックの認知は，男女ともに学習成果に有効に作用することが明らかになった．また，男女別にみられた顕著な関係について，否定的フィードバックである「運動技能に対する指摘」は，学習成果の「運動技術の習得」や「運動の魅力の感受」に負に影響している．このフィードバックは，生徒の運動技能に対する批判的な言動を示しており，体育学習の中心的な内容として挙げられる知識や技能の向上を妨げていることが確認されている．これらのことから，生徒にとって体育授業中に称賛や技能

表 8.1 体育授業における
フィードバック認知測定尺度

下位尺度	項目一覧
称賛	・教わったように運動したら，笑顔になってほめてくれた ・何度も運動がうまくできると，ほめてくれた ・身体をうまく使うことができたときにほめてくれた ・運動のポイントを意識して取り組んでいると，努力を認めてくれた
助言	・運動のポイントを，わかりやすく教えてくれた ・新しい運動を学ぶとき，わかりやすく説明してくれた ・運動のコツを，わかりやすくアドバイスしてくれた ・運動がうまくなるように，練習方法をアドバイスしてくれた
授業態度に 対する注意	・授業に関係のない話をしていると，注意された ・危険な行動や自分勝手な行動をしたとき，注意された ・先生や友だちの話を何度も聞かなかったとき，注意された ・話を聞いていなかったときに，きちんと聞くよう言われた
運動技能に 対する指摘	・教えられた運動を練習していると，その間違いを注意された ・運動がうまくできなかったとき，注意された ・教わった運動を行っても，さらに間違いがあることを注意された ・教わった運動のポイントが誤っていると注意された

の修正を受けることは，学習成果の向上を促進するが，叱責や批判を認知することは，学習成果の向上を阻害する要因になる可能性が確認された．

　ここまで，「実際に行った教師のフィードバック」と「学習者である生徒が認知したフィードバック」をそれぞれ紹介したが，「ほめる」などのポジティブなフィードバックは学習成果に正に影響し，「叱る」などのネガティブなフィードバックは負に影響することがそれぞれ明らかになった．しかし，否定的フィードバックは課題から離れた行動を起こす生徒に対して集中させる働きや，行動の修正に役立つものとして捉えられている [12]．これらを踏まえると，体育授業において学習規律を確保するための否定的フィードバックであっても最小限に抑え，生徒の運動技能の習熟に寄与する肯定的・矯正的フィードバックを中心に実施していくことが求められよう．また，生徒の技能習熟度に応じて，各フィードバックの量についても見直していくことが必要である．

8.2 ≫≫ 運動不振の児童・生徒への対応

　体育授業における運動学習場面において，技能の向上がみられない学習者は「運動不振」と呼ばれており，運動不振が原因で運動嫌い，運動離れを発生させる悪循環になることが明らかになっている [13]．また，運動が苦手な生徒は，運動が得意な生徒と比較して運動課題に取り組む頻度が少なく，その背景には運動が好きでもうまくできないために運動を回避すること，教師やクラスメイトとの関係で不快な経験をしたことが挙げられている [14]．さらには，近年の児童・生徒の実態として，運動をする者とそうでない者の二極化が顕著であることが報告されている [3]．このような背景を踏まえると，生徒の生涯にわたる

豊かなスポーツライフを実現するための基礎教育の立場として支援が実施され，その基礎づくりを行う保健体育科が重要な役割を果たすものと考えられる．そして，様々な運動能力やニーズを持った学習者が混在する体育授業では，運動が苦手な生徒や運動を回避する生徒に対する教師の学習指導が重要な役割を担っているといえる．

　では，そのような生徒に対して，どのような指導をするのが望ましいのだろうか．教師は通常，単元計画や授業計画において，教材観や生徒観に基づき，明確な目標を設定する．例えば，「生徒に◯◯の動きを理解させ，習得させたい」など，3つの指導目標の観点[*4]から設定し，指導内容や方法を決定していく．そして，何をどのように指導すれば良いのか，授業中に出現しそうな生徒の反応やつまずきをあらかじめ想定しておく必要がある．目標設定が明確でなく，指導内容や方法も曖昧なままフィードバックを与えたとしても，生徒にとって意味のあるものにはなり得ない．したがって，体育学習における生徒の学習成果や授業評価にポジティブな影響を及ぼす称賛などの肯定的なフィードバックや，技能の修正を行う矯正的フィードバックを与えるにしても，その内容や頻度，タイミング等は事前の綿密な指導計画の設定と準備が必要であるといえる．そして，体育学習中に起こる生徒の様々なケースに対応できるよう複数の言語的フィードバックを事前に準備しておく必要があろう．

*4　「知識・技能」「思考・判断・表現」「主体的に学習に取り組む態度」の3観点.

8.3 >>> 体育における学習意欲の高め方

A. 体育における学習意欲とは

　学習意欲とは心理学用語でいうところの達成動機づけとかなり近い概念といわれている[15]．達成動機づけとは，達成することが社会的に意味のある課題に関して，困難にチャレンジし，卓越した水準で成し遂げようとする心理現象である[16]．また，学習意欲は我々が日常的に用いている用語の「やる気」とも同義的に扱われている[17, 18]．体育における学習意欲は達成動機づけをもとに「体育における学習活動を自発的，積極的に推進させ，それらの学習を一定の卓越した水準にまで到達させようとする内発的動機づけ」[19]と定義されている．西田[19]はその定義に依拠した，学習を促進する意欲的側面5下位尺度（「学習ストラテジー」「困難の克服」「学習の規範的態度」「運動の有能感」「学習の価値」）と学習を抑制しようとする回避的側面2下位尺度（「緊張性不安」「失敗不安」）で構成された体育における学習意欲検査（Achievement Motivation in Physical Education Test：AMPET）を開発している．そして現在AMPETは，意欲の高低を客観視するだけではなく，他の心理変数との関連性も検討できるように短縮版へと改良されている[20, 21]．さらに，教師が子どもの学習意欲を多面的・総合的に把握し，授業改善に有益な情報や手がかりを提供することを目的に「体育における学習意欲に加え，学習意欲の類型（タイプ），学習意欲の支持要因，学習行動の選好，他教科の興味，諸活動の興味と体育の楽しさ」が1枚のプロフィールシートとしてフィードバックできる，体育におけ

る学習意欲診断検査（Diagnosis of Learning Motivation in Physical Education Test：DLMPET）へと発展させている [20, 21]．**表8.2** には AMPET の各下位尺度解説 [15] と質問項目 [22] を記す．

表8.2　体育における学習意欲の各下位尺度の解説および質問項目
（文献 15 p. 46 および文献 22 より作成）

	下位尺度	各下位尺度が示す内容	質問項目
意欲的側面	学習ストラテジー	体育学習を効率よく行うためのうまくできる方法や手段をいろいろと考えたり，実行したりする程度を示す．	・うまくできるやり方を，あれこれ考えながら運動している． ・上手な人のやり方を，よく観察して運動している． ・うまくできなかった原因を，よく考えて運動している． ・うまくできるやり方を，自分で工夫している．
	困難の克服	人よりもうまく運動ができるようになろうとして，黙々と練習を続けたり，たとえうまくできなくても最後まで頑張るといった特性を示す．	・苦手な運動でも，うまくなるために頑張ろうと思う． ・うまくできない運動でも，うまくなろうと一生懸命努力する． ・運動がうまくできなくても，最後まで頑張りたい． ・運動がうまくできるまで，何回も繰り返し練習しようと思う．
	学習の規範的態度	先生や指導者の話をきちんと真面目に聞いているか，うまくなるために必要な指導や助言を素直に受け入れているか，ルールやきまりなどをきちんと守っているか，といった体育学習での規範的な態度を示す．	・決められたことは，きちんと守っている． ・みんなで決めたルールは，きちんと真面目に守っている． ・先生の話をしっかり聞いている． ・先生の注意やアドバイスを，素直に聞いて学習している．
	運動の有能感	運動に対する自信や優越感に関連し，人よりも運動がよくできると認知している程度を示す．	・体育で習う運動は，うまくできる自信がある． ・友達よりも運動が上手にできると思っている． ・少し練習しただけで，すぐにうまくなるほうである． ・体育のどんな運動でも，たいてい上手にできる．
	学習の価値	運動がよくできるということに対する価値観や目的意識，学習することの必要性などを示す．	・運動がうまくできるようになれば，将来きっと役に立つと思う． ・体育で学習したことは，大きくなってからも役に立つと思う． ・運動が上手にできるようになることは，とても大切だと思う． ・体育で学習するのは，これから役に立つことがあるからである．
回避的側面	緊張性不安	人前で運動するようなときに，どの程度緊張したりあがったりしているのかを示す．	・人が見ている前で運動すると，すぐに緊張してしまう． ・人に見られて運動するのは，苦手である． ・みんなが見ていると，胸がドキドキしてしまう． ・人前で運動するときは，すぐにあがってしまう．
	失敗不安	人に負けるのではないか，試合で失敗するのではないかといった失敗や負けることへの不安や恐れを示す．	・運動するとき，以前に失敗したことを思い出して心配する． ・うまくできなかったらどうしよう，とすぐに考えてしまう． ・運動する前から，失敗したときのことを心配してしまう． ・成功することよりも，失敗することをすぐに考えてしまう．

回答方法は各項目について
「よくあてはまる…5 点」「ややあてはまる…4 点」「どちらでもない…3 点」「あまりあてはまらない…2 点」「ほとんどあてはまらない…1 点」の 5 段階ある回答肢から自分の考えに最も近いと思うものを選択する自己評定型である．

B. 教師による学習意欲喚起の手立て

　体育授業中の教師の言葉かけは，児童・生徒の動機づけを高めることに効果的である [23] といわれているように，学習を促進する重要な役割を持っている．ここでは，どのような言葉かけが児童・生徒の学習意欲喚起に有効かについて述べる．

　体育授業の中で小学生の学習意欲喚起につながる教師の発言について実践的に検討されている研究 [24] では，7 つの発言カテゴリー（**表8.3**）とその他の発言カテゴリー（指示，説明，発問，状況説明など）を取り上げ，それらのカテゴリーに分類された教師の発言回数と学習意欲得点との関係を分析している．その結果，学習意欲が高い児童を指導している教師は是認や承認など児童の期待や感情を高める発言が中心であったのに対して，学習意欲の低い児童を指導している教師にはそのような発言が見られず，指示や発問が中心であったことを明らかにした．

　また，生徒と体育教師の性別の組み合わせに着目し，心理的距離が体育の学習意欲に及ぼす影響について検討している研究 [25] もある．そこでは，男子生徒と男性教師との組み合わせ（親密さ）は，「困難の克服」や「運動の有能感」に影響すること，女子生徒と女性教師との組み合わせ（親密さ）は，特に「学習ストラテジー」「困難の克服」「学習の規範的態度」および「運動の有能感」に強く影響していることが確認されている．

　つまり，期待や感情を高める発言数が多いことは学習意欲の向上に効果的であること，さらにそこには教師と生徒の親密さ（良好な人間関係）を築くことも重要なことが示唆されている．

　体育授業において生徒の意欲を高める実践的研究も散見される．例えば，持久走の単元では，①全員が決められた同じ距離を全力で走ってタイムを計る方法，②走能力によって走行距離を変えてゴールタイムを等しくする方法，③全員の主観的運動強度（RPE）を同一にする方法といった 3 種類のうち，①は苦痛を感じさせ，②や③の方法は持久走への意欲的な取り組みを促し，さらに持久走に対する好意度が高まった [26] ことが確認されている．またバスケットボールの単元では，アダプテーション・ゲームを取り入れたことで生徒自ら学ぼうとする意欲が芽生えたとの報告 [27] もある．このように生徒の意欲向上には，教師の働きかけはもちろんのこと，体育の学習展開や教材など様々な点で工夫できることは忘れてはならない．

8.4 ⟫⟫ 体育学習場面における児童・生徒の抱く
　　　ストレス理解

A. 体育授業における児童・生徒のストレス

　体育における学習観，運動不振，学習意欲など，私たちは，そもそも体育授業に臨む子どもたちの心理面を，どの程度理解し，そして体育学習の指導に取

発言カテゴリー	授業中の発言内容	学習意欲の得点が高い子どものクラスの教師		学習意欲の得点が低い子どものクラスの教師	
【期待及び感情を高める発言】		回数	%	回数	%
目標提示 （目標やめあての提示，目標設定など）	「10 回やってみよう」「台をもう 1 段あげて挑戦してごらん」など	9	(1.8)		
助言 （技術向上の助言，学習方法のヒント，重要ポイントの指摘など）	「おへそを出して」「そこで蹴って」「着地もきめようね」など	58	(11.9)	16	(7.4)
KR （運動遂行や結果のフィードバック，運動の結果に対する賞賛など）	「勢いが出てきたよ」「跳ねるタイミングがよくなってきた」など	40	(8.2)	2	(0.9)
是認 （運動の結果や授業中の行為に対する是認，承認，容認など）	「そんな感じね」「オッケイ」「よし，よし」など	116	(23.7)		
自信向上 （自信を持たせるような発言）	「もうできてるじゃない」「首跳ねとびになっているよ」など	15	(3.1)		
賞賛 （運動結果に対する賞賛）	「もう完璧だね」「おお素晴らしい」など	33	(6.7)	6	(2.8)
激励・援助 （励ましや手助けなど）	「それ，頑張れ」「みててあげるから，やってごらん」など	4	(0.8)	1	(0.5)
小計		275	(56.2)	25	(11.6)
その他の発言		回数	%	回数	%
指示，説明，発問など　小計		214	(43.8)	190	(88.4)
合計		489	(100.0)	215	(100.0)

表 8.3　体育教師の発言カテゴリーおよび発言数
（文献 24 より作成）

り組もうとしているのだろうか．一般的に体育授業は，文部科学省が発行する学習指導要領に沿って，運動やスポーツを素材に，子どもたちに何を教えるのか，どんな力を身につけてほしいのか，それらを熟考しながら，教師が緻密に学習内容（学習のねらい）を計画し，それを達成するために必要な活動内容（学習のねらいとする動きが高頻出する誇張された運動や簡易ゲームなど）を組み立てる．

　学習のねらいを達成するためにも，子どもたちには積極的に活動に取り組んでもらいたいと考えるのは当然のことである．しかし，体育授業では，目の前の運動課題に一歩が踏み出せない子どもや，コートの端でボールを避ける子どもがいる一方で，待ってましたと言わんばかりの表情で体育館に入ってくる子

どももいる．これらは，運動・スポーツに対する動機づけから発生した行動の違いではないかと考えられる．佐々木[28]は，運動・スポーツに積極的に取り組ませたいというときには，第一に運動・スポーツへの動機づけを高める必要はあるが，なぜ運動課題を「したい・やってみたい」と思わないのか，その背景を探ることが重要であると指摘している．また，体育授業での運動・スポーツへの取り組みに関わる心理社会的ストレスの測定尺度（**表 8.4**）[28, 29]を用いて，子どもたち一人ひとりの背景（阻害要因）を事前に把握したうえで，活動内容や授業展開を工夫できることも提案している．

表 8.4　中学生用体育学習心理的ストレスレベル測定尺度項目
（文献 28 p. 53 および文献 29 p. 393 より作成）

下位尺度名	項目
効力感の欠如	1.　まわりの人よりおそい 7.　教えられたことができない 8.　まわりよりも自分がへた 14.　みんなができて自分だけできない
教師態度	2.　先生のきげんがころころ変わる 5.　先生の説明が長い 9.　先生がすぐおこる 13.　先生の教え方がていねいでない
級友の不真面目	3.　団体行動なのに自分勝手な行動をとる人がいる 10.　先生がいなくて自習のときにふざける人がでてきた 15.　チームや班を組んだとき，まわりの人が不真面目だったり，やる気を示さない 17.　まわりの人がちゃんとやらずに，ふざけたり，だらだらしたりしている
体調不備	4.　からだがだるい 12.　疲れている 16.　ねむい
被中傷	6.　いやがらせをされる 11.　友だちにいやみをいわれた 18.　自分の記録や動作をばかにされた

教示文「体育の授業で次のような場面は，あなたのやる気をうばったり，動くのをいやにさせたりする場面として，どの程度あてはまりますか．以下の 4 つの答えの中からもっともあてはまるものを一つ選び，回答欄の ABCD のいずれかを○で囲んでください．よくあてはまる（A），まあまあああてはまる（B），少しあてはまる（C），あてはまらない（D）」．得点は A を 3 点，B を 2 点，C を 1 点，D を 0 点とし，下位尺度ごとに集計する．各下位尺度の合計得点が高いほど，そのことをストレッサーとして強く認識していることを表す．

B. 運動への自信の有無とストレス・コーピング

　さて，運動に対して自信がある子どもとそうでない子どもがいた場合，私たちは，運動に対する自信が高い子どもは，自分の得意なことができる体育授業に何の不安もなく臨めるのだから，そもそものストレスを感じる暇もなく活動に没頭していると考えるのではないだろうか．その一方で，運動に対する自信の程度が低い子どもは，運動ができないことに不安を抱えていたり，運動する姿を見られることに抵抗感があったり，仲間から笑われた経験があったり，体

育授業に対するストレス反応を引き起こす原因（ストレッサー）が多岐にわたって存在していると想像するのではないだろうか．しかし，この想像とは真逆に，運動が得意でなおかつ自信を持っている，いわゆる運動有能感の高い子どものほうが，低い子どもよりも，体育授業におけるストレスを感じていること，また通常はストレス対処を目的に行われるコーピング行動がストレスの原因になってしまうという悪循環が発生していること，など大変興味深い報告がある[30]．

　ここでは，三浦ほか[31]の消極的対処（あきらめる，努力しないなどの回避行動），積極的対処（しっかりと考え，対策を練る行動），そしてサポート欲求（誰かに助けや教えを求める行動）の3つのコーピング行動を援用している．具体的には，運動有能感の低い子どもは，「できない」こと（効力感の欠如）に対して「どうしようもないのであきらめる」や「たいしたことではないと捉え，努力しない」などのあきらめや回避行動を取ること（消極的対処）で，強くストレスを感じるまでに至らない[30]といわれている．一方，運動有能感の高い子どもは，「できない」ことに対して，できるようになるために試行錯誤し（積極的対処），誰かに助けや教えを求めようともする（サポート欲求）．そのときの，運動有能感の低い子どものあきらめや回避行動を取る姿が，やる気がない，真剣にやらないといった不真面目な態度（級友の不真面目）として認識される．また，有能感の高い子どもは，「教師態度」に対するストレス反応が高いといわれている．その背景には，多くの場合，教師の注目は自信の低い子どもになり，そこに合わせた課題は簡単にクリアできることがある．そのため教師との関わりが極端に少ないと感じたり，指導の乱雑さを感じたりするのではないかと推察される．また時にはチームのことを考えてプレーしろ，自分のことだけでなく周りを活かせと怒鳴られることもあるのではないかと考えられる．そういった教師の態度は，自分たちがクラスの一員であるにもかかわらず，配慮が欠落していると感じ，ストレス度が高まる傾向がある[30]と指摘されている．

　先にも述べているが，運動や練習に消極的な態度をとる子どもの行動（真剣に取り組もうとしない，挑戦的な課題を避ける，指導を素直に受け入れようとしないなど）の背景には，能力に自信のない人が自分の自尊心を防衛するためにやむなく選択した方略であることが多いと考えられる．したがって「やる気がない」といってすぐに決めつけてしまわず，熟達雰囲気（第6章参照）の中で丁寧なサポートを行いながら徐々に積極的な取り組みを促進させるような働きかけが必要[32]である．

　以上のことから，現行の学習指導要領にも運動を苦手とする子どもへの配慮例に動きの指導について記載されているが，その取扱いには注意が必要である．つまり，体育授業では運動に自信があるかないか，運動が得意か不得意かといった二項対立で子どもを捉え，どちらか一方に偏った指導や学習目標にならないことが望まれる．

　最後に，ここでは学習意欲やストレスについて紹介をしたが，他にも体育授業に臨む子どもの心理面を測定する尺度は，体育心理学やスポーツ心理学の研

究領域において開発されている．学校教育現場で関心が集まる心理変数としては，体育勤勉性[33]，体育授業に対する劣等コンプレックス[34]，体育適応感[35]などが挙げられる．これらの尺度項目については文献に記載する論文を参考にしていただきたい．

練習問題

1) 体育授業の教師行動は大きく 4 つに分類される．その 4 つの教師行動を示し，説明しなさい．また，その中で，学習成果に最も影響する教師行動を説明しなさい．

2) 体育授業中の教師は，どのようなフィードバックを用いて学習を展開するべきか述べなさい．

3) 体育において生徒が抱くストレスの特徴を挙げ，それらを緩和するための指導の工夫を述べなさい．

4) 体育の学習意欲を喚起するために教師はどのように授業の工夫をする必要があるか述べなさい．

【文献】
1) 文部科学省（2017）．中学校学習指導要領（平成 29 年告示）解説 保健体育編，24.
2) 日野克博（2017）．中学校保健体育科ニュース，3，2-5.
3) スポーツ庁（2022）．令和 3 年度全国体力・運動能力，運動習慣等調査結果.
4) Medley, D. (1977). Teacher competence and teacher effectiveness. American Association of Colleges for Teacher Education.
5) 高橋健夫（2010）．高橋健夫・岡出美則・友添秀則・岩田靖（編著），新版 体育科教育学入門（pp. 48-53）．大修館書店.
6) 深見英一郎（2015）．岡出美則・友添秀則・松田恵示・近藤智靖（編），新版 体育科教育学の現在（pp. 124-137）．創文企画.
7) Susan, C., & Margaret, W. (2010). Learning to teach physical education in the secondary school (3rd ed.). Routledge.
8) 高橋健夫・岡澤祥訓・中井隆司・芳本真（1991）．体育学研究，36，193-208.
9) 梅野圭史・中島誠・後藤幸弘・辻野昭（1997）．スポーツ教育学研究，17，15-27.
10) 山本浩二・中須賀巧・島本好平・杉山佳生・尼子尚公（2022）．体育学研究，67，479-500.
11) 小野雄大・友添秀則・高橋修一・深見英一郎・吉永武史・根本想（2018）．体育学研究，63(1)，215-236.
12) Graham, G. (2001). Teaching children physical education: Becoming a master teacher (2nd ed.). Human Kinetics, 141.
13) 古田久（2018）．日本教科教育学会誌，40，63-69.
14) 深見英一郎・水島宏一・友添秀則・吉永武史（2015）．スポーツ科学研究，12，56-73.
15) 西田保（2004）．期待・感情モデルによる体育における学習意欲の喚起に関する研究．杏林書院.
16) 鹿毛雅治（2013）．学習意欲の理論：動機づけの教育心理学．金子書房.
17) 西田保（1982）．体育科教育，30(4)，14-18.
18) 千駄忠至（1994）．日本教科教育学会誌，17(3)，111-118.
19) 西田保（1989）．体育学研究，34(1)，45-62.
20) 西田保（2002）．総合保健体育科学，25(1)，45-58.
21) Nishida, T. (2007). International Journal of Sport and Health Science, 5, 83-97.
22) 小林洋平（2013）．西田保（編），スポーツモチベーション：スポーツ行動の秘密に迫る！（p. 246）．大修館書店.
23) 長谷川悦示（2004）．スポーツ教育学研究，24(1)，13-27.
24) 西田保（1996）．総合保健体育科学，19(1)，1-8.
25) 小田切果奈・佐々木万丈・西田順一（2014）．群馬大学教育学部紀要 芸術・技術・体育・生活科学編，49，77-84.

26）西山健太・黒川隆志・上田毅・森木吾郎（2020）．体育学研究，65，677-689.

27）村瀬浩二・古田祥子（2021）．体育学研究，66，391-407.

28）佐々木万丈（2019）．基礎から学ぶスポーツの心理学（pp. 41-59）．勁草書房.

29）佐々木万丈（2002）．体育学研究，47，383-394.

30）小畑治（2018）．体育科教育，66，46-51.

31）三浦正江・坂野雄二・上里一郎（1998）．ヒューマンサイエンスリサーチ7，177-189.

32）伊藤豊彦（2007）．中込四郎・山本裕二・伊藤豊彦（共著），スポーツ心理学：からだ・運動と心の接点（pp. 97-116）．培風館.

33）村瀬浩二・安部久貴・梅澤秋久・小坂竜也・三世拓也（2017）．スポーツ教育学研究，37，1-17.

34）佐々木万丈・須甲理生（2016）．体育学研究，61，663-680.

35）佐々木万丈（2003）．体育学研究，48，153-167.

第9章　スポーツチームの社会心理

内田遼介（第1〜3節）／小菅（町田）萌（第4，5節）

<table>
<tr><td>キーワード</td><td>社会的手抜き，ケーラー効果，リーダーシップ，参加，離脱</td></tr>
</table>

到達目標
- チームスポーツにおいてメンバーの動機づけが減少する場面と増加する場面について説明できる．
- リーダーシップを定義できる．
- スポーツチームにおけるリーダーシップを理解するための理論を説明できる．
- スポーツに参加する，また離脱する要因を説明できる．

9.1 ≫ チームスポーツのパフォーマンスに関わる心理的な構成概念

　スポーツ指導者がチームを安定したパフォーマンスへと導くためにメンバーらの技術や体力の向上に注力するのは当然のことである．しかしメンバーらの技術や体力を鍛えれば必ず安定したパフォーマンスが獲得できるのかというと，それほど単純なものではないことは経験的に理解できるところである．本節ではチームスポーツのパフォーマンスに関わるその他の要因として，比較的長い時間をかけて研究成果が積み重ねられてきた2つの心理的な構成概念に着目する．

A. 集団凝集性

　チームスポーツの経験者に，優れたパフォーマンスを発揮するには何が求められるか尋ねると「チームの団結力」をキーワードとして挙げる者が必ず1人はいるだろう．この団結力に関連する心理的な構成概念として集団凝集性（group cohesion）がよく知られている．集団凝集性は「メンバーを自発的に集団に留まらせる力の総体」[1]と定義されており，スポーツ場面を対象とした研究では，特にキャロン（Carron, A. V.）が提唱した集団凝集性の概念モデル[2]に基づく一連の研究が有名である．

　このモデルでは2つのカテゴリーと2つの側面の組み合わせで表される4つの下位概念から集団凝集性を定義している．まず2つのカテゴリーであるが，これは集団に対する個人的魅力（individual attractions to group）と集団の統合（group integration）で構成されている．集団に対する個人的魅力は，集団に対して抱く個人的な感情や役割への関わり，他のメンバーとの関わりなどを合成することで表されるカテゴリーである．一方，集団の統合はグループ全体としての親密さや，類似性，絆といった集団の一体感を表すカテゴリーである．これら2つのカテゴリーと組み合わされるのが課題（task）の側面と社

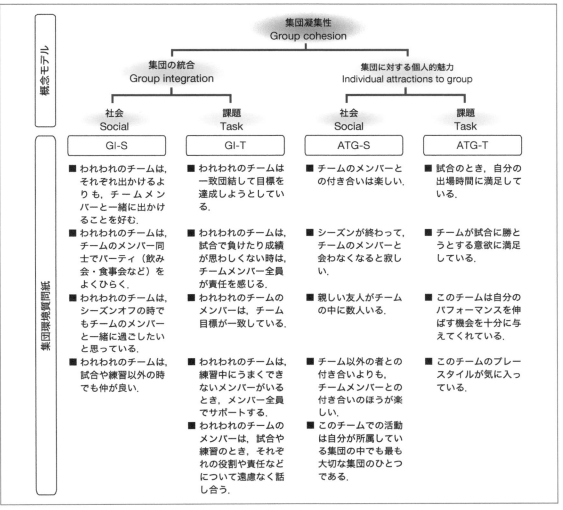

会（social）の側面である．課題の側面は，集団の目標や目的を達成しようとする一般的な志向を反映する．一方，社会の側面は，集団内の社会的関係を発展・維持しようとする一般的な志向を反映する．これら2つのカテゴリーと2つの側面の組み合わせで表現されるモデルが，**図9.1**の上段に示した集団凝集性の概念モデルである．キャロンら[2]はこの概念モデルに基づき，図9.1の下段に示した全18項目で構成される集団環境質問紙（group environment questionnaire：GEQ）を作成している．この質問紙はスポーツ場面を対象とした集団凝集性の研究における主要な評価指標として広く使用されている[*1]．

キャロンら[5]は集団環境質問紙を用いて行われた複数の研究を集約して，集団凝集性とチームスポーツにおけるパフォーマンスとの関連性を検討している．その結果，集団凝集性とチームスポーツにおけるパフォーマンスの間には中程度の正の関連性が認められることを明らかにした．

B. 集合的効力感

競技場面で当人が遂行すべき行動に対してどの程度の自信を有しているかは

図 9.1　集団凝集性の概念モデルと集団環境質問紙の項目
（上段の概念モデルは文献2 Figure2より作成．下段の集団環境質問紙の項目は内田ら[3]の邦訳版より引用）

＊1　北米で作成された集団環境質問紙はしばしば日本の文化に合わないと指摘される．日本の文化に合う形で再構成された尺度として杉山らの尺度[4]もあるので参照されたい．

成否を分ける重要な要因である．この日常的に使用される自信とよく似た性質を持つ構成概念として自己効力感（self-efficacy）が知られている（第12章参照）．自己効力感はあくまで個人の行動に対して影響することを示した構成概念であるが，バンデューラは後年，この自己効力感を集団の行動に適用できるよう拡張した．それが集合的効力感（collective efficacy）と呼ばれる構成概念である．

　集合的効力感は「あるレベルに到達するため必要な一連の行動を，体系化し，実行する統合的な能力に関する集団で共有された信念」（文献6，p.477）と定義されており，集団の行動に影響する心理的な構成概念として，多様な組織を対象に研究が行われてきた．スポーツチームもその例外ではなく，集合的効力感がチームのパフォーマンスに影響することが繰り返し示されている．例えば，フェルツ（Feltz, D.）とラーグ（Lirgg, C.）は実在するアイスホッケーチームを対象として，自己効力感と集合的効力感がそれぞれチームのパフォーマンスに対して影響するか検討している[7]．その結果，集合的効力感はチームのパフォーマンスに対して正の影響を示すことを明らかにした．一方，自己効力感のような個々人の能力に焦点化された構成概念では，チームのパフォーマンスを首尾よく説明できないことを示した．この結果は，複数メンバーと協力しながら行動することが求められるチームスポーツにおいては，そのチームが有する統合的な能力に焦点化された集合的効力感（の合算）のほうが，個々人の能力に焦点化された自己効力感（の合算）よりもチームのパフォーマンスに影響することを示している．

9.2 ⋙ チームで活動するがゆえに生じる社会的影響

　サッカーやバレーボール，バスケットボール，野球といった集団を単位として行われるチームスポーツでは，複数のメンバーが事前に決められたチームの戦術や各々の役割に基づいて互いに協力しながら行動することが求められる．こうした2人以上の集団で行われるチームスポーツでは，常にお互いの態度や行動に対して見えざる影響を及ぼしあっている．本節ではチームスポーツにまつわる社会的影響（social influence）に関連する現象に着目する．

A. 同調

　チームが掲げた共通の目標を達成するためには，複数のメンバーと互いに協力しながら行動することが求められる．そのため多くのチームでは独自の決まり事を内部で定めていることが多い．この決まり事を集団規範（group norm）と呼ぶ．集団規範は「集団内の大多数の成員が共有する判断の枠組や思考様式のこと」[8]であり，練習場面や競技場面で期待される適切な行動の基準をメンバーらに提示する機能を持つ．また，集団規範は必ずしも明文化されているとは限らない．

　チームスポーツにおいて時折問題になるのが，競技とは全く関係のない非合理的な集団規範がチーム内に存在していて，それが永らく維持されているケー

スである．この問題には同調（conformity）と呼ばれる現象が深く関与している．

　同調は「集団や他者の設定する標準ないし期待に沿って行動すること」[9]と定義されている．この同調が生起する背景には情報的影響（informational social influence）と規範的影響（normative social influence）と呼ばれる2つのメカニズムが存在する[10]．まず情報的影響であるが，これは所属する集団や周囲の人たちからもたらされる意見を，何らかの事物について判断する際の参考として受け入れる結果，同調が生じると説明する．例えば，競技場面において多くの人が採用する戦術は，当該局面において最適な戦術であるに違いないと信じ込んで採用するといった具合である．次に規範的影響であるが，こちらは所属する集団や周囲の人たちからの期待を考慮する結果として同調が生じると説明する．スポーツチームにおいて非合理的な集団規範が維持されているならば，メンバーの間で規範的影響による同調が生じていて誰も異議を唱えることができない状況にあると考えられるだろう．なぜなら，非合理的な集団規範に対して異議を唱えたならば，そのメンバーはチームの決まり事を守らない逸脱者とみなされ，仲間外れにされたり懲罰的な練習を科せられたりするなど，何らかの制裁を受けることが予期されるからである．したがって，メンバーらは本意ではないが非合理的な集団規範に従わざるを得ないのである．

B. 社会的手抜き

　チームのパフォーマンスを最大限に発揮するためには，メンバー一人ひとりのパフォーマンスを効率よく結集することが求められる．とりわけ，綱引き競技やボート競技に代表されるような，複数メンバーがタイミングを合わせて力を結集しなければならない競技では，その重要性が増す．しかし，2つの理由で，メンバー一人ひとりの力を効率的に結集することが困難であるとスタイナー（Steiner, I. D.）は指摘している[11]．第一に，力を結集するにはメンバー一人ひとりが適切なタイミングで力を発揮することが求められるが，メンバーが増えれば増えるほど力を発揮するタイミングを合わせるのが困難になる．これは調整の損失（coordination loss）と呼ばれており，メンバーが増えるにつれて力の損失も増加するとされる．第二に，個人が単独で力を発揮する場合と比較して，集団内で力を発揮する場合に1人あたりの努力の量が低下することが知られている．これは，調整の損失に対して動機づけの損失（motivation loss）と呼ばれている．特に動機づけの損失については後年，ラタネ（Latane, B.）らによって社会的手抜き（social loafing）と命名されている[12]．社会的手抜きは，個々のメンバーの貢献度を正確に評価することが困難な状況（評価可能性の低下）や，自分自身の努力がチームの成功にとって不要であると認識し得る状況（努力の不要性）において生じるとされる（**図9.2**）．

図 9.2　社会的手抜きが生じるとき

C. ケーラー効果

　社会的手抜きは，先に示した綱引き競技やボート競技のような個々のメンバーのパフォーマンスが合算されてチームパフォーマンスを構成する加算課題（additive task）[11] において生じやすい．ただ，チームスポーツは実に多様なルールのもとで実施されることから，常に社会的手抜きが生じるわけではない．例えば，チーム内で最も劣るメンバーのパフォーマンスがチームのパフォーマンスとして採用される結合課題（conjunctive task）[11] においては，社会的手抜きと反対の現象が生じる．現実場面では，自転車競技のチームタイムトライアルや，スピードスケート競技のチームパシュートなどが結合課題とよく似た性質を持つ競技として挙げられるだろう．

　結合課題では，最も劣るメンバーの心の中で自分自身のパフォーマンスがチームの成功にとって必要不可欠であるといった社会的不可欠性（social indispensability）の認識が生じる．あるいは，できるだけ優れたメンバーのパフォーマンスに近づくために自分のパフォーマンス目標をより高いほうへと修正する上方比較（upward social comparison）を行う．この社会的不可欠性の認識，または上方比較が生じる結果として，最も劣るメンバーの動機づけが増加すると説明される．このような，最も劣るメンバーに生じる動機づけの増加をケーラー効果（Köhler effect）と呼ぶ [13]．

　その他，陸上競技や競泳で実施されるリレー形式の競技においても，やはり状況次第で動機づけの増加が生じる．実際に，競泳のリレー場面においてはメダルの獲得可能性がある状況，かつ最終泳者として泳いだときのほうが，個人で泳いだときよりも動機づけが増加すると報告されている [14]．これは先に言及した社会的不可欠性がリレーの後半に泳ぐメンバーほど強く認識されるために生じると説明される．

9.3 ≫≫ スポーツ場面における体罰問題

　スポーツ場面において体罰が容認できないものであるとの認識は，一般社会においてある程度共有されている．

　しかし，体罰に対して容認的な態度を示す人々が，本邦においてわずかなが

ら存在することが複数の研究で報告されている．体罰に対して容認的な態度を示すということは，当人の中で何らかの教育効果が得られるとの期待があってのことだと思われるが，本当に体罰には教育効果があると考えて良いのであろうか．この点に関わって，心理学の1つの学問領域である行動分析学の研究者たちは，体罰が効果的な学習を促進することはないとの声明を出している[15]．この声明では，行動分析学や関連諸領域の研究成果を踏まえながら，体罰の何が問題なのか理路整然と説明されている．例えば，体罰をすることで一時的に望ましくない行動をやめさせることができても，少し時間が経過した後で再びその行動が生じたりするほか，指導者がいない，あるいは指導者の目の届かないところでその行動が生じたりするなど，体罰の効果が一時的で状況に依存しやすいと説明されている．また，繰り返し体罰をすることで耐性が上がり，同じ効果を得るためにはより強い体罰を与えなければならず，したがって体罰が苛烈になりやすいなどの問題点が指摘されている．

　このように体罰の問題点について科学的な研究成果を踏まえながら研究者たちがはっきりと説明しているにもかかわらず，なぜ体罰を容認する人たちが後を絶たないのであろうか．これには当人が受けた過去の体罰経験が影響しているとの研究結果が繰り返し示されている．素朴な感覚からすると，自分自身が体罰を受けたのであれば体罰に対して否定的な態度をとりそうなものである．しかし，実際にはそう簡単に体罰に対して否定的な態度をとることができない．この背景には認知的不協和（cognitive dissonance）[*2] が関与していると説明される[17]．この説明では，体罰を容認する人たちの心の中で，過去にスポーツ場面で体罰を受けたという認知と，体罰には効果がないという認知が相いれないために不協和が生じていると仮定する．ここで過去の体罰が無意味だったと否定すれば不協和は解消されるわけであるが，これは自分自身が必死に頑張ってきた過去の経験を否定することにつながるため，そう簡単には否定できない．そこで，体罰には教育的な効果があるのだと主張することで不協和を低減しようと試みるわけである．

9.4 ≫≫ スポーツチームにおけるリーダーシップ

　スポーツにおいてリーダーやリーダーシップの重要性が言及されることは多い．良いリーダーがいることがチームの成功に関わると考えられており，チームの成功だけでなく，失敗の理由がリーダーに帰せられることもある．また指導者だけでなく，キャプテンなどリーダーシップの役割を持つ選手，さらに，そういった役割を持たない選手にもリーダーシップは期待されている．

　それでは，スポーツチームで必要とされるリーダーとは実際にはどんな人物であろうか．また，リーダーはチームやそのメンバーにどんな影響を持つのだろうか．本節では，まずはリーダーシップを定義し，スポーツにおけるリーダーシップを理解するための理論を紹介していく．

A. リーダーシップの定義

　リーダーシップとは，共通の目標の達成に向けて，個人がチームのメンバーに影響を与えるプロセス[18]と定義される．リーダーシップには，チームのメンバーに影響を与える個人（＝リーダー）やそのメンバー（＝フォロワー），そしてそのチームを取り巻く環境が関わりあう．

　リーダーシップのプロセスで中心となるリーダーには，公式なリーダー，そして非公式なリーダーという2種類のリーダーが存在する．まず，リーダーとして一般的に認識される，監督やコーチなどの指導者，そしてキャプテンなどの役職を持ったリーダーを公式リーダーという[19]．一方で，このような公式な役職を持たずにリーダーシップを発揮するメンバーは非公式リーダーと呼ばれる[19]．非公式リーダーは，例えば，エースとしてフィールド／コート上でチームをリードしたり，必要な場面でチームを盛り上げたり，チームメイト同士の課題を解決することを担うなど，役職を持たずともチームにとって重要なリーダーとしての役割を果たす人物である．非公式リーダーは，公式リーダーと同程度にチームに影響力を持つと認識されていることもある[20]．

B. スポーツチームのリーダーシップを理解するための理論

　指導者やアスリートのリーダーシップについて，様々な研究から多くの知見が蓄積されている．スポーツにおける効果的なリーダーシップを考えるための理論もいくつか提唱されてきた．ここでは代表的な3つの理論を紹介する．

（1）多角的リーダーシップモデル

　1つのチームで成功したリーダーはどんなチームでも効果を発揮するのだろうか．例えば，プロスポーツチームで成功した方法で高校生のチームを率いることは好ましいことなのだろうか．リーダーシップを考えるときに，リーダーの実際の行動だけでなく，そのリーダーに要求される行動，好まれる行動を考慮すべきであるとしたのが多角的リーダーシップモデル[21, 22]である（**図9.3**）．この理論では，フォロワーの成長を目指して鼓舞をしながら関係性をつくっていく変革型リーダーシップ[23]（後述）を基盤にして，状況やメンバーから要求される行動，状況やメンバーから好まれる行動にリーダーの実際の行動[*3]がマッチしたときに，チームのパフォーマンスや満足感が向上するとしている[24]．つまり，リーダーが効果的にチームを率いるためには，その状況やメンバーに要求される行動と好まれる行動を考える必要があるということである．

　実際にこれまでの研究で，状況やメンバーの特徴によって，好まれる行動が異なることが示されている．例えば，目標の設定，練習内容，試合の戦術等に関する意思決定にメンバーを参加させるような民主型の意思決定スタイルは，違いは小さいものの，男子よりも女子[25, 26]，保護者よりアスリート[24]のほうが好むことが見られている．また，メンバーからは独立した意思決定を行い，意思決定においてリーダーとしての権限を重要視する独裁型の意思決定スタイルは，女子より男子のアスリート[26]，カナダのアスリートより日本のアスリート[27]が好む傾向にあることなどが明らかにされている．これらの研究は，一

*3　行動に影響を与える状況の特徴には，そのチームの競技レベルやチームの環境など，メンバーの特徴にはチームメンバーの性別や年齢等が含まれる．またリーダーの実際の行動にはリーダーの性格，能力，経験などのリーダー自身の特徴が関係する．

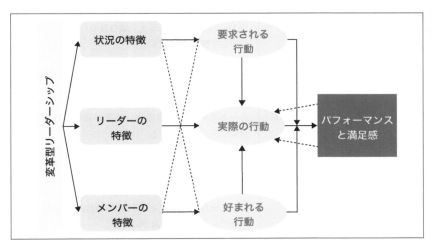

図9.3　多角的リーダーシッ
プモデル
（文献 21 より引用）

律のリーダーシップ行動が効果的であると考えず，理論が示すように状況やメンバーの特徴等，様々な要因を考慮する必要があることを示唆している．

（2）変革型リーダーシップ

　近年，スポーツにおいても注目を集めてきているのが変革型リーダーシップである．報酬を約束することや，褒める，罰を与えるなどの社会的な交換によってフォロワーに影響を与えるようなリーダーシップ（＝処理型リーダーシップ，**表9.1**）と異なり，変革型リーダーシップは，フォロワーの成長を目標にモチベーションを鼓舞し，関係性を構築していくことに焦点を当てている[23, 28]．この変革型リーダーシップは，処理型リーダーシップの影響を超えて，効果を発揮すると考えられており[29]，前述の多角的リーダーシップモデルでも根底にあるべきリーダーシップとして提案されている[21]．

　変革型リーダーシップは主に4種類の行動で構成される（表9.1）．これらの変革型リーダーシップの行動は，チームやチームのメンバーに様々な良い影響を与えることが示されている．例えば，変革型リーダーシップ行動はメンバーの内発的動機づけ，スポーツの楽しさ，努力やパフォーマンスとポジティブな関係が見られていたり[29, 30, 31]，チームのコミュニケーション，チームの一体感を示す集団凝集性，チームの自信を表す集合的効力感などを促進する可能性も示唆されている[23, 31, 32]．

　ただし，処理型のリーダーシップが悪いリーダーシップと考えられているわけではない．特に随伴的報酬（表9.1 参照）は変革型リーダーシップとも関連し，必要なリーダーシップ行動として提案されている[28]．また，処理型リーダーシップは変革型リーダーシップと比べてメンバーやチームへの影響が小さいという報告もあるが[31]，処理型リーダーシップの行動はリーダーの効果を高める可能性も研究から示唆されている[29]．リーダーは処理型リーダーシップ行動を排除しようとする必要はないが，チームへの前向きな影響力を高めるために，変革型リーダーシップ行動を意識的に加えていくことが必要になるといえる．

表9.1　処理型と変革型リーダーシップの行動
（文献28より引用）

処理型リーダーシップ	随伴的報酬	努力に対して報酬を与え，より良いパフォーマンスに対して報酬を約束する
	例外による管理—能動的	ルールや基準からそれることを積極的に探して修正する
	例外による管理—受動的	ルールからそれる場合や，基準が満たされない場合に介入して修正する
変革型リーダーシップ	理想化された影響	メンバーが見習いたいと思う存在になる．カリスマ的なリーダーシップに関連する行動
	鼓舞する動機づけ	リーダーが示すビジョンや目標に対してメンバーが積極的に努力できるように促す
	知的刺激	メンバーの創造性や気づきを促し，新しい取り組みを奨励する
	個別配慮	メンバーの多様性をリーダーが認め，それに応じてメンバーの成長を促すようにサポートする

（3）役割機能に関する理論

　チームに存在する公式，そして非公式なリーダーは主に4つの役割を担うとされている[33]（**表9.2**）．様々な競技レベルのチームにおいて，これらのリーダーの役割を持つメンバーがチームに存在することが示されている[33]．

表9.2　リーダーの役割
（文献33より引用）

リーダーの役割	役割の内容
課題リーダー	フィールド／コート上を取り仕切るリーダーで，チームが目標に集中することを助け，戦術においての意思決定を促す．また，試合中にチームメイトに戦術的なアドバイスを提供し，必要に応じて戦術を調整する役割を担う．
社会的リーダー	フィールド／コート以外で主な役割を持つリーダー．チームメイトの良好な関係づくりを促し，チームの雰囲気の向上に貢献する．フィールド／コート外でのチームメイト間の対立の解決を促す．
動機づけリーダー	フィールド／コート上でチームメイトにモチベーションを与えるリーダー．全力を出せるようにチームメイトを励ます．また，チームメイトの落ち込んだ気持ちを立て直す．
外的リーダー	チームと外部の人々との関係を結ぶリーダー．クラブ運営におけるチームの代表で，メディアやスポンサーとコミュニケーションが必要な場合に，このリーダーが主導する．

　このような異なるリーダーとしての役割はチームの誰がどのように担い，役割を分担すべきであろうか．これまでの研究では，役割のすべてを1人のリー

ダーが担っていることはほとんどなく（i.e., 2％程度[33]），チームの機能向上のためにはリーダーの役割は分散させて共有すべき（共有リーダーシップ：shared leadership）であると示唆されている[33, 34, 35]．公式リーダーであるキャプテンなど，1人の選手がすべてのリーダーの役割を担うのではなく，チームでこれらの役割を分担し，様々な選手がリーダーとしての力を発揮できるようなチーム作りが求められる．

9.5 ≫≫ スポーツへの参加と離脱

　現代では，性別や年齢を問わずたくさんの人がスポーツに参加している．日本における，成人の週1回以上の運動・スポーツ実施率は56.4％，障害者では31.0％である[36]．また，4〜11歳では運動・スポーツを週3回以上実施しているのは79.8％，12〜21歳で週1回以上実施しているのは65.5％というデータもある[37]．

　このようにスポーツに参加する人は多い一方で，スポーツから離れる人もいる．小学校から中学校にかけて，運動をする子どもとしない子どもの二極化が起こるといわれている[38]．また前述の数字をみても，スポーツや運動にかける時間や実施率は子どもの頃から成人にかけて下がっていく傾向にあることが考えられる．ここでは，なぜ人はスポーツに参加し，そして離脱するのか，その理由をみていく．

A. スポーツに参加する理由

　スポーツに参加する理由は様々である．ただ，大事な理由として挙げられるのは「楽しむこと」や「成長すること」などの自分の内からくる内発的な理由である．スポーツに参加する動機づけには大きく分けて内発的動機づけと外発的動機づけがある[39, 40]（詳細は第6章参照）．スポーツに対して外発的な動機づけを持っていると，例えばメダルを獲ることや，人に認められることなど，自分以外のところがスポーツに参加する理由となる．一方で内発的動機づけには，新しいことを知ることやできるようになること，競争やスポーツから得られる刺激を楽しむことが含まれ，スポーツの参加や継続のためには好ましい動機づけであると考えられている[40]．

　実際に，これまで子どもたちがスポーツに参加する大きな理由としては「楽しむこと」が挙げられてきた[41, 42, 43]．大学生や成人においても楽しむことやチャレンジができることなどの内発的な理由がスポーツ参加への理由になることも報告されている[36, 44]．また，スポーツの「楽しさ」の要素として，良いチームであること，頑張ること，学ぶこと，ポジティブな指導やチームメイトとの友情などが挙げられている[42]．スポーツは，自身で選んだり，競争や挑戦をして新しいことができるようになったり，他者と関わりあったりなど，内発的な動機づけに関わる有能感，自律性，そして関係性への欲求（第6章参照）を満たす機会を提供できる活動である．活動にあたって，内発的な動機づけを向上させる機会を増やすことが，スポーツへの参加と継続に関わると考えられる．

B. スポーツから離脱する理由

　　スポーツに参加した人が，スポーツから離れていく理由としてはどんなものが挙げられるだろうか．スポーツから離脱するときも，内発的な理由が大きく影響すると考えられている．例えば，成長や怪我などの身体的な理由やスポーツ以外に大事なものができることなどの他にも，楽しめないこと，自信が持てないこと，社会的なプレッシャーを感じていることなどは，子どもがスポーツから離脱する理由として挙げられている [45, 46]．また個人の成長ではなく，チーム内の競争を重視したような指導者がつくるチーム環境は，内発的な動機づけを低下させてスポーツから離脱したいという意図を促進させることが報告されている [47]．さらに，保護者が練習や試合で口を出す，子どもが良いパフォーマンスをしたときに褒美を与える，スポーツを継続するようプレッシャーをかけることなど，子どもの内発的な動機づけを低下させてしまうようなこともスポーツからの離脱を促すと示唆した研究もある [48]．

　　前述したように，スポーツの参加とその継続には，楽しむことや自信を持てることなど，内発的な理由が重要である．このような内発的な理由を持つのが難しくなったときに，スポーツからの離脱のリスクは高まると考えられる．スポーツへの参加，継続を促し，スポーツからの離脱を防ぐためには，内発的動機づけを促進し，また内発的動機づけを阻害しない環境づくりが期待される．

練 習 問 題

1) チームスポーツにおいてメンバーの動機づけが減少する場面と増加する場面がある．それぞれ発生しやすい具体的な競技場面を例に挙げつつ，動機づけの減少と増加がなぜ生じるのか理由を説明しなさい．

2) リーダーとリーダーシップの違いを説明しなさい．

3) スポーツチームにおけるリーダーシップに関する理論を挙げ，それがどのようにスポーツの現場で応用できるか説明しなさい．

4) スポーツに参加する・離脱する理由にはどのようなものがあるか．それぞれの理由を比較しなさい．

【文献】
1) 亀田達也（1999）．中島義明・安藤清志・子安増生・坂野雄二・繁桝算男・立花政夫・箱田裕司（編）．心理学辞典（p. 185）．有斐閣．
2) Carron, A. V., Widmeyer, W. N., & Brawley, L. R.（1985）．International Journal of Sport Psychology, 7, 244-266.
3) 内田遼介・町田萌・土屋裕睦・釘原直樹（2014）．体育学研究，59，841-854.
4) 杉山卓也・中村武彦・西井良（2021）．体育学研究，66，327-342.
5) Carron, A. V., Colman, M. M., Wheeler, J., & Stevens, D.（2002）．Journal of Sport and Exercise Psychology, 24, 168-188.
6) Bandura, A.（1997）．Self-efficacy：The exercise of control. W. H. Freeman.
7) Feltz, D. L., & Lirgg, C. D.（1998）．Journal of Applied Psychology, 83, 557-564.

8) 山口裕幸（1999）．中島義明・安藤清志・子安増生・坂野雄二・繁桝算男・立花政夫・箱田裕司（編），心理学辞典（p. 387）．有斐閣.

9) 小関八重子（1999）．中島義明・安藤清志・子安増生・坂野雄二・繁桝算男・立花政夫・箱田裕司（編），心理学辞典（pp. 630-631）．有斐閣.

10) Deutsch, M., & Gerard, H. B.（1955）. The Journal of Abnormal and Social Psychology, 51, 629-636.

11) Steiner, I. D.（1972）. Group process and productivity. Academic Press.

12) Latane, B., Williams, K., & Harkins, S.（1979）. Journal of Personality and Social Psychology, 37, 822-832.

13) Weber, B., & Hertel, G.（2007）. Journal of Personality and Social Psychology, 93, 973-993.

14) Hüffmeier, J., Krumm, S., Kanthak, J., & Hertel, G.（2012）. European Journal of Social Psychology, 42, 533-538.

15) 日本行動分析学会（2014）．「体罰」に反対する声明. http://www.j-aba.jp/data/seimei2014.pdf

16) Festinger, L.（1957）. A theory of cognitive dissonance. Row, Peterson.（末永俊郎（監訳）（1965）．認知的不協和の理論：社会心理学序説．誠信書房.）

17) 内田遼介（2020）．荒井弘和（編），アスリートのメンタルは強いのか？：スポーツ心理学の最先端から考える（pp. 149-170）．晶文社.

18) Northouse, P. G.（2010）. Leadership: Theory and practice（5th ed.）. Sage.

19) Eys, M. A., Loughead, T. M., & Hardy, J.（2007）. Psychology of Sport and Exercise, 8, 281-296.

20) Fransen, K., Van Puyenbroeck, S., Loughead, T. M., Vanbeselaere, N., De Cuyper, B., Vande Broeck, G., & Boen, F.（2015）. Social Networks, 43, 28-38.

21) Chelladurai, P.（2007）. In G. Tenenbaum, & R. C. Eklund（Eds.）, Handbook of sport psychology（pp. 113–135）. John Wiley & Sons.

22) Chelladurai, P. & Saleh, S. D.（1980）. Journal of Sport Psychology, 2, 34-45.

23) Callow, N., Smith, M. J., Hardy, L., Arthur, C. A., & Hardt, J.（2009）. Journal of Applied Sport Psychology, 21, 395-412.

24) Martin, S. B., Jackson, A. W., Richardson, P. A., & Weiller, K. H.（1999）. Journal of Applied Sport Psychology, 11, 247-262.

25) Sherman, C. A., Fuller, R., & Speed, H.（2000）. Journal of Sport Behavior, 23, 389-406.

26) Terry, P.C., & Howe, B. L.（1984）. Canadian Journal of Applied Sport Sciences, 9, 188-193.

27) Chelladurai, P., Imamura, H., Yamaguchi, Y., Oinuma, Y., & Miyauchi, T.（1988）. Journal of Sport and Exercise Psychology, 10, 374-389.

28) Bass, B. M., & Riggio, R. E.（2006）. Transformational leadership（2nd ed.）. Psychology Press.

29) Rowold, J.（2006）. Journal of Applied Sport Psychology, 18, 312-325.

30) Charbonneau, D., Barling, J., & Kelloway, K. E.（2001）. Journal of Applied Social Psychology, 31, 1521-1534.

31) Price, M. S., & Weiss, M. R.（2013）. Journal of Applied Sport Psychology, 25, 265-279.

32) Smith, M. J., Arthur, C. A., Hardy, J., Callow, N., & Williams, D.（2013）. Psychology of Sport and Exercise, 14, 249-257.

33) Fransen, K., Vanbeselaere, N., De Cuyper, B., Vande Broek, G., & Boen, F.（2014）. Journal of Sports Science, 32, 1389-1397.

34) Fransen, K., Van Puyenbroeck, S., Loughead, T. M., Vanbeselaere, N., De Cuyper, B., Vande Broeck, G., & Boen, F.（2015）. Journal of Sport and Exercise Psychology, 37, 274-290.

35) Loughead, T. M., Fransen, K. Van Puyenbroeck, S., Hoffmann, M. D., De Cuyper, B., Vanbeselaere, N., & Boen, F.（2016）. Journal of Sport Sciences, 34, 2063-2073.

36) スポーツ庁（2022）．令和3年度「スポーツ実施状況等に関する世論調査」の概要. https://www.mext.go.jp/sports/content/20220222-spt_kensport01-000020451_1.pdf

37) 笹川スポーツ財団（2022）．子ども・青少年のスポーツライフ・データ2021：コロナ渦での、幼児・小学生の運動・スポーツ、運動部活動、心の健康への影響. https://www.ssf.or.jp/thinktank/sports_life/datalist/2021/index.html

38) 文部科学省（2021）．スポーツ関係データ集. https://www.mext.go.jp/sports/content/20210329-spt_sseisaku01-000013723_10.pdf

39) Pelletier, L. G., Fortier, M. S., Vallerand, R. J., Tuson, K. M., Briere, N. M., & Blais, M. R.（1995）. Journal of Sport and Exercise Psychology, 17（1）, 35-53.

40）Ryan, R. M., & Deci, E. L.（2000）. American Psychologist, 55, 68-78.

41）Sirard, J. R., Pfeiffer, K. A., & Pate, R. R.（2006）. Journal of Adolescent Health, 38, 696-703.

42）Visek, A. J., Achrati, S. M., Mannix, H. M., McDonnell, K., Harris, B. S., & DiPietro, L.（2015）. Journal of Physical Activity and Health, 12, 424-433.

43）Biddle, S. J. H., Whitehead, S. H., O'Donovan, T. M., & Nevill, M. E.（2005）. Journal of Physical Activity and Health, 2, 423-434.

44）Kilpatrick, M., Hebert E., & Barholomew, J.（2005）. Journal of American College Health, 54, 87-94.

45）Balish, S. M., McLaren, C., Rainham, D., & Blanchard, C.（2014）. Psychology of Sport and Exercise, 15, 429-439.

46）Crane, J., & Temple, V.（2015）. European Physical Education Review, 21, 114-131.

47）Sarrazin, P., Vallerand, R., Guillet, E., Pelletier, L., & Cury, F.（2002）. European Journal of Social Psychology, 32, 395-418.

48）Fraser-Thomas, J., Côté, J., & Deakin, J.（2008）. Psychology of Sport and Exercise, 9(5), 645-662.

第10章　スポーツチームへのコーチング

島本好平（第1～3節）／萩原悟一（第4,5節）

キーワード	目標設定スキル，コーチング，コミュニケーションスキル，競技者アイデンティティ，スポーツコミットメント，アスリートの自己概念・自己形成

到達目標	●チーム目標の達成に向けて，スポーツ指導の場で実際に行われているコーチングの様子を理解する． ●アスリートたちを目標達成へと確実に導いていくために使われるスキル（コーチングスキル）の本質は，コミュニケーションスキルであることを理解する． ●アスリートとしての自己とは何か，理解する． ●スポーツへ打ち込んでいる心理状態はいかにして形成されるのか，理解する．

10.1 ≫≫ チーム全体に向けたコーチング

　ここでは話を簡単にするために，「全国大会出場」や「大会ベスト8進出」等の明確なチーム目標がすでに設定されているチームを対象とし，そのチーム目標が確実に達成されるよう，指導者としていかに機能していくかという点について述べる．社会的に指導者の資質・能力の向上が求められている状況のもと[1]，そのような立場を目指す読者はぜひ参考にしていただきたい．

A. 目標達成に向けた計画づくり

　目標を確実に達成するために必要なものはメンバーの行動であり，どのような行動を日々の練習の中でどのように取っていくかが重要である．また，その日その日の練習の中で必要な行動を検討していては効率が悪くなってしまうため，目標達成に向けたロードマップのようなものが事前に用意されているのが理想的である．つまり，初期段階のコーチングに求められるのは，目標達成に向けた計画づくりということになる．そのような作業を円滑に進めていくためには，目標の達成までにどのような課題をクリアしていく必要があるのかという情報であり，そこで力を発揮するのがマンダラチャートと呼ばれる目標達成シートである．

B. 大谷翔平選手も実践したマンダラチャート

　マンダラチャートの説明としてよく引用されるのが，**図10.1**[2]に示す，大谷翔平選手が高校1年時に作成した目標達成シートである．マンダラチャートは，3マス×3マスの9マスを1ブロックとして，3ブロック×3ブロックの9ブロック（81マス）からなる．まず，中央ブロックの中央マス（図10.1

115

青色マス）に，メインの目標を記入する．大谷選手の場合は「プロ野球 8 球団からドラフト 1 位の指名を受ける」であった．次に，中央ブロックの残りの 8 マス（図 10.1 水色マス）に，そのメインの目標を達成するために必要と思われる課題を，自分の考えにもとづき埋めていく．さらに，その 8 つの課題を，残りの 8 ブロックの中央マスにそれぞれ位置づけ，その達成に必要と思われる課題を 8 つ埋めていく，という流れである．このようなマンダラチャートを用いることで，中央部分の目標達成に向けてクリアすべき多数の課題を効率良く導き出していくことができる．

　図 10.1 は大谷選手個人の事例であるが，もちろんチームとしての目標を位置づけ，達成に必要な課題を検討していくことも可能である．マンダラチャート作成後は，チームにとって優先順位が高い課題を明確にし，その一つひとつに大会の期日までにどのように取り組んでいくかを検討する流れとなる．加えて，メンバー個々人もチーム目標の達成につながる自らの目標を明確にし，マンダラチャートを用いて目標達成に必要な種々の課題を導き出していけば，チーム目標が達成される確率はさらに高まるだろう．

図 10.1　大谷翔平選手が高校 1 年時に作成したマンダラチャート
（スポニチ（2013）．大谷 花巻東流 "夢実現シート" 高 1 冬は「ドラ 1　8 球団」．https://www.sponichi.co.jp/baseball/news/2013/02/02/gazo/G20130202005109500.html より引用）

体のケア	サプリメントをのむ	FSQ 90 kg	インステップ改善	体幹強化	軸をぶらさない	角度をつける	上からボールをたたく	リストの強化
柔軟性	体づくり	RSQ 130 kg	リリースポイントの安定	コントロール	不安をなくす	力まない	キレ	下半身主導
スタミナ	可動域	食事 夜 7 杯 朝 3 杯	下肢の強化	体を開かない	メンタルコントロールをする	ボールを前でリリース	回転数アップ	可動域
はっきりとした目標,目的をもつ	一喜一憂しない	頭は冷静に心は熱く	体づくり	コントロール	キレ	軸でまわる	下肢の強化	体重増加
ピンチに強い	メンタル	雰囲気に流されない	メンタル	ドラ1 8球団	スピード160 km/h	体幹強化	スピード160 km/h	肩周りの強化
波をつくらない	勝利への執念	仲間を思いやる心	人間性	運	変化球	可動域	ライナーキャッチボール	ピッチングを増やす
感性	愛される人間	計画性	あいさつ	ゴミ拾い	部屋そうじ	カウントボールを増やす	フォーク完成	スライダーのキレ
思いやり	人間性	感謝	道具を大切に使う	運	審判さんへの態度	遅く落差のあるカーブ	変化球	左打者への決め球
礼儀	信頼される人間	継続力	プラス思考	応援される人間になる	本を読む	ストレートと同じフォームで投げる	ストライクからボールに投げるコントロール	奥行きをイメージ

C. マンダラチャートにおける注意点

　大谷翔平選手の活躍によって注目を集めているマンダラチャートであるが，

以下に述べる実施上の注意点が3つある.

（1）一度にすべてのマス目を埋めようとはしない

　マンダラチャートの手引書[3] には，一度にすべてのマス目を埋める必要はないと記されている．これは言い換えれば，納得する形ですべてのマス目を埋めるためには多くの時間と労力が必要であることを意味する．マス目を埋めることのみを目的としては，目標の達成とは関連性の低い課題を記入してしまうことにもなり，貴重な時間と労力を非効率的な作業に当ててしまうことになる．目標達成に必要な課題が自分の中で事前に整理されていれば話は別であるが，そうでない場合はマンダラチャートに繰り返し取り組みながら内容を洗練させ，自分にとっての完成形に徐々に近づけていく必要がある．

（2）マス目の内容は目標ではなく課題にとどまっている

　マンダラチャート自体は，目標達成に向けてクリアすべき多数の課題をスムーズに導き出すうえで非常に有効である．一方で，そこで浮かび上がってくる内容はあくまでも課題であり，中央部分の目標達成につながる下位の目標とは質的に異なっている．動機づけを高め，必要な行動を取っていくためには課題では不十分であり，その内容を目標へとブラッシュアップさせていく必要がある．

　例えば，図10.1の中央下部の「運」を高めるために必要な課題として，以下の内容が挙げられている.

- あいさつ
- ゴミ拾い
- 本を読む
- 部屋そうじ　など

　これらは「運」を高めるために必要な取り組むべき内容であり，厳密には目標ではない．その課題に対して，具体的にどのように取り組んでいくかまで検討されて初めて目標となる．その点を明確に認識しておかないと，マンダラチャートを作成したという達成感だけが得られ，目標を達成できる可能性は低くなってしまう．マンダラチャートから導き出された個々の課題を目標へとブラッシュアップさせていくためには，「詳しくて具体的な目標を設定する」「短期目標を重視する」などの目標設定の原理・原則[4] をそこに反映させていく必要がある．その原理・原則の全体像を知るうえで日本人が理解しやすいものとして挙げられるのは，マンダラチャートの開発者・松村寧雄氏も言及している，下記のグ・タ・イ・テ・キ・ニという考え方である[3]．すべての要素を個々の課題に反映できるわけではないが，1つの課題に対して2〜3個の要素が反映できれば十分であろう．

- グ…具体的に書く
- タ…達成可能なことを書く
- イ…意欲が持てることを書く
- テ…定量化する
- キ…期日を決める
- ニ…日課にする

　先に示した「運」を高めるために必要な課題を目標へと書き換えてみると，例えば以下のような形になる．これらの目標はこれで固定というわけではなく，繰り返し取り組む中で無理なく継続できる・日課にできる水準へと洗練し続けることが望まれる．

- ・あいさつ→人への挨拶は相手の目を見て自分から率先して行う
- ・ゴミ拾い→ 1 日に最低 5 個はゴミを拾う
- ・本を読む→平日は 30 分間，休日は 1 時間本を読む
- ・部屋そうじ→平日は毎朝出かける前に部屋の掃除を行う

（3）マス目の内容が正解であるという確証はない

　個々のマス目への記入内容が正解であるという客観的指標は存在しない．あるのは作成者側の納得感のみである．言い換えれば，激しく同意できる内容になるまで繰り返しマンダラチャートに取り組み，その内容を洗練させていくことが肝要である．指導する側はそのことを理解し，チーム全体または個人にそのことを伝えていく必要があるだろう．

10.2 ≫≫ 個々のメンバーに対するコーチング

　次に，チームにおけるメンバー個々人へのコーチングについて述べる．ここでは，島本ほか [5] が一流のスポーツ指導者たちの実践経験をもとに導き出した，アスリート自身の成長を促す種目横断的なコーチングをもとに話を進める．

A. 可視化を促すコーチング

　可視化とは，自らのコンディションや目標の内容，その達成に向けてやるべきこと，達成に向けた進捗状況等について目に見える形にするよう促していくコーチングであり，以下の 4 つの内容から構成される [5]．

- ・自主練習の内容は日々のノートに記録させている
- ・選手の考えや思いを練習ノートの中で確認するようにしている
- ・自分のやるべきことを紙に書くよう指導している
- ・その日の体重や睡眠時間，体調などを毎日記録するよう指導している

　本コーチングの効果としては，可視化することで目標達成に向けた一連の活動を明確に認識でき，目標達成への意識が高まるとともに必要な行動につながるようになる [6]．先に紹介したマンダラチャートも，目標達成に必要な種々の課題とそれらの関連性を可視化していることになるため，マンダラチャートへの取り組みはこのコーチングの一環として位置づけられる．また，可視化の際は実際に手を使って文字化・言語化することが推奨される．文字を書く間に自らの言葉に感情移入することができるからである [7]．自らの目標に感情移入し，その達成に向けて情熱を高めていくことは，スポーツへの動機づけを高め，それを維持していくうえで一定の貢献をするはずである．なお，島本ほか [8] は「この可視化の作業自体は目標設定の技能の一部であること」「実際に可視化を行っているアスリートは少数派であること」をそれぞれ報告している．

B. 目標達成を促すコーチング

　チーム目標が確実に達成されるためには，メンバー個々人がチームでの役割を果たしつつ，自らの目標達成に向けて行動していくことが求められる．それを促していくのがこの**目標達成を促すコーチング**であり，以下の4つの内容から構成される[5]．以下，「チームの目標を日ごろから指導者が口にしている」を除く3つについて解説する．

・チームの目標を日ごろから指導者が口にしている
・目標は具体的に数値化するよう指導している
・選手が目標を決めた後に達成までのシナリオを聴くようにしている
・1日1日の練習に各自が明確な目標を設定するよう指導している

(1) 目標は具体的に数値化するよう指導している

　数値化されるのは目標の難易度や実践を行う頻度，目標の達成を目指す期日といったところになる．また，数値化されることで，「具体的な目標を設定する」という目標設定の原理・原則[4]を押さえていくことができる．ただ，難易度や頻度の水準がアスリート個人の現在の能力レベルから乖離しすぎていると，最終的に目標達成が困難となってしまう．そのため，指導する側はアスリートから提示された数値目標に対して，客観的評価というフィードバックを適宜与えていく必要があるだろう．

(2) 選手が目標を決めた後に達成までのシナリオを聴くようにしている

　このコーチングでは，目標達成に向けた計画の有無，またその詳細について確認することになる．計画そのものは，先述したマンダラチャートへの取り組み等により種々の課題を導き出し，優先順位や自分にとっての重要度を判断し作成していくことになる．また，そのためには競技者としての現在地を正確に把握できている必要もあるだろう．つまり，目標設定は自己理解を深める作業でもあるという見方が可能である．そのようなアスリートたちの自己分析の営みに対して，指導者はその理解をさらに促す助言・アドバイスを行っていくことが求められる．

(3) 1日1日の練習に各自が明確な目標を設定するよう指導している

　日々の練習そのものは，目標の達成に向けた実質的な取り組みとなっていくものである．その限られた時間をより生産的なものにしていくためには，1日1日の練習の中に明確な目標を設定することが重要である．また，このような短いスパンでの目標は短期目標と呼べるもので，長期目標と併用することでより高いパフォーマンスをもたらすといわれる[9]．

C. 自発的な行動を促すコーチング

　コーチングスキルの本質とは何かを一言でいえば，円滑な人間関係を形成・維持するために必要なコミュニケーションスキルということができる．このスキルはアスリートとの間に信頼関係を築くうえで極めて重要なスキルであり，そのような関係性が十分に構築されていない場合，指導者が有する力をいかんなく発揮することは極めて困難になろう．それを支持するように，当該スキル

はグッドコーチに求められる資質・能力の中でも，中核的な能力要素の 1 つとして明確に位置づけられている [1].

　では，指導者はコーチングのどのような場面で，どのような点に留意しながら自身のコミュニケーションスキルを磨いていくことができるのだろうか．再び島本ほか [5] により示されたコーチングのうち，以下の 4 つから構成される自発的な行動を促すコーチングをもとに解説していく．

・指導者が意見を言う前に選手の意見を聴くようにしている
・選手が考えてきた意見は尊重している
・失敗してもポジティブな言葉かけをするようにしている
・メンバー全員の前で特定の選手を叱責することは控えている

（1）指導者が意見を言う前に選手の意見を聴くようにしている

　スポーツチームにおいて最も影響力があるのは指導者である．そのような人物に対し自らの意見を述べることは，アスリートにとっては相当なプレッシャーを感じる瞬間であろう．かけがえのないアスリート個々人の意見をスムーズに引き出していくためには，指導者から意見を述べることは控える必要がある．知らず知らずのうちに，アスリートが意見を言いづらい環境を作ってしまわないようにしなければならない．

（2）選手が考えてきた意見は尊重している

　指導者からすると，アスリートが出してきた意見や考えには詰めの甘さを感じることが多々あるかもしれない．だが，それを全面的に否定してしまっては，せっかくの主体性の芽を摘んでしまうことになってしまう．まずはアスリートの意見を尊重しつつ，それがさらに良くなるポイントとして指導者は慎重に助言・アドバイスをしたいところである．

（3）失敗してもポジティブな言葉かけをするようにしている

　誰もが経験する失敗をさらなる成長や学習の機会としていくためには，失敗時における指導者のポジティブな言葉かけが欠かせない．「失敗は困難なことにチャレンジした証」などといった，前向きな言葉かけをスムーズに行えるようにしておくためには，ネガティブな事象をポジティブに捉える心理技能であるリフレーミング（枠組みの再構築化）[10] を，指導する側は普段から実践しておく必要があるだろう．

（4）メンバー全員の前で特定の選手を叱責することは控えている

　要は叱責等のネガティブな指摘事項は個別に伝えるということである．そのような配慮を示すことで，アスリートのあなたへの信頼度は高まることが期待される．加えて，特定のアスリートへの称賛は全員の前で積極的に行うべきといえる．このような称賛と叱責の伝え方次第で，アスリート一人ひとりの自信はいかようにも変化してくる．まさに，指導者のコミュニケーションスキルがコーチングスキルとして力を発揮する瞬間である．

10.3 ⋙ 10.1 節と 10.2 節のまとめ

　ここまでチーム全体，ならびにメンバー個々人へのコーチングのあり方につ

いて述べてきたが，これらコーチングの質がチームの目標達成を左右すると
いっても過言ではない．つまり，指導者のコーチングスキルの向上がチームの
目標達成において極めて肝要ということである．マンダラチャートへの取り組
み，およびアスリート自身の成長を促す各コーチングは，繰り返しになるが，
実際のスポーツ指導場面において展開されているものとなっている．指導者・
コーチとしての立場を目指す読者は，これら先輩方の姿を自らの血肉とし，さ
らには次世代へとつなげていってほしいと思う．

10.4 〉〉〉 競技者アイデンティティ

A. 競技者アイデンティティの定義

アイデンティティは，個人のより広い自己概念の一側面として捉えられてお
り，自分が何者であるか，他者との関係において社会的にどのように適合する
かという個人の主観的な評価を含む自己の捉え方である[11]．

スポーツ心理学においては，アスリートの自己形成について検討が実施され
る場合，10代から20代にかけての青年期のアイデンティティ形成プロセスに
着目して研究が実施されている[12]．その中でも，アスリートとしての自己の
捉え方である競技者アイデンティティに関する研究が多く実施されている[13]．
競技者アイデンティティは「競技者の役割として認知している自己」[14]として
定義されており，競技スポーツという特異な経験から形成されるアスリート特
有の自己として捉えられている．

B. 競技者アイデンティティの測定と関連する研究事例

競技者アイデンティティについては，面接法やインタビューなどの臨床的立
場，および尺度法等を用いる特性論的立場の両面から研究が実施されているが，
多くの競技者アイデンティティの研究で広く活用されているのが，ブリュー
ワー（Brewer, B. W.）ら[14]が開発した競技者アイデンティティ尺度（Athletic
Identity Measurement Scale：AIMS）であろう．この尺度を援用し，競技者
アイデンティティの程度とスポーツパフォーマンス，スポーツ継続意図，メン
タルヘルスとの関連などが検討されている[13]．わが国では日本語版AIMS[15]
も開発されており，スポーツ継続意図やパフォーマンスとの関連が検討されて
いる（表10.1）．

一方，競技者アイデンティティを強く形成しているアスリートは，競技を引
退する際に燃え尽き症候群や心理的苦痛を経験するリスクが高くなることも示
されている．また，怪我などの不測の事態による予期せぬスポーツのキャリア
終焉がアスリートのアイデンティティを危機に陥らせ，メンタルヘルスに支障
をきたすようになることも示されている[13]．

スポーツのような高度に専門化された特定の領域に過剰に打ち込み，他の役
割のアイデンティティを探求する行動を回避した早期完了型アイデンティティ
（identity foreclosure）*1を形成してしまうことで，スポーツ以外の領域を追求

＊1 早期完了型アイデン
ティティ：「代替案を検討せ
ずに慣れ親しんだ，あるいは
他者から期待されるキャリア
分野にコミットする個人のプ
ロセス」[16]と定義されている．

するためのより一般化されたスキルを持たないままになってしまう可能性があることが指摘されている[17]．つまり，競技者アイデンティティのみに偏った自己形成がなされると，スポーツ以外の活動に対するモチベーションや行動が制限され，「自己－スポーツ＝無」というような状態になってしまう可能性もある．

　以上のように，競技者アイデンティティはスポーツ継続意図や競技パフォーマンスにポジティブな影響をもたらす心理的要因である一方，競技者アイデンティティのみが強く形成されてしまうと，スポーツ以外の場面での自己のあり方を考える機会を失ってしまうというネガティブな側面もある．チームマネジメントの視点に立てば，チームの指導者やコーチがアスリートの自己のあり方について考えさせる機会を設けることも必要であるといえる．

表 10.1　日本語版 AIMS
（文献 15 より引用）

No.	質問項目	全く違う						全くその通り
1	私は，自分のことを競技者だと思う	1	2	3	4	5	6	7
2	私には，スポーツに関する目標がいくつもある	1	2	3	4	5	6	7
3	友人にはスポーツ競技者が多い	1	2	3	4	5	6	7
4	スポーツは，私の生活のなかで最も大事なものである	1	2	3	4	5	6	7
5	ほかの何よりも，スポーツについて考える時間が長い	1	2	3	4	5	6	7
6	スポーツでうまくいかない時は，自分のことがいやになる	1	2	3	4	5	6	7
7	もし怪我をしてスポーツができなければ，とても落ち込むだろう	1	2	3	4	5	6	7

教示文：「次の各項目について，あなたのお考えについて（1）全く違うから（7）全くその通りまで，それぞれお答えください」
※合計得点が高いほどアイデンティティの程度も高い．

10.5 ≫≫ スポーツコミットメント

A. スポーツコミットメントの定義

　コミットメントとは「人間が他の行動を犠牲にし，主体的にある行動に対して首尾一貫して傾倒すること」[18]と説明されている心理概念である．この概念

に準拠して，個人のスポーツ行動の実施や継続化を説明するのに有効なものとして，スポーツコミットメント理論が存在する．スポーツコミットメントは，「特定のスポーツプログラムへの参加，または継続に対する願望や決意を表している心理的な状態」[19]と定義されており，競技スポーツへのコミットメントが強く形成されているアスリートほど，トレーニング頻度・強度が高く，トレーニングに費やす時間が長いことが明らかにされている[20]．このように，スポーツコミットメントは競技スポーツへの参加や継続性を決定する重要な要因である．

B. スポーツコミットメントの測定と関連する研究事例

アスリートのスポーツコミットメントの程度を測定するための指標として，スポーツコミットメント尺度（SCS）[19]が開発されている．SCS はプロスポーツアスリートから学生アスリート，さらにマスターズアスリートまで様々なアスリートのコミットメントを測定する尺度として世界で広く用いられており，日本語版 SCS も開発されている[20]．

ところで，社会心理学分野において個人のコミットメントは，内発的な要素と外発的な要素が含まれる可能性があることが示唆されている[21]．つまり，個人は「～したい」という内発的なものから「～しなければならない」という外発的なコミットメントまでが存在するという考え方である．もし，個人がある活動に対して，内発的なコミットメントと外発的なコミットメントのどちらか，あるいは両方を持ちあわせているのであれば，個人の行動や考え方は，これらのコミットメントのタイプによって異なることが予想される．そこで，スポーツコミットメントにも 2 つのタイプがあり，競技スポーツ場面における「したい」と「しなければならない」の両方の次元を網羅するスポーツコミットメント尺度 2（SCS-2）が開発されている[22]．SCS-2 では，2 つのコミットメントをそれぞれ，熱狂的コミットメント（内発的）と強制的コミットメント（外発的）と定義しており，日本語版 SCS-2[23]も開発されている（**表 10.2**）．

近年の SCS-2 を使用した研究では，チームの指導者・コーチがアスリートのトレーニングや生活を徹底管理するようなコーチングスタイルであると，アスリート自身が競技に対するモチベーションを義務的に捉え，「競技を続けなければならない」という強制的コミットメントを形成するようになり，スポーツ継続意図を示さないことが明らかにされている[24]．一方，指導者やコーチがアスリートの自主性を尊重し，支援的なコーチングを行っていると，アスリート自身が競技に対して自主的に取り組みたいというモチベーションを持ち，「自らが進んで競技をしたい」という熱狂的コミットメントを形成するようになり，そして，スポーツへの継続意図を示していることが明らかにされている[24]．このように，指導者やコーチのコーチングスタイルにより，アスリートのコミットメント形成のタイプに差異が現れることが示されている．

わが国ではよくある事例として，高校や大学で競技を引退すると同時にスポーツを辞めてしまうアスリートも少なくないが，このようなアスリートは競技活動期間中に何らかの理由により強制的コミットメントが強く形成している

可能性も推察できる．チームスポーツのマネジメントという観点からすれば，アスリートの強制的コミットメントを醸成するよりも熱狂的コミットメントの形成を促すようなコーチング・指導スタイルを指導者・コーチに理解してもらうことが，アスリートのスポーツ参加・継続行動にポジティブな影響をもたらすかもしれない．

表 10.2　日本語版 SCS-2
（文献 23 より引用）

No.	質問項目	全くそう思わない				強くそう思う
1	私はこのスポーツを続けていくつもりである	1	2	3	4	5
2	私はこのスポーツを続けるためにどんなことでも乗り越えるつもりだ	1	2	3	4	5
3	私がこのスポーツを続けているのは自らが望んでというよりはむしろやむを得ずという感じである	1	2	3	4	5
4	私はこのスポーツをやらざるを得ない感じである	1	2	3	4	5
5	私はこのスポーツを続けていくと決心している	1	2	3	4	5
6	私はこのスポーツを辞めることを考えているにもかかわらず，続けていかなければならない	1	2	3	4	5
7	私はこのスポーツを出来る限り長く続けたい	1	2	3	4	5
8	私はこのスポーツを強制的に続けなければならない	1	2	3	4	5
9	私はこのスポーツを続けるためにどんなこともするつもりだ	1	2	3	4	5
10	私はこのスポーツにとても愛着がある	1	2	3	4	5
11	私はこのスポーツをやりたくないが，続けていかなければならない	1	2	3	4	5

教示文：「次の各項目について，あなたのお考えについて（1）全くそう思わないから（5）強くそう思うまで，それぞれお答えください．現在，実施しているスポーツについて…」に続き，それぞれの質問項目に回答する．
※各因子合計得点÷項目数をすることで，平均得点が算出されコミットメントの程度を比較できる．熱狂的コミットメント：1, 2, 5, 7, 9, 10，強制的コミットメント：3, 4, 6, 8, 11

練 習 問 題

1) 「コーチングスキル＝コミュニケーションスキル」として捉えると，コミュニケーションスキルにどのような特徴が見られるとき，アスリートへの体罰や暴力は発生してしまうと考えられるか．説明しなさい．

2) あなたにとって競技者アイデンティティは自身の中でどのくらい大きな割合を占めているか？　周りの人と話してみなさい．

3) あなたは実施しているスポーツにどのような形でコミットしているか？　表10.2を参考に自己評価しなさい．

【文献】

1) 日本体育協会(2016)．平成27年度コーチ育成のための「モデル・コア・カリキュラム」作成事業報告書．https://www.japan-sports.or.jp/Portals/0/data/ikusei/doc/curriculum/modelcore.pdf

2) 中島大輔(2015)．花巻東リポート第2回 大谷を怪物にした花巻東高校の「目標達成用紙」．https://newspicks.com/news/893396/body/

3) 松村寧雄(2007)．9マス発想であらゆる問題を解決する！　図解 マンダラチャート．青春出版社．

4) 石井源信(1997)．日本体育協会(監)，猪俣公宏(編)，選手とコーチのためのメンタルマネジメント・マニュアル(pp. 95-111)．大修館書店．

5) 島本好平・壺阪圭祐・木内敦詞・石井源信(2015)．2015年度笹川スポーツ研究成果報告書，20-30．

6) 原晋(2015)．フツーの会社員だった僕が，青山学院大学を箱根駅伝優勝に導いた47の言葉(pp. 112-116)．アスコム．

7) 熊谷正寿(2004)．一冊の手帳で夢は必ずかなう(pp. 18-19)．かんき出版．

8) 島本好平・東海林祐子・村上貴聡・石井源信(2013)．スポーツ心理学研究，40(1)，13-30．

9) Locke, E. A., & Latham, G. P.(1985). Journal of Sport and Exercise Psychology, 7, 205-222.

10) 遠藤俊郎(2016)．日本スポーツ心理学会(編)，スポーツメンタルトレーニング教本 三訂版(pp. 109-113)．大修館書店．

11) Brewer, M. B., & Gardner, W.(1996). Journal of Personality and Social Psychology, 71(1), 83-93.

12) Miller, P. S., & Kerr, G. A.(2003). Sport Psychologist, 17, 196-220.

13) Steele, A., van Rens, F. E. C. A., & Ashley, R.(2020). Journal of Intercollegiate Sport, 13(1), 69-92.

14) Brewer, B. W., Van Raalee, J. L., & Linder, D. E.(1993). International Journal of Sport Psychology, 24, 237-254.

15) Hagiwara, G.(2020). Journal of Human Sport and Exercise, 15, 380-386.

16) Marcia, J. E.(1993). In J. E. Marcia, A. S. Waterman, D. R. Matteson, S. L. Archer & J. L. Orlofsky, Ego identity: A handbook for psychosocial research(pp. 3-21). Springer.

17) Brewer, B W., & Petitpas, A. J.(2017). Current Opinion in Psychology, 16, 118-122.

18) Becker, H. S.(1960). American Sociological Review, 66, 32-40.

19) Scanlan, T. K., Carpenter, P. J., Schmidt, G. W., Simons, J. P., & Keeler, B.(1993). Journal of Sport and Exercise Psychology, 15(1), 1-15.

20) 萩原悟一・磯貝浩久(2014)．スポーツ心理学研究，41(2)，131-142．

21) Brickman, P.(1987). Commitment, conflict, and caring. Prentice Hall.

22) Scanlan, T. K., Chow, G. M., Sousa, C., Scanlan, L. A., & Knifsend, C. A.(2016). Psychology of Sport & Exercise, 22, 233-246.

23) Hagiwara, G.(2017). Journal of Physical Education and Sport, 17(4), 2412-2416.

24) O'Neil, L., & Hodge, K.(2020). Journal of Applied Sport Psychology, 32(6), 607-617.

第⑪章　**スポーツ・運動とメンタルヘルス**

煙山千尋

キーワード	ストレッサー，コーピング（対処），ストレス反応，快適自己ペース，ストレスマネジメント，ストレス関連成長

到達目標	●ストレスの仕組みを理解する．
	●運動の実践とメンタルヘルスの向上との関連について理解する．

11.1 ≫≫ ストレス

A. ストレスとは

　ストレスという言葉は，一般的に知られ，日常生活の中で使用されることが多い．例えば，「ストレスがたまる」「ストレスを感じる」「ストレスを発散する」などと表現することがしばしばある．また，SNS をはじめとした情報化や感染症の蔓延による日常生活の変化などが目まぐるしい現代は，「ストレス社会」ともいわれている．職場では「ストレスチェック」が実施され，メンタルヘルスの不調を未然に防止するための対策が取られている．このように，ストレスという言葉の使用において，不調の原因を指すこともあれば，反応として現れた不調を指すこともあり，それらを包括して用いることもある．つまり，ストレスという言葉は身近で一般的である一方で，使用する状況や研究分野によって定義が必ずしも一致するとは限らない．

　もともと，ストレスという用語は，物理学や機械工学の分野において外的圧力によって歪んだ状態を指すものであったが，キャノン（Cannon, W.）[1] とセリエ（Selye, H.）[2] によって医学や生理学の分野に取り入れられた．キャノン[1] は，寒冷，運動，出血，低酸素，低血糖のようなストレスが，生体に歪みを生じさせることを指摘した．また，セリエ[2] は，ストレスを「外界からの刺激に対する生体に生じる生物学的変化（歪み）」と捉え，ストレスの原因となるものをストレッサー（stressor）とした．

　さらに，セリエ[3] は，生体が外傷，中毒，寒冷のような非特異的なストレス刺激を持続的に与えられると，そのストレス刺激の種類にかかわらず典型的な反応が現れることを示した．この反応を「全身適応症候群（general adaptation syndrome：GAS）」といい，生体がストレッサーを受けたときの反応として，時間経過とともに 3 つの段階を経て進行する（**図 11.1**）．第一の段階は，「警告反応期（alarm reaction）」であり，ストレッサーに曝されて一時的に抵抗力が低下する「ショック相（stage of shock）」を経て，ショックから立ち直り生体を防衛するために抵抗力が増す「反ショック相（stage of counter shock）」が見られる．生体にとって好ましくないストレッサーに曝さ

れ続けると，第二段階の「抵抗期（stage of resistance）」に移行する．この段階は，生体が持続するストレッサーに対して抵抗して適応している状態である．そして，さらにストレス状態が続くと，第三の段階である「疲憊期（stage of exhaustion）」へと移行する．この段階は，適応状態を維持することができず抵抗力が減退し，破綻し，最後には死亡してしまう[3]．

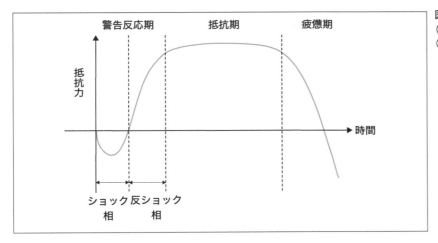

図 11.1　全身適応症候群（GAS）
（文献 3. p.93，図より作成）

B. ストレッサー

　ストレッサーとは，ストレスの原因となる出来事や事柄である．ストレッサーは，①物理的ストレッサー，②化学的ストレッサー，③生物学的ストレッサー，④心理社会的ストレッサーの4種類に分類される[*1]．

　その中でも，心理社会的ストレッサーとして，ホームズとレイ（Holmes, T. H. & Rahe, R. H.）[4] により，ストレスを引き起こす生活上の出来事（ライフイベント）を重視した「社会的再適応評価尺度（Social Readjustment Rating Scale：SRRS）」が作成されている（**表 11.1**）．ホームズらは，各ストレッサーに反応し，再適応するまでに必要な労力を示すストレス度（Life Change Unit score：LCU 得点）を定め，一定期間にライフイベントを多く経験し，LCU 得点が高いほど，ストレス関連の疾患に罹患する可能性が高くなることを示している（**表 11.2**）．

　一方，ホームズらの SRRS は，アメリカ人を対象として作成されたものである．そのため，必ずしも日本人のストレス観を適切に評価することができるとは限らないことが指摘されており，ホームズらの SRRS を日本人にも適応するかを検討した研究[5] が行われている．それによると，周囲の人たちの死亡，借金や抵当流れや失業，人間関係のトラブルといった「死」「経済的困窮」「対人関係のあつれき」などが日本人のストレス増大の原因となることが明らかとなった．また，ホームズらの SRRS でストレッサーとされている結婚，夫婦の和解，個人的な成功などに代表される良い出来事を，日本人は，ストレッサーとして捉えない傾向があるということも確認された．さらに，ホームズらの SRRS を参考に，日本人の勤労者と大学生のストレッサーの内容と LCU 得

＊1　①物理的ストレッサーには，騒音や振動，気温や湿度の上昇などがある．②化学的ストレッサーには，工場や自動車からの排煙や排気ガスに含まれる化学物質などがあり，③生物学的ストレッサーには，細菌やウイルスなどがある．④心理社会的ストレッサーには，人間関係や学業・職業における出来事などが含まれる．

＊2　ストレス関連疾患：心
理的・社会的ストレスが発病
や経過に大きな影響を与える
と考えられる心身の不調の総
称であり，胃・十二指腸潰瘍，
偏頭痛，不眠症，自律神経
失調症などがある．

点が示され（**表 11.3**），LCU 得点の高い勤労者のストレス関連疾患＊2 の発生
率が高いことが明らかにされている [6]．

順位	出来事	LCU得点	順位	出来事	LCU得点
1	配偶者の死亡	100	23	子どもが家を離れること	29
2	離婚	73	24	親戚とのトラブル	29
3	別居	65	25	個人的な成功	28
4	拘留	63	26	妻の就職・離職	26
5	近親者の死亡	63	27	就学・卒業	26
6	自分の怪我や病気	53	28	生活状況の変化	25
7	結婚	50	29	個人的な習慣の変化	24
8	解雇・失業	47	30	上司とのトラブル	23
9	夫婦の和解・調停	45	31	労働条件の変化	20
10	退職・引退	45	32	転居	20
11	家族が健康を害すること	44	33	転校	20
12	妊娠	40	34	レクリエーションの変化	19
13	性的困難	39	35	宗教活動の変化	19
14	新たな家族の増加	39	36	社会活動の変化	18
15	職場の大きな変化	39	37	1 万ドル以下の借金	17
16	家計状態の悪化	38	38	睡眠習慣の変化	16
17	親友の死亡	37	39	家族団らん回数の変化	15
18	転勤・転職	36	40	食習慣の変化	15
19	配偶者との口論	35	41	休暇	13
20	1 万ドル以上の借金	31	42	クリスマス	12
21	担保，貸付金の損失	30	43	ちょっとした違反行為	11
22	仕事上の責任の変化	29			

表 11.1　社会的再適応評価
尺度（SRRS））
（文献 4 より作成）

	1 年間の LCU 合計得点	疾患の発症率
軽度ライフ・クライシス	150 ～ 199 点	37%
中等度ライフ・クライシス	200 ～ 299 点	51%
重度ライフ・クライシス	300 点以上	79%

表 11.2　LCU 合計得点と疾患の発症

表 11.3　日本人勤労者及び大学生の LCU 得点
（文献 6 より引用）

順位	勤労者のストレスとなる出来事	LCU 得点		順位	大学生のストレスとなる出来事	LCU 得点
1	配偶者の死	83		1	配偶者の死	83
2	会社の倒産	74		2	近親者の死	80
3	親族の死	73		3	留年	78
4	離婚	72		4	親友の死	77
5	夫婦の別居	67		5	100 万円以上のローン	72
6	会社を変わる	64		6	大学中退	71
7	自分の病気や怪我	62		7	大きな怪我や病気	69
8	多忙による心身の疲労	62		8	離婚	68
9	300 万円以上の借金	61		8	恋人（配偶者）との別離	68
10	仕事上のミス	61		10	自己または相手の妊娠	67
11	転職	61		11	大学入試	65
12	単身赴任	60		12	婚約解消または恋人関係の解消	64
13	左遷	60		13	就職試験・就職先訪問	63
14	家族の健康や行動の大きな変化	59		14	不本位な入学	62
15	会社の建て直し	59		15	100 万円以下のローン	61
16	友人の死	59		16	経済状態の大きな変化	60
17	会社が吸収合併される	59		17	友人関係の大きな変化	59
18	収入の減少	58		17	卒業論文（研究）	59
19	人事異動	58		19	家族の健康や行動上の大きな変化	58
20	労働条件の大きな変化	55		19	浪人	58
21	配置転換	54		19	単位取得と履修方法の問題	58

22	同僚との人間関係	53		19	学内試験及びレポートの作成	58
23	法律的トラブル	52				
24	300 万以下の借金	51				
25	上司とのトラブル	51				
26	抜てきに伴う配置転換	51				
27	息子や娘が家を離れる	50				
28	結婚	50				

C. トランスアクショナルモデル

　ラザルスとフォルクマン（Lazarus, R. S., & Folkman, S.）[7] は，日常生活の中で経験する比較的小さなストレッサー（daily stressor）を取り上げ，ストレス過程を説明するモデルであるトランスアクショナルモデル（transactional model）を提唱した（**図 11.2**）．トランスアクショナルモデルは，ストレッサー，ストレッサーに対する個人の意味づけ（認知的評価），コーピング（対処），ストレス反応という一連のプロセスを示している．このモデルの特徴は，そのプロセスに関わる個人と環境とが相互作用的に関わりあう関係として位置づけられている点にある．また，ストレッサーの認知や心理社会的資源や対処の仕方には個人差があり，それによってストレス反応の表出にも個人差が現れることが説明されている．さらに，この一連のプロセスによって，個人のストレス反応の表出や心身の健康状態の特徴，それらの相違や類似点について予測可能となる．

　トランスアクショナルモデルにおける認知的評価は，個人がストレッサーをどのように位置づけ，対処可能かを評価する過程である．認知的評価には，一次的評価と二次的評価があり，評価の結果によって情動反応や対処行動が決定する．一次的評価とは，ストレッサーが自分にとってどのくらい脅威であるかや重要であるかを評価する段階である．そして，二次的評価とは，どのような対処方法が可能か，その対処方法で思った通りに成し遂げられそうか，特定の手段を適用できそうかなどを考慮する段階である．一次的評価と二次的評価という言葉は，一次的評価が時間的に先行しているような印象を与えるが，ストレスの程度や情動反応の強度や質や内容を定める際に，相互に複雑な影響を及ぼしていると考えられている．

　この理論は，必ずしも，運動・スポーツ場面を想定して提言されたものではない．しかし，近年では，競技場面での認知的不安（cognitive anxiety：否定的予測，集中困難，失敗想起など）と身体的不安（somatic anxiety：発汗，硬直など）の軽減や，競技成績の向上を目指す認知的操作とその過程を検討するための理論的枠組みとして用いられている[8]．

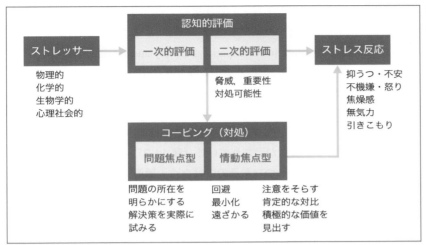

図 11.2　トランスアクショナルモデル
（文献 7 および文献 23 Figure1 より作成）

D. コーピング（対処）

　ストレッサーに対するコーピング（対処）とは，次々と移り変わるプロセスの中で起こる現象であり，そのプロセスはストレッサーの質や量的な評価（一次的評価）がなされた後，その評価結果に基づいてストレッサーに対する対処の方法が選択（二次的評価）され，コーピングが開始される．トランスアクショナルモデルにおいて，ストレス反応の表出には個人の認知的評価やコーピング方法が重視されており，コーピングはストレッサーの経験とそれによって引き起こされるストレス反応・心身疾患の間に介在する重要な要因の 1 つであるとされている[9]．

　コーピングの種類については，ラザルスらが定義した情動焦点型コーピング（emotion-focused coping）と問題焦点型コーピング（problem-focused coping）がよく知られている．情動焦点型コーピングとは，情動的な苦痛を低減させるためになされるものであり，回避，最小化，遠ざかる，注意をそらす，肯定的な対比，積極的な価値を見出すなどの方法がある．一方の問題焦点型コーピングとは，問題の所在を明らかにしたり，解決策をあてはめてみたり，それらの解決策を用いることによってもたらされる利益や損失を秤にかけてみたり，それらの解決策の中からいくつかのものを選び出して実際に試みたりすることである[7]．コーピングの方法の選択について，アンダーソン[10]は，脅威が小さいときには問題焦点型コーピングと情動焦点型コーピングがほぼ同じ頻度で起こるようになり，中程度の脅威では失敗を補うために何かするというような問題焦点型コーピングが主となると解説している．また，脅威が大きくなると防衛的な情動焦点型コーピングが主として行われるようになると説明している．

11.2 ≫≫ メンタルヘルスの問題

　近年，過剰な長時間労働やそれに伴う睡眠不足，仕事上のストレスに起因し

＊3　DSM-5[11] を基に，アスリートのメンタルヘルスについて検討された IOC エリートアスリート用メンタルヘルスツールキット日本語翻訳版に準拠し，「臨床的に診断された状態で，思考・感情・行動に著しく持続的な変化をもたらし，学習，トレーニング，競技などの社会的、職業的、またはその他の重要な活動において、強い苦痛や障害を伴うもの」という定義[12] に関連する問題を，本書では「精神疾患」と統一して表記した．

て，脳梗塞や心筋梗塞などの脳・心臓疾患や，うつ病などの精神疾患＊3 が発症したり，悪化することが社会的な問題になっている[13]．米国労働安全保健研究所（National Institute for Occupational Safety and Health：NIOSH）のストレスモデル[14] は，職場におけるストレッサーにより，様々な疾患に至るまでのプロセスを説明したモデルである．NIOSH のストレスモデルによると，職場におけるストレッサーを受けて，心理的・生理的・行動的な急性ストレス反応が現れ，やがてストレスに関連した疾患や作業能率低下などの問題が生じる，という一連のプロセスが示されている（**図11.3**）．しかし，ストレッサーが直ちにストレス反応へとつながるのではなく，緩衝要因である上司，同僚，家族からのソーシャルサポート＊4 があることでストレス反応の表出が抑えられることにも言及されている．

図11.3　NIOSH の職業性ストレスモデル
（文献12より作成）

＊4　ソーシャルサポート：個人が他者から得ることのできる有形・無形のサポートを意味する．社会的支援ともいう．18章で詳説．

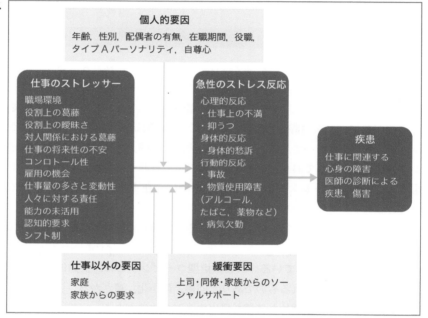

急性ストレス反応が持続して慢性化すると，心身における様々な不調がみられるようになり，さらには休職，離職につながることが懸念されている．令和3年労働安全衛生調査（実態調査）[15] によると，現在の仕事や職業生活に関することで，強い不安やストレスとなっていると感じる事柄がある労働者の割合は53.3％と半数にも及ぶことが報告されている．また，強いストレスによって誘発された疾患や障害によって，自殺に至る者も少なくない＊5．

＊5　令和3年度の統計によると，自殺者数は21007人であり，男性の自殺者数が女性の約2倍であることが報告されている．また，男性が減少傾向にあるのに対し，女性が2年連続の増加を示している．

このような実情を受け，労働安全衛生法により，業種にかかわらず従業員が50人以上のすべての事業場でストレスチェックの実施が義務づけられている．ストレスチェック制度は，ストレスの状態を把握することでメンタルヘルス不調を未然に防止することを目的とした一次予防として位置づけられている．さらに，メンタルヘルス不調の早期発見と適切な対応（二次予防），職場復帰支援（三次予防）というように，体系的，組織的にメンタルヘルスケアが実施されている．

11.3 >>> 運動によるストレスマネジメント

A. ストレスマネジメントとは

　日本ストレスマネジメント学会[16]によると，「ストレスマネジメントとは，様々な心身の問題の背景要因となりうるストレスを適切に管理すること」と定義されている．また，狭義のストレスマネジメントは，過剰な心身のストレス反応を直接的に抑制するためのリラクセーションや気分転換の方法を実行するなどといった対症療法的な方法を指すが，広義にはストレスの生起プロセス全体に対応した包括的な観点による支援の方法を指すと説明されている．

　つまり，ストレスマネジメントとは，現在，生起しているストレス反応の減少，あるいはストレス反応の生起に対する抵抗力の増加を目的とした介入である[17]．さらに，ストレスマネジメントでは，存在するストレッサーを除去し，適切なコーピング方略を選択するために，ストレッサー，コーピングそれぞれとストレス反応との関連から検討することの必要性が強調されている[18]．よって，ストレスマネジメントは，トランスアクショナルモデルなどのストレスの仕組みを学び，ストレッサーに対して柔軟に評価，対処できる方法やストレス反応を軽減させる方法を習得し，それらの方法を具体的に実践できるようにする取り組みである．

B. 運動の心理的恩恵とストレスマネジメントとしての役割

　国際スポーツ心理学会（International Society of Sport Psychology）[19]は，運動のメンタルヘルスへの効果について，**表11.4**のようにまとめている．世界保健機関（World Health Organization：WHO）[20]も同様に，定期的な運動の実践が，認知機能低下の防止，うつ症状や不安の軽減，記憶力の向上，QOLの向上といったメンタルヘルスの増進に寄与することを示している．また，運動によってもたらされる気分の高揚感が，情緒の不安感やネガティブな感情を一時的あるいは慢性的に抑制し，ストレス低減効果をもたらすことが示されている[21]．

表11.4　運動の心理的効果

1	運動は，状態不安を低減させる
2	運動は，軽度から中等度の抑うつレベルを低減させる
3	長期的な運動は，神経症や不安症を低減させる
4	運動は，重度の抑うつに対する専門的治療の補助となりうる
5	運動は，様々なストレス指標の低減をもたらす
6	運動は，年齢や性別を問わず，情動的効果をもたらす

　各発達段階における運動の実践について，それぞれの特徴を踏まえて議論がなされている．就学前児童においては，研究数が少なく今後の研究の積み重ねが必要であるものの，親子での運動遊びにより SDQ（Strength and Difficulties Questionnaire）の「情緒」得点が向上したことが示唆されている[22]．また，行動的な問題を抱える子どもの親に対する運動の介入は，親の抑うつ症状を軽減し，子どもの症状をも改善する可能性が示されている[23]．心身の著しい発育への適応およびアイデンティティ確立等の課題に直面し，メンタルヘルスが絶えず脅かされる時期にある青年期では，運動部活動やスポーツクラブ活動がメンタルヘルスの維持改善やストレスの低減に有効である可能性が示されている[24]．一方で，運動部活動やスポーツクラブ活動により生じたストレッサーが運動部員の不適応を引き起こす可能性[25]への配慮も必要である．高齢者においては，運動への参加が，社会活動や社会交流としての意味を持ち，うつ症状や不安症状の軽減や精神的健康度の向上に役立つ可能性が報告されている[26]．

　さらに，運動のストレスへの間接的効果についても期待が高まっている．例えば，運動の実践を通じて，柔軟な考え方を身につけられたり，運動に伴う困難を経験することで対処レパートリーの選択肢が増える可能性が示唆されている[27]．すなわち，定期的に運動を実践することにより，全く経験がないときと比べてストレッサーに対して柔軟な捉え方をすることができたり，経験をもとに適切に対処することができるようになったり，将来のストレスに備えることができるようになるといったストレスマネジメント効果が期待される．

　このように，運動がストレスを軽減し，メンタルヘルスを向上させる効果を持つことについては，すでに多くの研究によって報告されているため，それらレビューを参照することを推奨したい．例えば，竹中[28]は，わが国における運動心理学研究の必要性に言及し，運動心理学の定義と研究内容，運動による感情の変化のメカニズムなどについて紹介している．そして，橋本[29]は，運動の継続化と心理的効果を高めることに焦点を置いた新たな運動処方について議論している．

C. 快適自己ペース

　運動後のポジティブ感情の最大化と運動の継続化を意図して提示されている自己選択・自己決定型の主観的な運動強度としての快適自己ペース（comfortable self-established pace：CSEP）[30]がある．CSEP は，運動実施者が不快に感じない，主観的に快適と感じる運動強度を指す．また，CSEP の利点が**表 11.5** のように示されており，定期的に運動を行っている人は，CSEP に近い強度で行っていることが推察され，メンタルヘルスの改善や向上に向けた新たな運動処方を考えるとき，CSEP は実用可能であることが示唆されている[30]．

1	CSEP には個人差があり，自分で選択できる
2	CSEP はその日の体調や気分の状態で変更できる
3	CSEP は快適な状態を維持するために運動中に変更できる
4	CSEP での運動はつねにポジティブな感情をもたらす
5	CSEP は運動継続を導く可能性がある

表 11.5　快適自己ペース（CSEP）の利点

　トレッドミルを用いた 15 分間の快適自己ペース走を実施して感情の変化を検証した研究 [31)] において，快感情や満足感では，運動終了後に有意な増加がみられ，その後減少した一方で，リラックス感は運動直後よりさらに回復期において増加した結果が認められている．また，CSEP を用いた同様の研究 [32)] においても，リラックス感は運動に伴い増加するが，そのピークは回復期 30 分にあったことが確認されている．これらの研究が示すように，CSEP による運動は，不快感が伴わず心地良さやリラックス感が得られることから，運動の実施により新たなストレッサーが発生する懸念が少なく，運動の恩恵を効果的に得ることができる運動強度として適切であると考えられる．

D. ストレス関連成長

　現在までに行われてきたストレス研究の多くは，ストレスイベントによるネガティブな結果に着目したものがほとんどであった．一方で，苦痛や困難などのストレス経験により，視野の拡大や新たな対処スキルの獲得，人的・社会的資源の開拓といったポジティブな結果を引き起こす側面があることも報告されている．このネガティブなストレスイベントの経験により価値観が肯定的に変容し，自立・自律を促し，ストレス対処能力が強化されるという概念をストレス関連成長（stress-related growth：SRG）という [33)]．

　SRG は，心的外傷後成長（post-traumatic growth）[*6] と同等にネガティブな出来事への対処の結果としてみられる肯定的な変化として扱われてきた [34)]．しかし，スポーツの領域において，心理的ストレスの否定的な側面のみならず肯定的な側面にも注目することに大きな意味があると考えられ，アスリートが日常的に経験する心理的ストレスを個人の成長との関わりから捉えた研究がみられるようになってきた [35)]．具体的には，アスリートが受傷後に，怪我の再発を防ぐために正しい技術を用いたり練習内容を修正するようになったことが報告されている [36)]．また，アスリートが受傷したことにより，自分の人生を振り返るきっかけを持つようになったことや忍耐性が増したこと，自己の人格的成長を実感するようになったことも報告されている [37)]．さらに，女性アスリートがストレス体験後にストレスの原因に向き合い早期解決に向けて取り組み，ストレス経験を前向きに捉えることにより，チームメイトへの共感・理解の促進，ストレスマネジメントスキルの向上，競技に対する態度の肯定的な変容が見込まれることも報告されている [38)]．

[*6] 心的外傷後成長：心的外傷をもたらすような辛く苦しい出来事をきっかけとした人間としての成長を意味する．

135

　これらの研究は，アスリートを対象とした研究であるが，一般的な運動実施者におけるストレスマネジメントの考え方にも，ストレス体験を通じた成長という視点を含めて運動の実施を促すことは有意義であると考える．運動部員のストレスマネジメント[35]の考え方を参考にすると，運動実施者がストレス体験を成長するための機会として捉え，とりわけ認知的評価についてはストレッサーに直面したとしても積極的に問題の解決に取り組もうとする姿勢を持てることが重要である．そして，ストレッサーに直面したときに，過去の運動経験と結びつけて認知や行動を柔軟に変容させたり，新たなコーピング方略を獲得するなどしながらストレス体験を乗り越えることにより，将来のストレス体験に備える自信や成長感がより大きくなることが期待できる．

練習問題

1) ラザルスとフォルクマンにより提言されたトランスアクショナルモデルについて説明しなさい．

2) 快適自己ペースについて説明しなさい．

【文献】

1) Cannon, W. B. (1935). The American Journal of Medical Science, 189, 1-14.

2) Selye, H. (1936). Nature, 138, 32.

3) Selye, H. (1956). The stress of life. McGraw-Hill Book Company.（杉靖三郎・田多井吉之介・藤井尚治・竹宮隆（訳）（1963）．現代生活とストレス．法政大学出版局．）

4) Holmes, T. H., & Rahe, R. H. (1967). Journal of Psychosomatic Research, 11(2), 213-218.

5) 八尋華那雄・井上眞人・野沢由美佳（1993）．健康心理学研究，6(1)，18-32.

6) 夏目誠（2008）．精神神経学雑誌，110(3)，182-188.

7) Lazarus, R. S., & Folkman, S. (1984). Stress, appraisal, and coping. Springer.（本明寛・春木豊・織田正美（監訳）（1991）．ストレスの心理学：認知的評価と対処の研究．実務教育出版．）

8) 佐々木万丈（2004）．日本スポーツ心理学会（編），最新スポーツ心理学：その軌跡と展望(pp. 55-67)．大修館書店．

9) 上里一郎・三浦正江（2002）．日本健康心理学会（編），健康心理学概論(pp. 45-59)．実務教育出版．

10) Anderson, C. R. (1977). Journal of Applied Psychology, 62, 446-451.

11) American Psychiatric Association (2013). Diagnostic and statistical manual of mental disorders (5th ed.). American Psychiatric Association.（高橋三郎・大野裕（監訳）（2014）．DSM-5 精神疾患の診断・統計マニュアル．医学書院．）

12) Burrows, K., Cunningham, L., & Raukar-Herman, C. (2021). IOC mental health in athletes toolkit. International Olympic Committee.（国立精神・神経医療研究センター精神保健研究所「スポーツと精神保健教育に関する検討委員会」・日本オリンピック委員会 情報・医・科学部門（訳）（2021）．IOC エリートアスリート用メンタルヘルスツールキット日本語翻訳版(p.15).）

13) 大塚泰正・鈴木綾子・高田未里（2007）．日本労働研究雑誌，49(1)，41-53.

14) Hurrell, J. J., & McLaney, M. A. (1988). Scandinavian Journal of Work, Environment & Health, 14(suppl 1), 27-28.

15) 厚生労働省（2022）．令和 3 年「労働安全衛生調査（実態調査）」の概況．https://www.mhlw.go.jp/toukei/list/dl/r03-46-50_gaikyo.pdf

16) 日本ストレスマネジメント学会(online)．ストレスマネジメントとは．https://plaza.umin.ac.jp/jssm-since2002/definition/

17) 竹中晃二・児玉昌久・田中宏二・山田冨美雄・岡浩一郎（1994）．健康心理学研究，7(2)，11-19.

18) 渋倉崇行・小泉昌幸（1999）．スポーツ心理学研究，26(1)，19-28.

19) International Society of Sport Psychology (1992). Journal of Applied Sport Psychology, 4, 94-98.

20）World Health Organization（2020）. WHO guidelines on physical activity and sedentary behaviour. https://apps. who.int/iris/rest/bitstreams/1315866/retrieve

21）橋本公雄・斎藤篤司・徳永幹雄・高柳茂美・磯貝浩久（1995）. 健康科学, 17, 131-140.

22）江川賢一（2012）. 公益財団法人明治安田厚生事業団（監）, 永松俊哉（編）, 運動とメンタルヘルス：心の健康に運動はどう関わるか. 杏林書院.

23）World Health Organization（2021）. Depression. https://www.who.int/news-room/fact-sheets/detail/depression

24）永松俊哉（2012）. 公益財団法人明治安田厚生事業団（監）, 永松俊哉（編）, 運動とメンタルヘルス：心の健康に運動はどう関わるか. 杏林書院.

25）渋倉崇行・森恭（2004）. 体育学研究, 49, 535-545.

26）北畠善典（2012）. 公益財団法人明治安田厚生事業団（監）, 永松俊哉（編）, 運動とメンタルヘルス：心の健康に運動はどう関わるか. 杏林書院.

27）手塚洋介（2018）. 荒木雅信（編著）, これから学ぶスポーツ心理学 改訂版（pp. 112-123）. 大修館書店.

28）竹中晃二（1998）. スポーツ心理学研究, 25（1）, 13-29.

29）橋本公雄（2000）. スポーツ心理学研究, 27（1）, 50-61.

30）橋本公雄・斎藤篤司（2015）. 運動継続の心理学：快適自己ペースとポジティブ感情. 福村出版.

31）橋本公雄・斎藤篤司・徳永幹雄・花村茂美・磯貝浩久（1996）. 健康科学, 17, 131-140.

32）橋本公雄・斎藤篤司・徳永幹雄・花村茂美・磯貝浩久（1996）. 九州体育学研究, 10（1）, 31-40.

33）Park, C. L., Cohen, L. H., & Murch, R. L.（1996）. Journal of Personality, 64（1）, 71-105.

34）Park, C. L., & Fenster, J.（2004）. Journal of Social and Clinical Psychology, 23（2）, 195-215.

35）渋倉崇行・西田保・佐々木万丈（2008）. 体育学研究, 53, 147-158.

36）Macchi, R., & Crossman. J.（1996）. Journal of Sport Behavior, 19, 221-234.

37）Udry, E., Gould, D., Bridges, D. D., & Beck, L.（1997）. Journal of Sport and Exercise Psychology, 19, 229-248.

38）煙山千尋・尼崎光洋（2016）. 岐阜聖徳学園大学紀要 教育学部編, 55, 119-126.

スポーツと運動による行動変容

尼崎光洋

| キーワード | 計画的行動理論（TPB），トランスセオレティカルモデル（TTM），健康行動過程アプローチ（HAPA） |

| 到達目標 | ● 運動・スポーツの実施による恩恵を理解する．
● 行動変容のための理論・モデルを理解する． |

12.1 》》 運動・スポーツの恩恵

＊1　一過性の運動：一回の運動での変化のことを意味する．

　運動・スポーツによる恩恵は，「定期的な運動・スポーツ」と「一過性の運動＊1」に区別して検討される．まず，定期的な運動・スポーツによる心身に与える恩恵は，アメリカスポーツ医学会（Amerian College of Sports Medicine：ACSM）のまとめたガイドラインによれば，「心血管系・呼吸器系機能の向上」「心血管系疾患のリスク因子の減少」「有病率や死亡率の減少」「不安や抑うつの減少」「幸福感の増加」などが挙げられている[1]．また同様の効果について，WHO が 2020 年に発表した新たな身体活動に関するガイドラインにおいても報告されている[2]．

　次に，一過性の運動による心身に与える恩恵は，「認知機能の向上[3,4,5]」「ストレスの緩和[6]」「気分の改善[4]」などが報告されている．ただし，特定の対象者にとって，一過性の運動であっても，適切な運動強度でない場合には，心理的・身体的な負荷になる可能性が報告されている[7]．

　このように，一般的には，定期的あるいは一過性にかかわらず，運動・スポーツは健康増進につながる活動である．そのため，WHO の新たなガイドラインでは，運動・スポーツの実施はどのような種類でも良く，日常生活の中で実施可能な運動・スポーツを行えば，何もしないよりも運動・スポーツをしたほうが良いこと，またやればやるほど健康に良いとしている．特に，長時間座りっぱなしの人は，より多くの運動・スポーツを実施すべきであると指摘している＊2．

＊2　座位行動については，以下の図書の参照を勧める．熊谷秋三・田中茂穂・藤井宣晴（2016）．身体活動・座位行動の科学．杏林書院．

12.2 》》 運動・スポーツの実施状況

　運動・スポーツの実施状況として，笹川スポーツ財団が実施した調査によれば[8]，18 歳以上の成人の週 1 回以上の運動・スポーツの実施率は，1992 年の23.7％から漸増し，2020 年には 59.5％まで増加している（**図 12.1**）．同様の結果が，スポーツ庁が実施した調査でも報告されており，2021 年度の成人の週 1 回以上のスポーツ実施率は 56.4％であった[9]．運動・スポーツの習慣を持つ国民が増えている状況ではあるものの，第 3 期スポーツ基本計画において，

成人の週1回以上のスポーツ実施率を2026年度までに70％にすることが掲げられている[10]．これは，現状の週1回以上のスポーツ実施率よりも高い値が設定されているため，今後も運動・スポーツを促進するための働きかけが必要である．

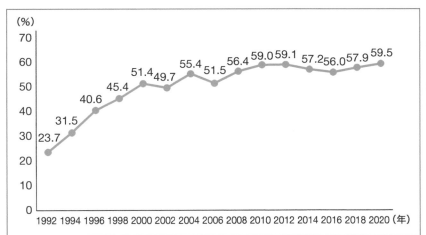

図12.1　日本における週1回以上の運動・スポーツ実施率の年次推移
（文献8より再編）
注：2014年までは20歳以上，2016年以降は18歳以上を調査対象としている．

12.3 ≫≫ 行動変容のための理論・モデル

A. 代表的な行動変容のための理論・モデル

　運動・スポーツの行動変容で用いられる理論やモデルを定義すると，理論とは，ある行動を説明・予測するために，心理社会的要因の関係性を特定して，ある行動を組織だって把握できるようにしたものとされている[11]．一方で，モデルとは，いくつかの理論を組み合わせたものとされている[11]．行動変容を促すための重要な要因を特定するためには，研究対象となる行動と集団に適した理論・モデルが必要となるが，どこにでも使えるアプローチ法（one-size-fits-all approach）という行動変容のための理論・モデルは存在しない[12]．そのため，対象に適した理論・モデルであるのかを検討する必要がある．そもそも，運動やスポーツを始めさせたり，継続させたりすることは，1つの理論だけで説明することは難しい．そのため，現実的には複数の理論を組み合わせながら行動変容を促す働きかけが行われる[13]．これまでに様々な理論・モデルが提唱されているが，それぞれの理論・モデルの説明や歴史的変遷は他書に譲り＊3，本書ではスポーツ心理学関連領域でよく用いられる理論・モデルを紹介する．

B. 計画的行動理論

　アイゼン（Ajzen, I.）は，フィッシュバイン（Fishbein, M.）とともに提唱した合理的行動理論（theory of reasoned action：TRA）＊4 [14]に行動コン

＊3　参考図書：
一般社団法人日本健康教育学会（編）（2019）．健康行動理論による研究と実践．医学書院[11]．

＊4　合理的行動理論：合理的行為理論と邦訳されることもある．

＊5　行動コントロール感：
行動の統制感と邦訳されるこ
ともある.
＊6　TPB の提唱者のアイゼ
ンのホームページでは，TPB
に基づく調査票のサンプル
（英文）が公開されている
（https://people.umass.
edu/aizen/index.html).

トロール感＊5 を加えて拡張した計画的行動理論（theory of planned behavior：TPB＊6)）を提唱した 15, 16)（**図 12.2**).TRA では，人がある行動を行う前には，その人が「行動しよう！」と考える意志（行動意図）が重要であり，行動に最も影響を与える要因とされている.しかしながら，TRA は意図的な行動について説明できるものの，「対象となる行動が意志の統制下にある必要性がある」などの問題点が残されていた 17).そのため，意志による統制が不十分な人の行動を予測するために，TPB では行動コントロール感を加えた.そして，行動コントロール感が行動意図や行動に影響を及ぼし，TPB では意志による統制が不十分な人の行動を考慮している.

図 12.2　合理的行動理論（TRA）と計画的行動理論（TPB）
注：図全体が計画的行動理論（TPB)，青色の部分が合理的行動理論（TRA）を示す.
実線：矢印の方向に影響を与える.
破線：矢印の方向に影響を与えると想定されている.

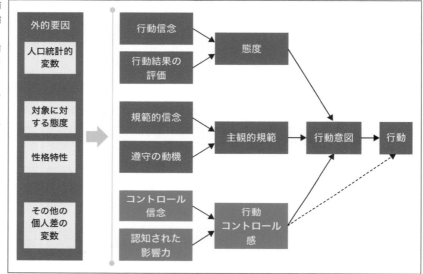

TRA では，行動意図に影響を与える要因は，行動に対する「態度」と「主観的規範」と考えられている.また，「態度」は「行動信念」と「行動結果の評価」，「主観的規範」は「規範的信念」と「遵守の動機」によって影響を受けるとしている.

TPB では，行動意図を説明する要因として，TRA で規定された態度と主観的規範に行動コントロール感を加えている.行動コントロール感は本人の主観による受け止めであり，「コントロール信念」と「認知された影響力」によって影響を受けるとしている.行動コントロール感は，行動意図だけでなく，直接的に行動に働きかける要因とされている.すなわち，TPB では，態度，主観的規範，行動コントロール感の３つの要因がポジティブに働くと行動意図が高まり，特定の行動が起こりやすくなるとされている（**表 12.1**).

なお，TRA や TPB において，行動に影響を及ぼす外的要因（external variables）として，人口統計的変数（demographic variables)，対象に対する態度（attitudes toward targets)，性格特性（personality traits)，その他の個人差の変数（other individual variables）が仮定されている.

表12.1 計画的行動理論の
構成要因

（文献 12 表 6.1 および文献 11
表 2-2 より作成）

構成要因	意味
行動意図 (intention to perform the behavior)	運動・スポーツ（行動）を実行しようとする意思・意欲・やる気．
態度 (attitude)	運動・スポーツ（行動）に対するポジティブもしくはネガティブな評価・気持ち．
行動信念 (behavioral beliefs)	運動・スポーツ（行動）の実行に何かしらの成果・結果と関連するという思い．
行動結果の評価 (evaluations of behavioral outcomes)	運動・スポーツ（行動）によってもたらされる結果に対する価値の高さ．
主観的規範 (subjective norm)	ほとんどの人が運動・スポーツ（行動）を支持するか支持しないかについての思い．
規範的信念 (normative beliefs)	重要な他者[*7]が運動・スポーツ（行動）を支持するか支持しないかについての思い．
遵守の動機 (motivation to comply)	重要な他者の考えに従おうとする意思．
行動コントロール感 (perceived control)	運動・スポーツ（行動）を実行するか，しないかを自分の意思でコントロールできる感覚．
コントロール信念 (control beliefs)	促進要因あるいは阻害要因が生じる可能性があるかどうかについての思い．
認知された影響力 (perceived power)	促進要因あるいは阻害容認によって，運動・スポーツ（行動）の実行が困難になるか，あるいは容易になるかについての思い．

＊7 重要な他者：対象者にとって重要な他者（家族，友人など）のことを意味し，重要他者と表記されることもある．

C. トランスセオレティカルモデル

　プロチャスカ（Prochaska, J. O.）とディクレメンテ（DiClemente, C. C.）は禁煙行動の促進に関する研究をもとにトランスセオレティカルモデル（transtheoretical model：TTM）を提唱した[18]．その後，禁煙行動以外にも様々な行動を促進するために TTM が応用されるようになった．

　TTM は，個人の行動に対する準備状態（readiness）[*8]に応じて，働きかける内容（介入）を変える必要性を提案したモデルである[20]．また，「trans（超えて）＋ theoretical（理論の）」が表すように，複数の理論を統合したモデルでもある．すなわち，TTM では（1）変容ステージ（stage of change），（2）変容プロセス（process of change），（3）意思決定バランス（decisional balance），（4）自己効力感（self-efficacy）の4つの要素が用いられている．このうち，変容ステージと変容プロセスは，プロチャスカらが独自に提唱したものである．特に，変容ステージは，TTM の中心的な要素であり，様々な行

＊8 行動に対する準備状態：レディネスと表記されることもある．実際の行動の状況（行動しているか，行動していないか）と行動を変えようとする意図（行動を変える意図があるか）から評価される[19]．

動変容の過程を検証する際に用いられている.

（1）変容ステージ

変容ステージは，人の行動に対する準備状態に応じて5つのステージに期分けを行っている[*9]（**表12.2**）．変容ステージの移行は，各ステージを行ったり来たりしながら後期のステージへと移行していくことが想定されている．すなわち，準備期にいた者が順当に実行期に移行する，あるいは，熟考期に逆戻りする場合もある．変容ステージは，対象者を選別する際には，とても利用しやすいものの，5つのステージに弁別できない事例も報告されており[22, 23]，ステージを統合して利用する場合もある.

表12.2　変容ステージ
（文献25より引用）
注1：「期」はステージと邦訳されることもある.
注2：維持期の後に，最終のステージとして「ターミナル期」が設定される場合もあり，逆戻りする誘惑が全くなく，健康的な行動をとる自信に満ちている状態とされている[24]．しかしながら，このステージに到達したと判断する時間的な基準が存在するかどうかは不明確である[25].

ステージ	意味
前熟考期 （precontemplation）	準備性が最も低いステージを意味し，現在，行動も行っておらず，また近い将来（6ヶ月以内）に行動を行おうとする意図がない状態である.
熟考期 （contemplation）	近い将来（6ヶ月以内）に行動を変える意図があり，行動を継続することで，どのようなことになるかを考え始めている.
準備期 （preparation）	近い将来（1ヶ月以内）に行動を変える意図があり，行動するために何らかの行動を始める意図を持っている．あるいは，すでに不定期であるが始めている.
実行期 （action）	すでに行動を変えて行っているが，その期間が6ヶ月未満である.
維持期 （maintenance）	準備性が最も高いステージを意味し，長期にわたって（少なくとも6ヶ月以上），行動を実施してきている.

（2）変容プロセス

変容プロセスとは，変容ステージを後期へ移行させるために用いる具体的な方策を意味する．変容プロセスでは10個の具体的な方策が示され，2つのカテゴリーに大別されている（**表12.3**）．前期のステージでは，考え方に働きかけ（認知的プロセス[*10]），後期のステージでは，行動への働きかけ（行動的プロセス）が主に使われる（**表12.4**）．このように，TTMでは，人の行動変容の説明だけでなく，行動を変容させるための具体的な方策が示されている点が，他の理論・モデルよりも優れた点であると評価されている[19].

＊10　認知的プロセス：経験的プロセスと表記される場合もある.

方策	意味
認知的プロセス	自身の経験をもとにして情報を得て行動に対する認知を再評価する過程.
1.　意識の高揚 （consciousness rising）	新しい情報を探したり，問題行動に関する理解やフィードバックを得るための努力（介入例：簡単な知識を得たり，健康誌を読むことを勧める）.
2.　ドラマティック・リリーフ （感情体験） （dramatic relief）	変化を起こすことに関係する情動的様相．しばしば問題行動に関する激しい感情体験を伴う（介入例：運動不足でいたため重篤な疾患にかかった人を考えさせる）.
3.　自己再評価 （self-reevaluation）	問題行動に関してその人が見積もる感情的認知価値の再評価（介入例：運動不足のままでいくとどうなるか，また運動を行うことで自分の生活がどのように変わるかをイメージさせる）.
4.　環境的再評価 （environmental-reevaluation）	問題行動がどのように物理的，社会的環境に影響を与えているかをその人が考えたり・評価したりすること（介入例：その人が運動不足になることによって生じる家族や友人への影響を考えさせる）.
5.　社会的解放 （social liberation）	健康増進をしやすい社会的機会や選択肢を増やすこと．また，代替行動をすること（介入例：ウォーキングや散歩道などを紹介する）.
行動的プロセス	情報がその人の周りの環境から生じている過程.
6.　反対条件づけ （counter conditioning）	問題行動への代替行動を行うこと（介入例：近い距離ならば，車ではなく歩いていくように努める）.
7.　援助関係 （helping relationship）	問題行動を変化させる試みの最中に，気遣ってくれる他者の援助を信頼し，承諾し，使用すること（介入例：スポーツクラブで運動中に，子どもをスポーツクラブ内の託児所で預かってもらう）.
8.　強化マネジメント （reinforcement management）	問題行動を制御したり，維持したりする際に進歩を自分自身で褒める，もしくは他の人から認めてもらう（介入例：ウォーキングが1ヶ月続いたら，自分にご褒美を与えたり，ウォーキング活動を妨げているバリアを取り除く）.
9.　自己解放 （self-liberation）	問題行動を変化させるために行うその人の選択や言質（約束）のことで，誰もが変化できるという信念を含む（介入例：家族や同僚にウォーキングすることを宣言する）.
10.　刺激統制[*11] （stimulus control）	問題行動を誘発するきっかけになるものを除去，もしくは健康的な行動を促すものを加える（介入例：玄関の一番目立つところにウォーキングシューズを置いておく）.

表12.3　変容プロセス
（竹中晃二（2003）．Trim Japan, 97, 13-20. および文献20より引用）.

[*11]　刺激統制：刺激コントロールと表記される場合もある.

表 12.4　変容ステージごとの変容プロセス
（文献 25 より引用）

変容ステージ				
前熟考期	熟考期	準備期	実行期	維持期
← 意識の高揚 →			← 反対条件づけ →	
←援助関係→	←ドラマティック・リリーフ→		← 援助関係 →	
← 環境的再評価 →			← 強化マネジメント →	
	← 自己再評価 →		← 刺激統制 →	
		← 自己解放 →		
← 社会的解放 →				

（3）意思決定バランス

意思決定バランスとは，ジャニスとマン（Janis, I. L., & Mann, L.）が提唱した意思決定理論 [26] の主要な構成概念であり，行動変容によって生じる恩恵（pros）と負担（cons）のバランスを評価し，負担よりも恩恵のほうが大きい場合にその行動が生じるという概念である [*12]（**図 12.3**）．

＊12　子どもの身体活動 [27] や中年者の運動 [28] を評価する意思決定バランス尺度が利用される．

図 12.3　意思決定バランスの概念図

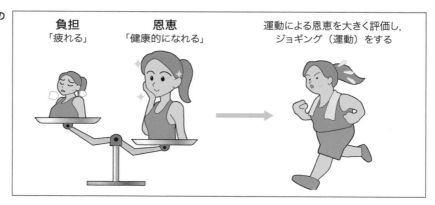

負担「疲れる」　恩恵「健康的になれる」　運動による恩恵を大きく評価し，ジョギング（運動）をする

変容ステージと意思決定バランスの関係は，前熟考期と熟考期では，行動変容することに対する恩恵より負担のほうが高く，実行期と維持期では逆に負担より恩恵のほうが高く評価される．すなわち，意思決定バランス得点 [*13] は後期ステージに移行するほど高くなる．そのため，前熟考期に属する者に行動変容を促す際には，行動変容によってもたらされる恩恵について十分な情報を保有していない可能性が考えられるため，行動変容による恩恵を高め，その後に負担を下げるほうが効率的であると考えられている [24]．

＊13　意思決定バランス得点：恩恵から負担を減じた（引いた）得点．

（4）自己効力感（セルフエフィカシー）

自己効力感は，バンデューラが学習理論を発展させて提唱した社会的認知理論 [29] の中でも重要な概念である．また，自己効力感は TPB の中の行動コントロール感とも同じ意味合いを有し，TTM の構成概念として組み込まれた行

動変容に重要な心理的要因である* 14. 自己効力感とは，ある具体的な状況で，ある課題に対して適切な行動を成功裏に遂行できるという予測および確信のことであり，平たく言えば，「できる」という見込み感である.

社会的認知理論は，いくつかの概念によって構成されているが，特に結果予期（outcome expectancy）と効力予期（efficacy expectancy）の2つの概念は人の行動変容を理解するうえで重要である（**図12.4**）. 結果予期とは，ある行動により，どのような結果が得られるかという予測（予期）を意味する. 一方，効力予期とは，ある結果を得るために必要な行動をどの程度うまく行うことができるかという期待（予期）を意味する. この2つの予期が高いほど，行動変容が起こる可能性が高いと考えられている. そして，この効力予期が自己効力感と呼ばれ，行動変容を促す最も重要な概念の1つと考えられている.

＊14　運動行動の自己効力感を測定する際に岡 30) の尺度が利用される.

図 12.4　結果予期と効力予期の関係
（第9章文献6より引用）

自己効力感を高めるものとして，成功経験，代理的経験，言語的説得，および生理的・情動的状態がある（**表12.5**）. これら4つの情報源のうち，成功経験が自己効力感を高める強力な情報源とされている. そして，その他の3つの情報源と合わせて，行動変容のプログラムに積極的に盛り込むことで，自己効力感をより一層高めることが期待できる.

表 12.5　自己効力感を高める4つの情報源
（第9章文献6より引用）

情報源	意味
成功経験 （enactive mastery experience）	過去に同じか，または類似した行動に対して成功した経験があることを意味する.
代理的経験 （vicarious experience）	自分と同じような状況にある他者が成功している姿を観察し，その姿をモデルとして真似ること（モデリング）を意味する.
言語的説得 （verbal persuasion）	自分にとって重要な他者（例：親，友人）から称賛や肯定的な評価を受けることを意味する.
生理的・情動的状態 （physiological and affective states）	ある行動をすることで起こる生理的状態や情動面の変化のことを意味する.

D. 健康行動過程アプローチ

＊15　HAPA の読み方は「ハパ」であり，HAPA の提唱者のシュワルツァーのホームページでは，HAPA に基づく調査票（英文）が公開されている（http://www.ralfschwarzer.de/）.

　シュワルツァー（Schwarzer, R）は，自己効力感を重視しつつ，従来の理論・モデルを統合した行動変容を説明するモデルである健康行動過程アプローチ（health action process approach：HAPA＊15）を提唱した[31,32]（**図12.5**）．これまでに，身体活動をはじめ，様々な健康行動を説明するモデルとして HAPA の研究が進められている（**表12.6**）.

図 12.5　健康行動過程アプローチ（HAPA）
（文献 32 より引用）

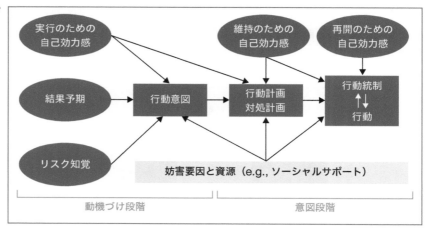

表 12.6　HAPA によって検討された健康行動の一例

健康行動
身体活動（physical activity）[33-44]
コンドームの使用行動（condom use）[45,46]
乳がん自己検診行動（breast self-examination）[47]
精巣がん自己検診行動（testicular self-examination）[48]
口腔保健行動（oral hygiene / dental flossing）[42,49,50]
食行動（fruit and vegetable consumption / dietary intake / dietary behavior）[42,51,52,53]
リハビリテーション（physical rehabilitation）[54,55]
新型コロナウイルス感染症予防行動（マスク着用／手洗い行動／ソーシャル・ディスタンス行動）（facemask use / hand washing / social distancing behavior）[56,57,58]
日焼け止めの使用行動（sunscreen use）[59]
シートベルト着用（seat-belt use）[42]
水タバコの禁煙（quit smoking）[60]

　HAPA は主に 5 つの心理的要因，①リスク知覚（risk perception），②結果予期，③自己効力感，④行動意図，⑤計画（planning）で構成され（**表12.7**），HAPA には 4 つの特徴がある[32]．まず 1 つ目は，HAPA は目的とする健康行動を発現するまでの過程は，「行動しよう！」と行動意図を醸成する過程の動機づけ段階（the motivation phase）とその行動意図を実行に移す過程の意図段階（the volition phase）の 2 つの過程を経て健康行動が発現すると仮定している．

要因		説明
リスク知覚		行動を実行しなかったことに対する危険性の認識．
結果予期		行動を実行することで得られる両側面の結果（ポジティブ・ネガティブ）の予測．
自己効力感	実行のための自己効力感	行動を実行できるという見込み感．
	維持のための自己効力感	妨害に抗っても行動を実行できるという見込み感．
	再開のための自己効力感	たとえ中断したとしても，行動を再開し始めることができるという見込み感．
行動意図		行動を実行しようとする意思・意欲．
計画	行動計画	行動を実行するための具体的な計画（e.g., いつ，どこで）．
	対処計画	妨害に遭遇した際の対処の具体的な計画．

表 12.7　HAPA の主な心理的要因
（スポーツ心理学会編（発刊予定），スポーツ心理学 50 周年テキスト，大修館書店，より引用）

　2 つ目の特徴は，HAPA では対象者の動機づけ，すなわち行動意図の状態により対象者を 3 つのステージに分類し，動機づけの最も低いとされる行動意図のない人（意図形成前者，nonintender），動機づけられているが行動が伴わない人（意図形成者，intender），そして，動機づけが最も高いとされる行動意図が確立している人（実行者，actor）に分類している．そして，TTM と同様にステージごとに介入内容を変化させ，その際，強調すべき要因を提案している（**表 12.8**）．

　次に，HAPA の 3 つ目の特徴は，行動意図から行動へと転換させるために重要な要因は計画としている点である．HAPA の場合，計画は 2 つに細分化されており，意図している行動を「いつ」「どこで」「どのように」実行するかという行動計画（action planning）と，実行する行動を阻害する状況に対して具体的な対処計画を立案する対処計画（coping planning）に分類されている．

表 12.8　HAPA に基づくステージごとの強調すべき要因のマトリックス
(Schwarzer, R., Lippke, S., & Luszczynska, A.（2011）. Rehabilitation Psychology, 56（3）, 161–170. より引用）ステージに応じて，表内で丸印のある要因を高める働きかけが必要となる.

		ステージ（期分け）		
		意図形成前者	意図形成者	実行者
動機づけ段階	実行のための自己効力感	○		
	リスク知覚	○		
	結果予期	○		
	目標設定	○		
意図段階	行動計画		○	○
	対処計画		○	○
	ソーシャルサポート		○	○
	維持のための自己効力感		○	
	再開のための自己効力感			○
	行動コントロール（action control）			○

　最後に 4 つ目の特徴として，自己効力感が動機づけ段階から意図段階の全体を通じて必要とされ，各段階に異なる性質の自己効力感が仮定されている. HAPA では，嗜癖行動の予防などで用いられている phase-specific self-efficacy [*16] の概念 [62)] を援用し，3 つの自己効力感（実行のための自己効力感：action self-efficacy，維持のための自己効力感：maintenance self-efficacy，再開のための自己効力感：recovery self-efficacy）が動機づけ段階と意図段階のそれぞれに働きかけると想定している [63)].

＊16　運動行動の phase-specific self-efficacy を測定する尺度として尼崎・煙山・駒木 [61)] の尺度がある.

練 習 問 題

1）運動・スポーツの実施に伴う恩恵にはどのようなものがあるのか書きなさい.

2）計画的行動理論の構成要因の関係性を図示しなさい.

3）健康行動過程アプローチの構成要因の関係性を図示しなさい.

【文献】
1）American College of Sports Medicine（2021）. ACSM's guidelines for exercise testing and prescription（11th ed.）. Wolters Kluwer.
2）World Health Organization（2020）. WHO guidelines on physical activity and sedentary behaviour. https://apps.who.int/iris/rest/bitstreams/1315866/retrieve
3）Ishihara, T., Drollette, S. E., Ludyga, S., Hillman, H. C., & Kamijo, K.（2021）. Neuroscience and Biobehavioral Reviews, 128, 258-269.
4）Sudo, M., & Ando, S.（2020）. Perceptual and Motor Skills, 127（1）, 142-153.

5) Yanagisawa, H., Dan, I., Tsuzuki, D., Kato, M., Okamoto, M., Kyutoku, Y., & Soya, H.(2010). NeuroImage, 50 (4), 1702-1710.

6) Basso, J. C., & Suzuki, W. A.(2017). Brain Plasticity, 2(2), 127-152.

7) 雨宮怜・坂入洋右(2018). パーソナリティ研究, 27(1), 83-86.

8) 笹川スポーツ財団(2020). スポーツライフ・データ2020：スポーツライフに関する調査報告書.

9) スポーツ庁(2022). 令和3年度「スポーツ実施状況等に関する世論調査」の概要. https://www.mext.go.jp/sports/content/20220222-spt_kensport01-000020451_1.pdf

10) 文部科学省(2022). スポーツ基本計画. https://www.mext.go.jp/sports/content/000021299_20220316_3.pdf

11) 一般社団法人日本健康教育学会(編)(2019). 健康行動理論による研究と実践. 医学書院.

12) Glanz, K., Rimer B. K., & Viswanath K.(Eds.).(2015). Health behavior: Theory, research, and practice(5th ed.). Jossey-Bass.(木原雅子・加治正行・木原正博(訳)(2018). 健康行動学：その理論、研究、実践の最新動向. メディカル・サイエンス・インターナショナル.)

13) Marcus, B. H., & Forsyth, L.(2003). Motivating people to be physically active. Human Kinetics.(下光輝一・中村好男・岡浩一朗(監訳)(2006). 行動科学を活かした身体活動・運動支援. 大修館書店.)

14) Fishbein, M., & Ajzen, I.(1975). Belief, attitude, intention, and behavior: An introduction to theory and research. Addison-Wesley.(https://people.umass.edu/aizen/f&a1975.html)

15) Ajzen, I.(1985). In J. Kuhl, & J. Beckman(Eds.), Action control: From cognition to behavior(pp. 11-39). Springer-Verlag.

16) Ajzen, I.(1991). Organizational Behavior and Human Decision Processes, 50(2), 179-211.

17) Ajzen, I., & Madden, T. J.(1986). Journal of Experimental Social Psychology, 22(5), 453-474.

18) Prochaska, J. O., & DiClemente, C. C.(1983). Journal of consulting and clinical psychology, 51(3), 390-395.

19) 上地広昭(2012). 竹中晃二(編), 運動と健康の心理学(pp. 39-53). 朝倉書店.

20) 上地広昭(2005). 竹中晃二(編), 身体活動の増強および運動継続のための行動変容マニュアル(pp. 43-45). Book House HD.

21) 岡浩一朗(2003). 健康支援, 5(1), 15-22.

22) Nishida, Y., Suzuki, H., Wang, D. H., & Kira, S.(2003). Journal of occupational health, 45(1), 15-22.

23) Nishida, Y., Suzuki, H., Wang, D. H., & Kira, S.(2004). International Journal of Sport and Health Science, 2, 136-144.

24) Prochaska, J. O., & Velicer, W. F.(1997). American Journal of Health Promotion, 12(1), 38-48.

25) Burbank, P. M., & Riebe, D.(Eds.).(2002). Promoting exercise and behavior change in older adults: Interventions with the transtheoretical model. Springer.(竹中晃二(監訳)(2005). 高齢者の運動と行動変容：トランスセオレティカル・モデルを用いた介入. Book House HD.)

26) Janis, I. L., & Mann, L.(1977). Decision making: A psychological analysis of conflict, choice, and commitment. Free Press.

27) 上地広昭・竹中晃二・鈴木英樹(2003). 教育心理学研究, 51, 288-297.

28) 岡浩一朗・平井啓・堤俊彦(2003). 行動医学研究, 9(1), 23-30.

29) Bandura, A.(1986). Social foundations of thought and action: A social cognitive theory. Prentice-Hall.

30) 岡浩一朗(2003). 日本公衆衛生雑誌, 50(3), 208-215.

31) Schwarzer, R.(1992). In R. Schwarzer(Ed.), Self-efficacy: Thought control of action(pp. 217-243). Hemisphere Publishing Corp.

32) Schwarzer, R.(2008). Applied Psychology: An International Review, 57(1), 1-29.

33) 尼崎光洋・煙山千尋(2013). スポーツ心理学研究, 40(2), 125-137.

34) 尼崎光洋・煙山千尋・森和代(2014). 健康心理学研究, 27(1), 53-62.

35) Barg, C. J., Latimer, A. E., Pomery, E. A., Rivers, S. E., Rench, T. A., Prapavessis, H., & Salovey, P.(2012). Psychology & Health, 27(7), 829-845.

36) Chiu, C.-Y., Lynch, R. T., Chan, F., & Berven, N. L.(2011). Rehabilitation Psychology, 56(3), 171-181.

37) Hardcastle, S. J., Maxwell-Smith, C., & Hagger, M. S.(2022). Journal of Cancer Survivorship, 16(6), 1176–1183.

38) 松井智子・尼崎光洋(2022). 令和3年度日本スポーツ協会スポーツ医・科学研究報告II「多様な対象者をセグメント化した運動・スポーツの習慣形成アプローチ第3報」, 120-125.

39) Scholz, U., Schüz, B., Ziegelmann, J. P., Lippke, S., & Schwarzer, R.(2008). British Journal of Health Psychology, 13(Pt 3), 479-494.

40) Scholz, U., Sniehotta, F. F., & Schwarzer, R.(2005). Journal of Sport and Exercise Psychology, 27(2), 135-151.

41) Sniehotta, F. F., Scholz, U., Schwarzer, R., Fuhrmann, B., Kiwus, U., & Völler, H.(2005). International Journal of Behavioral Medicine, 12(4), 244-255.

42) Schwarzer, R., Schuz, B., Ziegelmann, J. P., Lippke, S., Luszczynska, A., & Scholz, U.(2007). Annals of Behavioral Medicine, 33(2), 156-166.

43) Paxton R. J.(2016). Psycho-oncology, 25(6), 648-655.

44) Parschau, L., Barz, M., Richert, J., Knoll, N., Lippke, S., & Schwarzer, R.(2014). Rehabilitation Psychology, 59(1), 42-49.

45) 尼崎光洋・森和代(2011). 健康心理学研究, 24(2), 9-21.

46) Teng, Y., & Mak, W. W.(2011). Health Psychology, 30(1), 119-128.

47) Luszczynska, A., & Schwarzer, R.(2003). Psychology & Health, 18(1), 93-108.

48) Barling, N. R., & Lehmann, M.(1999). Psychology, Health & Medicine, 4(3), 255-263.

49) 尼崎光洋・煙山千尋(2018). Journal of Health Psychology Research, 31(2), 175-182.

50) Scheerman, J., van Empelen, P., van Loveren, C., Pakpour, A. H., van Meijel, B., Gholami, M., Mierzaie, Z., van den Braak, M., & Verrips, G.(2017). International Journal of Paediatric Dentistry, 27(6), 486-495.

51) Lin, C. Y., Scheerman, J., Yaseri, M., Pakpour, A. H., & Webb, T. L.(2017). Psychology & Health, 32(12), 1449-1468.

52) Renner, B., Kwon, S., Yang, B. H., Paik, K. C., Kim, S. H., Roh, S., Song, J., & Schwarzer, R.(2008). International Journal of Behavioral Medicine, 15(1), 4-13.

53) Zhang, C., Zheng, X., Huang, H., Su, C., Zhao, H., Yang, H., Guo, Y., & Pan, X.(2018). Journal of Nutrition Education and Behavior, 50(4), 388-395.

54) Schwarzer, R., Luszczynska, A., Ziegelmann, J. P., Scholz, U., & Lippke, S.(2008). Health Psychology, 27(1S), S54-S63.

55) Scholz, U., Sniehotta, F. F., & Schwarzer, R.(2005). Journal of Sport and Exercise Psychology, 27(2), 135-151.

56) Duan, Y., Shang, B., Liang, W., Lin, Z., Hu, C., Baker, J. S., Wang, Y., & He, J.(2022). BMC Geriatrics, 22(1), 91.

57) Hamilton, K., Smith, S. R., Keech, J. J., Moyers, S. A., & Hagger, M. S.(2020). Applied Psychology: Health and Well-Being, 12(4), 1244-1269.

58) Lao, C. K., Li, X., Zhao, N., Gou, M., & Zhou, G.(2021). Current Psychology, 1-10.

59) Craciun, C., Schüz, N., Lippke, S., & Schwarzer, R.(2012). International Journal of Behavioral Medicine, 19(1), 65-72.

60) Joveini, H., Rohban, A., Ardebili, E. H., Dehdari, T., Maheri, M., & Hashemian, M.(2020). Journal of Substance Use, 25(1), 62-69

61) 尼崎光洋・煙山千尋・駒木伸比古(2013). 愛知大学体育学論叢, 20, 9-16.

62) Marlatt, G. A., Baer, J. S., & Quigley, L. A.(1995). In A. Bandura(Ed.), Self-efficacy in changing societies(pp. 289-315). Cambridge University Press.(本明寛・野口京子(監訳)(1997). 激動社会の中の自己効力(pp. 255-281). 金子書房.)

63) Schwarzer, R., & Renner, B.(2000). Health Psychology, 19, 487-495.

第 13 章 スポーツ・運動とパーソナリティ

上野雄己

| キーワード | パーソナリティ，ビッグ・ファイブ，多様性，アスリート，運動実践者 |

| 到達目標 | ●学術的にパーソナリティとは何かを説明できる.
●人間のパーソナリティを理解するためにどのような取り組みがされてきたのか理解する.
●スポーツ・運動とパーソナリティの関係を幅広い視野で捉えられる. |

13.1 >>> はじめに

日常的にスポーツや運動に勤しんでいる人とそうでない人で，どのような違いがみられるだろうか．例えば，スポーツや運動に対する好意度や，身体的能力の高さが違うかもしれない．このような両者の違いにあなたの性格が関係すると思ったことはあるだろうか．もしかしたら，スポーツや運動を実践している人はエネルギッシュで外的な刺激欲求が高いかもしれない．しかしスポーツや運動にも様々な活動形態（例えば，1人・集団，室内・室外，生涯スポーツ・競技スポーツなど）があるため，スポーツや運動の実践の有無だけでなく，選択している活動形態によって性格の特徴に違いがみられる可能性も考えられるだろう．

本章では，そうした性格（パーソナリティ）とスポーツや運動の関係について3段階構成で学びを深めたい．まず始めに，①パーソナリティの理論を体系的に学ぶ．次に，②パーソナリティの測定方法や概念についてみていく．そして，③スポーツや運動の実践活動とパーソナリティ，またアスリートのパーソナリティと競技特性要因（例えば，競技参加や競技種目選択，競技レベル，パフォーマンスなど）との関係について示し，スポーツという文脈におけるパーソナリティの独自性について理解する．

13.2 >>> パーソナリティとは何か

人間のパーソナリティを研究する心理学の一分野であるパーソナリティ心理学から，パーソナリティとは何か，これまでに報告されている学術的な考えや理論をみていく（**図 13.1**）．

図 13.1　パーソナリティの理論

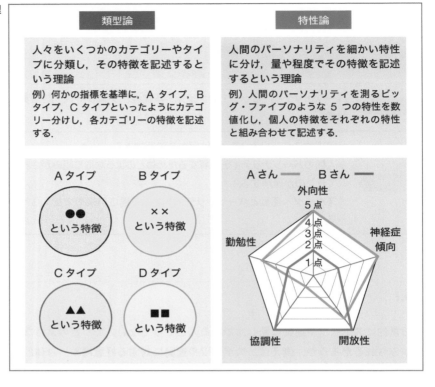

A. パーソナリティの学術的な定義

*1　ペルソナとは，ラテン語で仮面を意味する.

　personality は古代ギリシア劇で用いられたペルソナ（persona）*1 が語源とされ，演劇で役者がつける仮面が社会の中での役割や特徴を示す状況と似ていることから来た言葉である. この personality をカタカナ表記したパーソナリティが，今日，心の個人差を扱う用語として日本で広く使用されている. personality の訳語として「人格」が使われていたが，望ましいというニュアンスが含まれるため，現在では日常会話でも使用される「性格」が用いられることが多い*2.

*2　遺伝的，生物学的，神経生理学的な個人差や，乳幼児期の個人差を指す場合には気質（temperament）と表現される.

　パーソナリティの定義はパーソナリティ研究者の数だけあるといわれているが，共通項として，パーソナリティは個人差を理解するために使われる用語とし，人間の行動や思考を生み出す，人間の内部に備わったものとされる[1]. パーソナリティは多義的であるため，本章では性格，あるいはパーソナリティを，渡邊[2] の「人がそれぞれ独自で，かつ時間的・状況的にある程度一貫した行動パターンを示すという現象，およびそこで示されている行動パターンを指し示し，表現するために用いられる概念の総称」と定義し説明に用いる.

B. 類型論

　見た目や身体的な特徴，嗜好などにもとづき，人々の特徴をあるカテゴリーに集約することは一般的に多くされている. 集約されたカテゴリー間で比較した際に，例えば，A タイプは社交性が高く，B タイプは誠実性が高いといっ

たように，パーソナリティの特徴に違いがみられる可能性がある．このように人をいくつかの典型的なタイプ（カテゴリーやグループ）に分類し，それぞれのまとまりの特徴を記述し捉えようとする方法として，類型論（type theory）[*3] が挙げられる．

これまでに研究されてきた類型論のカテゴリーとして，体格や価値観などがある．身近な例として，血液型（A型，B型，O型，AB型）もあるが，性格との関係はないとされている[3)]．こうした類型論はいくつかのタイプ（スポーツで例えるなら，競技者か否か，競技種目など）に分けパーソナリティの特徴を記述するため，主観的に理解しやすく全体像が把握しやすい．一方で類型に該当しない人や中間の人はあてはめることができないこと，また「●●のタイプなら▲▲の性格」といった過度なあてはめにもつながるため，慎重な解釈が求められる．

*3 類型論の代表的な研究者として，ヒポクラテス（Hippocrates, F.）の四体液説を発展させたガレノス（Galenos, C.）や，クレッチマー（E. Kretschmer）やシェルドン（Sheldon, W. H.），シュプランガー（Spranger, E.），ユング（Jung, C. G.）などがいる．

C. 特性論

人間のパーソナリティは，協調性や勤勉性など様々な特性から構成されている．さらに，協調性という特性の中でも，「とても協調的な人からとても排他的な人」まで連続的なグラデーションのように存在する．また勤勉性という特性においても，「とても真面目な人からとてもだらしない人」までいるだろう．このように，パーソナリティを細かい特性に分け，量的にその特性がどの程度備わっているのか，いくつかの特性と組み合わせて人のパーソナリティを記述する方法として，特性論（trait theory）[*4] がある．

例えば，ゲームのキャラクターのパラメータ（攻撃力や防御力など）や学力の評価（国語や英語の点数など）も特性論的な考えの1つである[1)]．ゲームの中のキャラクターはそれぞれ能力が異なるが，その能力を攻撃力や防御力などの要素に分解し，Aの攻撃力は20，防御力は80，Bの攻撃力は70，防御力は60と能力ごとに数値化される．これをパーソナリティで例えるなら，協調性や勤勉性などの各特性を量（1点から5点など）で表現し，個人の特徴を包括的に記述するといったイメージである．特性論の考え方は今日のパーソナリティ研究，測定評価には欠かせない理論の1つとなっている．

*4 特性論の代表的な研究者として，オールポート（Allport, G. W.）やキャッテル（Cattel, R. B.），アイゼンク（Eysenck, H. J.），次節で紹介する性格を5つの特性で捉える理論を提唱したゴールドバーグ（Goldberg, L. R.）やコスタ（Costa, R. R.）とマクレー（McCrae, P. T.）などがいる．

D. 行動は一貫するのか

パーソナリティが行動を予測するのであれば，怒りっぽい性格の人はどのような状況（例えば，普段の生活や楽しいパーティなど）においても一貫して怒りっぽい行動をとるというのが自然な考えである．しかし，"Personality and assessment"の著者であるミシェル（Mischel, W.）[4)]は，パーソナリティに関する多くの研究を集約し，総じて状況を超えた人の行動の一貫性（通状況的一貫性）は小さいこと（相関係数0.3程度）を指摘している．そして，一貫性を基礎にしたパーソナリティ概念による行動説明，予測というパラダイムを厳しく批判した．

この論争は一貫性論争（person-situation controversy，人か状況か論争）と呼ばれ，人間の行動を決定するのはパーソナリティなのか，状況（状況論：

situation theory）なのかについて，日本でも長期にわたり議論がされてきた[2,5]．いずれの立場からも，これまでに様々な研究や主張が行われ，多くの研究が報告されている．しかし今日では，人の行動への影響力は状況も強いとし，パーソナリティ「だけ」が行動を決定すると考える研究者は少ない．人間の行動に表れる一貫性や規則性は個人要因と状況要因との相互作用により生み出されるという相互作用論（interactionism）という考え方も提唱されている[2,6] *5．ただし，相互作用論が必ずしも望ましいのではなく，パーソナリティや状況からの影響を別々に検討することで人の行動をより良く予測できる場合もあり，目的に応じて両者の相互作用を考慮することが重要である．

13.3 >>> パーソナリティを測定する

こうしたパーソナリティが心理学においてどのように測定され，そしてその測定を通しパーソナリティがどのようなものに関係するのかみていく．

A. 目にみえないもの

身体的な特徴や状態を知りたいときには，身長であれば身長計，体重であれば体重計，体温であれば体温計などといった測定機器を使用する．一方で，心の状態やパーソナリティは目にみえないものであり，その状態を評価するのは難しい．では，そうした心の状態を測定するものさし（尺度）にはどのようなものがあり，パーソナリティ心理学の研究ではどのようなものが使われているのだろうか．パーソナリティは直接測定することは困難であるが，個々人の行動にもとづき，間接的にパーソナリティの測定を捉えようと試みられている[2]．

その方法の1つとして，自己報告式の尺度が挙げられる[9]．先行研究や調査などによって，そのパーソナリティ概念を反映する行動を抽出し，質問項目と回答方法を設定する．例えば，「私は社交的である」という質問に対して，「1（全くあてはまらない）から5（とてもあてはまる）」の5段階で回答してもらうことで，社交性の程度が数量化される．こうした量的な情報を用いて，特定の集団のパーソナリティの特徴を記述すること（例えば，コンタクト競技と非コンタクト競技による攻撃性得点の違いなど）や，変数間の関係（例えば，楽観性得点とパフォーマンスの相関関係など）が検討可能となる．

B. 世界共通のパーソナリティ用語

人間のパーソナリティは様々なものがあるが，基本的なパーソナリティ特性の次元を5つに収束させたビッグ・ファイブ（Big Five）と呼ばれる概念がある[10] *6．このビッグ・ファイブは語彙仮説*7と統計処理によって導かれたモデルであり，多くの国や地域においてこの構造が再現され，国際的にも多くの研究者に同意が得られているパーソナリティ概念の1つである[12]．なお，日本においても国語辞典から性格に関連する単語を選び出し因子分析によって整理することで，ビッグ・ファイブの構造が確認されている[13]．

このビッグ・ファイブは外向性（extraversion），神経症傾向（neuroticism），

開放性（openness），協調性（agreeableness），勤勉性（conscientiousness）で構成され（**表13.1**），頭文字を並び替えると，OCEAN（海）となり，海外ではOCEANモデルと呼ばれることもある．こうした5つの特性を測定する代表的な尺度として，NEO-PI-R[14]が挙げられる[*8]．ビッグ・ファイブは人の性格を記述する羅針盤のような役割があり[16]，ビッグ・ファイブを用いた研究は心理学問わず，多くの領域で行われている．

＊8　NEO-PI-R[14]は5つの特性の下位次元も含めて多面的に測定できるが，項目数が240と多い．一方で，10項目（5つの特性を各2項目）で測定できるTen Item Personality Inventoryの日本語版も作成されている[15]．

英語名	日本語名	関連単語	特徴
Extraversion（E）	外向性	活動性 群居性 自己主張性 友好性	高い人の特徴 　積極的，刺激を求める，人付き合いが好き 低い人（＝内向性）の特徴 　無口，恥ずかしがり，引っ込み思案
Neuroticism（N）	神経症傾向 （情緒不安定性）	落ち込み 傷つきやすさ 心配性 自意識	高い人（＝情緒不安定性）の特徴 　感情の揺れ動きが大きい，不安が強い，動揺しやすい 低い人（＝情緒安定性）の特徴 　感情が安定している，ストレスにうまく対応する，穏やか
Openness（O）	開放性 （経験への開放性）	知的好奇心 興味の広さ 柔軟な価値観 審美性	高い人の特徴 　創造的，空想を巡らす，抽象的な思考をする 低い人の特徴 　型にはまった思考，伝統を重んじる，未知のことへの興味が低い
Agreeableness（A）	協調性 （調和性）	やさしい 素直 従順さ 利他性	高い人の特徴 　面倒見の良さ，思いやり，人の気持ちを察する 低い人の特徴 　攻撃性，他者を欺く，自己利益の追求
Conscientiousness（C）	勤勉性 （誠実性）	計画性 自己統制 達成追求 誠実さ	高い人の特徴 　頼りがいがある，勤勉で仕事に集中，効率性を重視 低い人の特徴 　だらしない，いきあたりばったり，衝動的

表13.1　ビッグ・ファイブの構造
（文献1, 12, 16, 17より作成）
注：ビッグ・ファイブをはじめとするパーソナリティは高ければ（低ければ）良い（悪い）というものではなく，人間を記述する1要素でしかない．パーソナリティには個人差があり，低い人から高い人まで連続的なグラデーションを指す．ビッグ・ファイブは優劣を判断するためのものではなく，性格を理解するための1つの指標である．

C. パーソナリティの予測

　昨今，ビッグ・ファイブをはじめとするパーソナリティを原因とした，予測力に注目が置かれている．経済学者で，2000年にノーベル経済学賞を受賞したヘックマン（Heckman, J. J.）は，認知能力（学力や知能など）以外の能力を非認知能力（noncognitive abilities）と提唱している[18]．非認知能力には社会的な結果に重要な影響を示すさまざまな心理学的な個人差特性などが含まれている[19]．そうした非認知能力の側面であるパーソナリティがもたらす多角的な影響に関する研究は心理学以外の教育，経済，医学など多くの領域で盛ん

に行われている[*9]．

　例えば，ビッグ・ファイブは人の健康や寿命に関わるアウトカムを予測する
だけでなく[20]，学業成績[21] や嗜好品[22]，身体活動量[23] など様々な要因に対
して関連を持つことが明らかにされている．このように，パーソナリティを探
求することは人間の行動や思考，態度を理解するのに役立てられるだけでなく，
心理情報ではない変数に対するパーソナリティの予測性について明らかにでき
るかもしれない[*10]．

13.4 >>> スポーツ・運動とパーソナリティ

　ここまでパーソナリティの考え方や理論，そして測定方法やパーソナリティ
の代表的な概念であるビッグ・ファイブの構造や特徴について学んできた．そ
れらを踏まえ，スポーツ・運動という世界の中でパーソナリティがどのような
役割を持っているのかみていく（**表 13.2**）．

A. スポーツ・運動実践とパーソナリティ

　スポーツや運動を実践している人にはどのような共通の特徴があるだろうか．
これまで身体活動や運動の活動量を規定するうえで，住宅環境などの環境要因
が重要な因子とされてきた[24]．一方で，同じ環境であっても運動する人とそ
うでない人がおり，その違いは身体的特徴で説明可能なのか，それとも成育環
境なのか，様々な個人差要因が想定される．本章で紹介してきたパーソナリ
ティもまた，スポーツや運動の活動を予測する個人差要因として研究が行われ
てきた．

　例えば，339 組の双生児を対象とした研究によれば，身体活動の遺伝的規定
性は 55％ から 69％ であり，身体活動と外向性の間で正の表現型[*11] 相関，神
経症傾向との間では負の表現型相関が示され[25]，身体活動とパーソナリティ
に共通する遺伝的要因がみられる可能性がある．16 の国での調査結果（$N =$
126,731）を用いてメタ分析を行った研究によれば，身体活動や運動の活動量
に対して神経症傾向が負の関連，外向性，開放性，勤勉性が正の関連を示し[26]，
特定のビッグ・ファイブの特性が活動量の高さを予測する因子になることが示
唆されている[*12]．

　また運動嗜好とパーソナリティの関係を検討した研究がある[28]．この研究
では，運動嗜好を類型論的に分類し，各タイプとビッグ・ファイブの平均得点
の違いをみている．例えば，外向性が高い人は 1 人よりも他者と運動するこ
とを好み，開放性が高い人は自宅やフィットネスクラブなどの屋内よりも屋外
で運動することを好むとされる．さらに，競争的な運動を好む人は協調性が低
く，予定されていた運動を好む人は開放性が低く，勤勉性が高い．そして，高
強度運動を好む人は神経症傾向が低く，勤勉性が高いことが示されている．す
なわち，類型的に分類された運動嗜好のタイプによってビッグ・ファイブの下
位次元の得点に違いがみられ，運動嗜好がビッグ・ファイブの得点を予測でき
るかもしれない．

＊10　ビッグ・ファイブの各
特性は状況によって解釈する
意味が異なり，例えば外向性
が高いことが適応的と考えら
れる状況もあれば，外向性が
低いこと（内向的）が望まし
い状況もある．短絡的に一側
面で評価するのではなく，状
況や文脈に合わせてパーソナ
リティが持つ役割を捉えるこ
とが重要である．

＊11　表現型とは，観察さ
れる形質のことである．

＊12　3 年から 10 年の間隔
で得られた複数の縦断データ
をメタ分析した結果，特定の
ビッグ・ファイブが身体活動の
「開始」や「停止」に関連す
ることが示されている[27]．

【研究の概観】	
スポーツ・運動実践	✓ 身体活動とビッグ・ファイブの特定の下位次元の間で表現型相関がある.
	✓ 身体活動・スポーツ・運動の活動量とビッグ・ファイブの特定の下位次元が関連する.
	✓ スポーツや運動の実施手段や強度，種類といった運動嗜好によってビッグ・ファイブの特定の下位次元の得点に違いがある.
アスリート	✓ 競技者か否かによって，ビッグ・ファイブの特定の下位次元の得点に違いがある.
	✓ 競技レベルの高さによって，ビッグ・ファイブの特定の下位次元の得点に違いがある.
	✓ 競技種目やポジションによって，ビッグ・ファイブの特定の下位次元の得点に違いがある.
	✓ 競技種目によって，パーソナリティと競技レベルの関連に違いがある.
【解釈上の留意点】	
1	統計的仮説検定による結果は集団平均の傾向を示しているにすぎない．例えば，個人競技に従事する人は協調性が低いという結果が導かれても，個人競技者の中には協調性が高い人や平均的な人もおり，個人差がある．そのため，個人に置き換えて考えるのは誤りであり，あくまでも得られたある標本において群間差がみられただけである．さらには群間の均質性は十分ではなく，条件によっては種目間の差は大きくなったり小さくなったりする可能性もある.
2	身体活動量とパーソナリティの関係の効果を示す効果量（相関係数 0.2 程度）は大きくはないものの，概ね安定した結果が得られている[23]．効果を小さいと解釈するのかは文脈次第であり，スポーツ・運動実践においても，対象とするレベル（例えば，国の政策や競技など）やアウトカム（例えば，寿命や勝敗や記録の決定要因など）とする変数が大きくなれば予測力が微々たるものであっても意味がある．小さな関連は偶然みつかる可能性もあり，その関連が安定して確認されること（結果の再現性）が重要である.
3	年齢や性別といった個人の特徴をはじめ，種目や競技レベルといった競技特性要因まで，ビッグ・ファイブに関係するものは多い．先行研究によって得られた関係は疑似相関（ある変数を統制することで関係がみられなくなる）の可能性もあり，統制・調整する変数によってその関係性は異なるかもしれない．スポーツや運動という状況を超えてもパーソナリティそのものがその特定の行動を予測できるのか，それとも状況との交互作用を踏まえて考える必要があるのかは，調査の枠組みならびに分析方法も含めて，慎重な検討が望まれる.
4	本章で紹介した研究は縦断的な介入や実験的な手法によって変化を追跡したものではないため，スポーツや運動と，パーソナリティの明確な因果関係（例えば，スポーツ・運動をしているのはその性格だからなのか，それともスポーツや運動，その競技種目，高い競技成績を収めたことでそのような性格になったのかなど）はわからない．また多くの人は研究知見を過信して捉える可能性があるが（例えば，スポーツ・運動実践（競技力向上）には●●の性格が必要だ；この競技で適応するためには▲▲の性格にならなければならない），上記の通り，因果関係は明らかにされていないことやあくまでも集団による平均の結果にしかすぎない点には注意する.

表 13.2　スポーツ・運動とパーソナリティの概要

B. アスリートとパーソナリティ

　アスリートは社会的な期待やプレッシャーが強く，身体そして精神ともに日常的に酷使している．常に勝敗や記録を追求し高みを目指すアスリートは，成功を収めるための独特な感性や思考を持ち，常軌を逸した行動をしていることが予想される．一般社会と異なるスポーツという独自の環境において従事するアスリートはそうでない人と比較し，認知や感情，行動などの要因が包含されるパーソナリティに違いがみられるかもしれない．

　例えば，競技スポーツに従事しているか否かの2群間でビッグ・ファイブの平均得点の差を検討した研究がいくつかある．学生アスリートは一般学生と比較し，外向性と協調性，勤勉性が高く，神経症傾向が低い傾向であり[29]，競技に参加していないことによるパーソナリティ得点に違いがあったことが確認されている．対象とする標本の特徴（競技種目やレベルなど）や測定尺度[*13]によって，違いがみられるビッグ・ファイブの下位次元が異なるが[30,31]，競技に励む人とそうでない人でパーソナリティ得点の高さに違いがあるだろう[*14]．

　また種目間でビッグ・ファイブの下位次元の平均得点に違いがあることも報告されている．例えば，個人競技者のほうが集団競技者よりも外向性や開放性が高いこと[36]や，危険度が高いスポーツ（マウンテンクライマーやスノーボードなど）への参加者は外向性が高く，神経症傾向が低い傾向であることが報告されている[37]．また男性アイスホッケー選手を対象とした研究によれば，フォワードは開放性が高く，ディフェンスは神経症傾向が低く，ゴールテンダーは勤勉性が高い傾向であることが明らかにされ[38]，競技種目だけではなくポジション間でも違いがみられている．

　そして勝敗や記録といった競技レベル，パフォーマンスの側面とビッグ・ファイブの関係を検討した研究もいくつかある．例えば，世界大会やヨーロッパ大会におけるチャンピオンはそれ以外のアスリートと比較し，外向性と協調性，勤勉性，開放性が高く，神経症傾向が低い傾向であった[39]．一方で，相互作用論的に考えれば，種目という状況によってその関係も異なる可能性がある．実際に競技種目を調整変数[*15]とした研究によれば，個人競技者は協調性が競技レベルに対し負の関連を示し，集団競技者は勤勉性が競技レベルに対し正の関連であったことが示されている[40]．これらのことから，競技レベルにビッグ・ファイブが関連する可能性があるが，競技レベルとビッグ・ファイブの関係の間には競技種目という状況変数が調整することが考えられ，競技種目や状況ごとにビッグ・ファイブとの関係を理解する必要があるかもしれない．

13.5 》》 スポーツにおけるパーソナリティの独自性

　パーソナリティの中には不適応の原因や社会的な関係の阻害につながるものから，社会的な適応や学業や経済的な成功に結びつくものまで様々ある[16,41]．そのため，一般社会で不適応的なパーソナリティであったとしても，スポーツの文脈では適応的で望ましい結果をもたらすパーソナリティである可能性も考

*13　同じ概念を測定していても，使用する尺度によって，測定幅が異なるがゆえに，結果に違いがみられる場合がある．

*14　ビッグ・ファイブは遺伝と環境いずれの影響も受ける[32]．さらにビッグ・ファイブの年齢変化[33]や縦断的な変化[34]，介入による変化も報告されている[35]．

*15　調整変数とは，独立変数と従属変数の関係を調整（変化）させる変数のことを指す．

えられる（**図 13.2**）．ここではスポーツと関連が深いとされる完全主義
（perfectionism）とダークトライアド（dark triad）のパーソナリティ特性につ
いて紹介する．

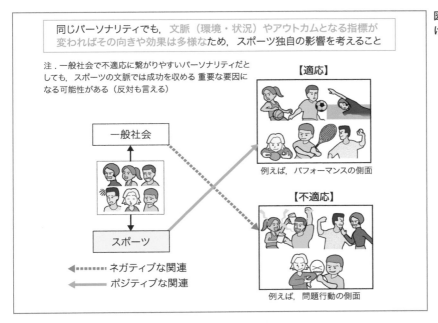

同じパーソナリティでも，文脈（環境・状況）やアウトカムとなる指標が
変わればその向きや効果は多様なため，スポーツ独自の影響を考えること

注．一般社会で不適応に繋がりやすいパーソナリティだと
しても，スポーツの文脈では成功を収める 重要な要因に
なる可能性がある（反対も言える）

【適応】

例えば，パフォーマンスの側面

【不適応】

例えば，問題行動の側面

一般社会

スポーツ

◀┄┄┄┄┄ ネガティブな関連
◀───── ポジティブな関連

図 13.2　スポーツ・運動にお
けるパーソナリティの独自性

A. 完全主義

　スポーツの世界は残酷であり，パフォーマンスの優劣は記録や成績によって
順位づけられ，トップを掴み取るアスリートはほんのわずかである．そのため，
アスリートは高い目標を掲げ，日々努力を怠らず，心身ともに限界まで追い込
んでいる．また試合中には常に完璧なプレーが求められ，1つのミスが勝敗を
決定づけることが多い．そうした環境において，「高い目標を達成しなければ
ならない」「失敗やミスをしてはいけない」と過度に完全性を求める傾向が高
いアスリートが多いだろう．

　こうした過度に完全性を求める傾向にある特性として完全主義が挙げられ[42]，
高い達成基準を自己に課すこと，さらに些細な失敗に過敏に反応する特徴があ
る[*16]．こうした完全主義が高いことは心理的な健康の低下やバーンアウト，
摂食障害などの精神的・行動的問題といった不適応的な側面に関連する[46,47,48]．
一方で，完全主義を構成する下位次元によっては心理的な健康やポジティブな
感情，目標達成の動機づけ，パフォーマンスといった要因に対して，適応的な
結果をもたらす可能性も示されている[43,47,49]．

B. ダークトライアド

　スポーツマンシップという言葉があるが，アスリートの中には試合での勝利
や高い競技成績を収めるためならどんな手段を講じても良いという考えを持っ
ている人がいるかもしれない．例えば，自身がメンバーに選ばれるように仲間
を虐めることや反則行為を取られるプレー，相手チームの選手に対して必要以

*16　完全主義を測定する
モデルには様々なものがあ
る[43,44,45]．例えば，完全主
義を，高い目標を設定し達成
するために努力する傾向を示
す完全主義的努力
（perfectionistic strivings）と，
失敗への過敏性を示す完全
主義的懸念（perfectionistic
concerns）の 2 次元から捉
えたモデルがある[45]．

上の攻撃的かつ怪我をさせるような危険行動，さらにはドーピングをはじめとする薬物依存といった問題行動を行う可能性は少なくはない．

　こうした問題行動や反社会的行動に関連するマキャベリアニズム，自己愛傾向，サイコパシー傾向の3つのパーソナリティ特性の総称をダークトライアドと呼ばれ[50, 51]，冷淡で他者操作性，利己主義を中核とした特徴がある[*17]．こうしたダークトライアドが高いアスリートほど，ドーピングへの肯定的な態度が高いとされている[54]．一方でエリートアスリートはダークトライアドの得点が高いことや[55, 56]，ダークトライアドの高さがパフォーマンスに対し正の関連を持つことが示されている[57]．

C. 多様なパーソナリティを理解する

　このように社会的に望ましくないとされるパーソナリティであっても，スポーツという文脈での成功（パフォーマンスや成績など）とポジティブな関連がある．すなわち，スポーツの世界で優れた成績を追求するという点において，高い目標を達成するために完全性を求める特性や，他者を欺いて自分の利益を高める利己的な特性は重要な役割を担うのかもしれない．なお，スポーツ以外での状況においても，完全主義やダークトライアドの向社会性や適応性は確認されている[58, 59, 60]．

　一方でそうした特性は病的レベルを上げることや他者への攻撃的な行動がみられたり，しまいにはギャンブル依存やドーピンクを受容するなどといった反社会的な問題行動などに関連する可能性もある．良くも悪くもパーソナリティが関連を示す指標は様々で，置かれる環境や状況が変われば求められる行動や結果も変わる．そのため，パーソナリティを一視点だけで捉えるのではなく，パーソナリティが持つ多様性をスポーツという独自の状況を介して，個人や社会に与える波及効果を包括的に理解することが求められるだろう[*18]．

13.6 ≫≫ まとめ

　本章ではパーソナリティの考え方や理論を示し，スポーツ・運動とパーソナリティの関係をみてきた[*19]．日常的に頻繁に使用される性格という言葉がスポーツ・運動の活動量や嗜好性，そして競技への参加や競技種目，パフォーマンスなどの競技特性要因に関連を示していた．なお，表13.2にも記しているが，スポーツ・運動におけるパーソナリティの役割を再認識する必要が考えられる一方で，解釈上の留意点も多くあるため注意したい．

　日本国内では，スポーツ・運動とパーソナリティの研究は海外と比較して多くはない．しかし，スポーツ・運動を実践している人たちの個人差・特徴を理解するうえでは欠かせない分野になると思われ，スポーツ心理学におけるパーソナリティ研究の蓄積が今後求められるだろう．パーソナリティという切り口からスポーツや運動をみていくことで，新たな視野が広がり，より楽しく，より健康的に，より高いレベルで，スポーツや運動と真摯に向き合えるかもしれない．

---

*17　他者操作的で搾取性などを特徴とするマキャベリアニズム（machiavellianism），誇大性や特権意識，自己中心性などを特徴とする自己愛傾向（narcissism），共感性・罪悪感の欠如や衝動性の高さなどを特徴とするサイコパシー傾向（psychopathy）の3つに加え[50, 51]，他者が苦しむ姿を喜ぶ特性であるサディズム（sadism）を入れたダークテトラッド（dark tetrad）という概念が提唱されている[52]．こうしたサディズムもまたある状況（競技種目）における適応的な結果（競技成績）を導く特性として，研究が行われている[53]．

*18　例えば，精神的な落ち込みからの心理的な回復に影響する個人差特性として，レジリエンス（resilience）が挙げられる[61]．アスリートが経験する困難な状況において，レジリエンスは適応を導くだけでなく[62]，最適なパフォーマンスに調整する働きがある[63]．一方でスポーツ傷害の発生予防にレジリエンスが関連しないことや，スポーツ傷害のリスクや遷延，再受傷のネガティブな側面に関連する可能性がある[64, 65]．

*19　パーソナリティ心理学をより学びたい方は小塩[12]，若林[5]，渡邊[2]の書籍を勧める．

練習問題

1）心理学におけるパーソナリティとは何か述べなさい.

2）国際的にパーソナリティの測定や理解に利活用されている概念ならびに，5つの特性を挙げなさい.

3）スポーツ・運動とパーソナリティとの関係について説明しなさい.

【文献】

1）小塩真司（2010）．はじめて学ぶパーソナリティ心理学：個性をめぐる冒険．ミネルヴァ書房．

2）渡邊芳之（2010）．性格とはなんだったのか：心理学と日常概念．新曜社．

3）縄田健悟（2014）．心理学研究，85（2），148-156．

4）Mischel, W.（1968）．Personality and assessment. John Wiley & Sons.

5）若林明雄（2009）．パーソナリティとは何か：その概念と理論．培風館．

6）Magnussen, D., & Endler, N. S.（Eds.）（1977）．Personality at the crossroads. Lawrence Erlbaum Associates.

7）原島雅之（2019）．鈴木公啓（編），パーソナリティ心理学概論：性格理解の扉（pp.117-130）．ナカニシヤ出版．

8）Mischel, W., Shoda, Y., & Ayduk, O.（2007）．Introduction to personality: Toward an integrative science of the person. John Wiley & Sons.（黒沢香・原島雅之（監訳）（2010）．パーソナリティ心理学：全体としての人間の理解．培風館．）

9）村上宣寛（2006）．心理尺度のつくり方．北大路書房．

10）Goldberg, L. R.（1990）．Journal of Personality and Social Psychology, 59（6），1216-1229.

11）McCrae, R. R., & Costa, P. T., Jr.（2008）．In O. P. John, R. W. Robins & L. A. Pervin（Eds.），Handbook of personality: Theory and research（pp. 159-181）．Guilford Press.

12）小塩真司（2014）．Progress & Application パーソナリティ心理学．サイエンス社．

13）村上宣寛（2003）．性格心理学研究，11（2），70-85．

14）Costa, P. T., & McCrae, R. R.（1992）．Revised NEO Personality Inventory（NEO-PI-R）and NEO Five Factor Inventory（NEO-FFI）professional manual. Psychological Assessment Resources.

15）小塩真司・阿部晋吾・カトローニ ピノ（2012）．パーソナリティ研究，21（1），40-52．

16）小塩真司（2018）．性格がいい人，悪い人の科学．日本経済新聞出版．

17）小塩真司（2016）．宅香菜子（編），PTGの可能性と課題（pp.117-130）．金子書房．

18）Heckman, J. J.（2013）．Giving kids a fair chance. MIT Press.（大竹文雄（解説），古草秀子（訳）（2015）．幼児教育の経済学．東洋経済新報社．）

19）小塩真司（編）（2021）．非認知能力：概念・測定と教育の可能性．北大路書房．

20）Roberts, B. W., Kuncel, N. R., Shiner, R., Caspi, A., & Goldberg, L. R.（2007）．Perspectives on Psychological Science, 2（4），313-345.

21）Poropat, A. E.（2009）．Psychological Bulletin, 135（2），322.

22）Hakulinen, C., Elovainio, M., Batty, G. D., Virtanen, M., Kivimäki, M., & Jokela, M.（2015）．Drug and Alcohol Dependence, 151, 110-114.

23）Rhodes, R. E., & Smith, N. E. I.（2006）．British Journal of Sports Medicine, 40, 958-965.

24）石井香織・柴田愛・岡浩一朗（2010）．スポーツ産業学研究，20（1），1-7．

25）Butković, A., Hlupić, T. V., & Bratko, D.（2017）．Psychology of Sport and Exercise, 30, 128-134.

26）Sutin, A. R., Stephan, Y., Luchetti, M., Artese, A., Oshio, A., & Terracciano, A.（2016）．Journal of Research in Personality, 63, 22-28.

27）Caille, P., Stephan, Y., Sutin, A. R., Luchetti, M., Canada, B., Heraud, N., & Terracianno, A.（2022）．Psychology & Health, 29, 1-21.

28）Courneya, K. S., & Hellsten, L. A. M.（1998）．Personality and Individual Differences, 24, 625-633.

29）Talyabee, S. R., Moghadam, R. S., & Salimi, M.（2013）．European Journal of Experimental Biology, 3, 254-256.

30）高岡しの・佐藤寛（2014）．関西大学社会学部紀要，45（2），279-287．

31）梶原慶・武良徹文・松田俊（2001）．スポーツ心理学研究，28，57-66.

32）Jang, K. L., Livesley, W. J., & Vemon, P. A.(1996). Journal of Personality, 64(3), 577-592.

33）Soto, C. J., John, O. P., Gosling, S. D., & Potter, J.（2011）．Journal of Personality and Social Psychology, 100, 330-348.

34）Wright, A. J., & Jackson, J. J.(2022). Journal of Personality and Social Psychology. Advance online publication. https://doi.org/10.1037/pspp0000429

35）Roberts, B. W., Luo, J., Briley, D. A., Chow, P. I., Su, R., & Hill, P. L.(2017). Psychological Bulletin, 143(2), 117-141.

36）Steca, P., Baretta, D., Greco, A., D'Addario, M., & Monzani, D.(2018)．Personality and Individual Differences, 121, 176-183.

37）McEwan, D., Boudreau, P., Curran, T., & Rhodes, R. E.(2019). Journal of Research in Personality, 79, 83-93.

38）Cameron, J. E., Cameron, J. M., Dithurbide, L., & Lalonde, R. N.(2012). Journal of Sport Behavior, 35, 109-124.

39）Piepiora, P., & Piepiora, Z.(2021). International Journal of Environmental Research and Public Health, 18(12), 6297.

40）上野雄己・小塩真司・陶山智（2017）．パーソナリティ研究，26(3)，287-290.

41）平野真理（2021）．教育心理学年報，60，69-90.

42）Frost, R. O., Marten, P., Lahart, C., & Rosenblate, R.(1990). Cognitive Therapy and Research, 14, 449-468.

43）Haase, A. M., & Prapavessis, H.(2004). Personality and Individual Differences, 36(7), 1725-1740.

44）Hewitt, P. L., & Flett, G. L.(1991). Journal of Personality and Social Psychology, 60, 456-470.

45）Stoeber, J., & Otto, K.(2006). Personality and Social Psychology Review, 10(4), 295-319.

46）Hill, A. P., & Curran, T.(2016). Personality and Social Psychology Review, 20(3), 269-288.

47）Květon, P., Jelínek, M., & Burešová, I.(2021). Journal of Sports Sciences, 39(17), 1969-1979.

48）Limburg, K., Watson, H. J., Hagger, M. S., & Egan, S. J.(2017). Journal of Clinical Psychology, 73(10), 1301-1326.

49）Hill, A. P., Mallinson-Howard, S. H., & Jowett, G. E.(2018). Sport, Exercise, and Performance Psychology, 7(3), 235-270.

50）Paulhus, D. L.(2014). Current Directions in Psychological Science, 23(6), 421-426.

51）Paulhus, D. L., & Williams, K. M.(2002). Journal of Research in Personality, 36, 556-563.

52）Paulhus, D. L., Buckels, E. E., Trapnell, P. D., & Jones, D. N.(2021). European Journal of Psychological Assessment, 37(3), 208-222.

53）下司忠大・陶山智・小塩真司・大束忠司（2019）．パーソナリティ研究，7(3)，263-265.

54）Nicholls, A. R., Madigan, D. J., Backhouse, S. H., & Levy, A. R.(2017). Personality and Individual Differences, 112, 113-116.

55）Vaughan, R., Carter, G. L., Cockroft, D., & Maggiorini, L.(2018). Personality and Individual Differences, 131, 206-211.

56）Vaughan, R., Madigan, D. J., Carter, G. L., & Nicholls, A. R.(2019). Psychology of Sport and Exercise, 43, 64-72.

57）Vaughan, R. S., & Madigan, D. J.(2021). European Journal of Sport Science, 21(8), 1183-1192.

58）Harari, D., Swider, B. W., Steed, L. B., & Breidenthal, A. P.(2018). Journal of Applied Psychology, 103(10), 1121-1144.

59）Madigan, D. J.(2019). Educational Psychology Review, 31, 967-989.

60）下司忠大・小塩真司（2020）．心理学評論，63(4)，422-432.

61）小塩真司・平野真理・上野雄己（編）（2021）．レジリエンスの心理学：社会をよりよく生きるために．金子書房.

62）Galli, N., & Vealey, R. S.(2008). The Sport Psychologist, 22, 316-335.

63）Fletcher, D., & Sarkar, M.(2012). Psychology of Sport and Exercise, 13, 669-678.

64）Codonhato, R., Rubio, V., Oliveira, P. M. P., Resende, C. F., Rosa, B. A. M., Pujals, C., & Fiorese, L.(2018). PLoS ONE, 13(12), e0210174.

65）小林好信・水上勝義（2021）．体力科学，70(6)，373-382.

第14章　スポーツ・運動による心理的な成長と発達

江田香織

| キーワード | 子どもの発達，攻撃性，ソーシャルスキル |

| 到達目標 | ●子どもの発達，攻撃性，ソーシャルスキルといったトピックスからスポーツ・運動による心理的な成長や発達への理解を深める． |

14.1 》》》 子どもの発達

A. 子どもの心身の発達

　一般的に思春期が大人の入り口とされるように，思春期といわれる年齢以前を子どもの時代とされている．エリクソン（Erikson, E. H.）[1] は人間の生涯を8つの発達段階に分け，各段階で向き合う心理・社会的な危機があることを提唱している（**図14.1**）．この観点から「子ども」を考えると，「青年期」と呼ばれる13歳以前の学童期までが子どもの時期と考えられる．もちろん，13歳という年齢になったから大人ということではない．13歳前後から始まる第二次性徴において個人差が非常に大きく，この個人差をきっかけに自他の違いに目が向くようになっていくことに応じて，自分や他者，あるいは両者の違いに目が向き始める．このことによって青年期の自分作りが始まっていくといわれている[2]．つまり，学童期から思春期までの期間が「子ども」の時期であるといえ，後に続く青年期の心理・社会的危機である自分作りの準備期間として，子どもの時期は非常に重要な時期であるといえる．

	第1段階	第2段階	第3段階	第4段階	第5段階	第6段階	第7段階	第8段階
老年期 61歳頃～								統合 対 絶望，嫌悪
成人期 35-60歳							生殖性 対 停滞	
前成人期 23-34歳						親密 対 孤立		
青年期 13-22歳					同一性 対 同一性混乱			
学童期 8-12歳				勤勉性 対 劣等感				
遊戯期 5-7歳			自主性 対 罪悪感					
幼児期初期 2-4歳		自律性 対 恥，疑惑						
乳児期 0-2歳	基本的信頼感 対 基本的不信感							

図14.1　エリクソンによる心理・社会的危機
（文献1より引用）
例えば，乳児期の心理・社会的危機は「基本的信頼感 対 基本的不信感」である．この時期は母親との体験によって他者への信頼（不信），外界への信頼（不信）を獲得していく時期である．この時期に信頼感よりも不信感が強く体験されると，基本的信頼感は欠如し，この時期の心理・社会的発達につまずくだけでなく，後に続く発達にも影響を与えるといわれている．

　　サリバン（Sullivan, H. S.）[3] は，学童期から思春期への過渡期に生じる，特定の同性同年輩との親密な一対一の友人関係をチャムシップ（chum-ship）と名づけ，この時期には友人関係において顕著な変化がみられるとし，この関係がそれ以前の発達の歪みを修復すると同時に，以降の心理的発達を促進するという点で，大きな意味を持つものとして重視した．エリクソン [1] は，この仲間との関係の中でありとあらゆる事象や象徴についての自分達の感覚，思考，感情など様々な体験について，相互に語り合い，確認し，他者の視点を取り入れることが重要であると指摘している．そして子どもたちは，それまでの自己中心的な視野を超えて自他に共通の人間性に目覚め，特定の相手に対してだけでなく，人間一般やひいては共同体としての社会や世界に対する共感的態度を抱くようになるといわれている [1]．

　　さらに，この時期の友達関係においては，チャムシップと並んで，この年代に特有の仲間集団（ギャング・徒弟）の果たす役割も大きい．小林 [4] によれば，この集団は，通常，同性で年齢の近い 5，6 名の成員によって，遊びの中で自発的に構成され，成員間にはリーダーを中心とした強いわれわれ感情が存在し，それに基づく相互依存性と一体性の高いことが特徴であるといわれている．また，この集団には，成人からの社会化の要求に対する対抗，仲間の評価による行動の改変，リーダーとの同一化，役割の賦与といった機能がある [5]．子どもたちはこの集団の中で，受容や親密への欲求の充足，一体感やわれわれ感情の充足を体験するとともに，成員を支配している掟や制裁の底に流れるものをも含めて，共感促進的な関わり合いを体験する [2]．藤田 [2] はこういった思春期の仲間関係を概観したうえで，この時期の人格の発達は親友（チャム）関係と仲間関係（ギャング）を介しての，共感性拡大・深化とそれに基づく自己中心性からの脱却ないし社会化の増進の過程であると結論づけた．そして子どもたちが思春期の親との分離を乗り切るためには，このような仲間関係を通して，あらかじめ共同性の基盤をしっかりと根付かせていることが必要であると指摘した．

　　このような学童期の仲間関係の重要性は，運動やスポーツにおいても指摘されている．ワイスとダンカン（Weiss, M. R. & Duncan, S. C.）[6] は実際の身体的有能さと身体的有能感の高い子どもは，仲間から受容されているということを明らかにしている．また，仲間（もしくは親）から高いソーシャルサポートを受けていると感じている子どもは，スポーツのような達成状況において，高い自尊感情，内発的動機づけ，ポジティブな感情を持っていること，反対に仲間から拒絶されることは，社会的孤立感を高めるということが明らかにされている [7]．このことから，学童期においては，仲間から受容される体験が，心身の有能感を育むことに役立つとともに，パフォーマンスにもポジティブな影響をもたらすといえる．

B. スポーツ参画の発達モデル

　　上述のように子どもの発達には段階があることが明らかになっており，そこではスポーツや運動が子どもの心身の発達を促している．諸外国では，各発達

段階において重要なスポーツ・運動活動についての研究がなされている．エリクソン（Ericsson, K. A.）ら[8]は熟練された練習や高度に組織化された訓練をデリバレット・プラクティス（deliberate practice：DPr）[*1]とし，熟練のパフォーマンスを発揮するには10年以上のDPr継続が必要であるということを明らかにした[9]．しかし，DPrだけでは十分説明できないことがあるということが明らかになってきている[10]．また，活動初期の練習の多くが「楽しい」と思い出されることも多いということから，DPrとは対極の概念として，デリバレット・プレー（deliberate play：DPl）を位置づけた．DPlは，明確な目的を持たず，本質的に面白く楽しむ活動を重視する[11, 12]．コティ（Côté, J.）[12, 13]はDPrとDPlを用いて各発達段階におけるスポーツへの関わり方を示している（**図14.2**）．

　図14.2に示したように，赤色は早期から専門性の高い競技力向上を目指す3. 早期専門型（early performance through early specialization）であり，6歳からDPrが多く，DPlが少ない競技経験となる．一方，6〜12歳までの試用期（sampling years）を経験する1. レクリエーション型（recreational participation through sampling）と2. 移行型（elite performance through sampling）では，この時期にDPlに重きを置き，幅広く様々な競技経験をする．そして，13〜15歳の専門期（specializing years）において，レクリエーションとしてスポーツを経験するか，パフォーマンス向上に焦点を当てた競技経験に移行するかを選択する．ここで競技力の向上に焦点を当てた競技経験に移行すると，競技種目を減らし，より専門的な競技経験へと移行していく．その後，16歳以降の投資期（investment years）では，競技を1種目に絞り，熟練のパフォーマンス発揮を目指してDPrの多い競技経験へと移行していくことになる．

　これら3つの競技経験の中で，1. レクリエーション型と2. 移行型はパフォーマンスという点ではそれぞれ異なる結果となるものの，心理社会的および身体的に健康であるという点では共通している．一方で3. 早期専門型は競技力の高いパフォーマンスにはつながるが，怪我などの身体的健康の問題や楽しさの低下につながる可能性があると指摘されている[13]．

　カナダやイギリス，オーストラリアなどでは，このような子どものスポーツ参加モデルを手がかりに，長期的なアスリート育成を実施し，高い評価を受けている[14]．しかし，日本においては，中央競技団体や地方自治体等によるタレント発掘を目的とした取り組みが展開されているが[15]，前述の諸外国のような拠り所となるモデルは存在していない．子どもの体力や運動能力の低下が問題視される一方で，子どもの発達的特性を十分に考慮していない練習や勝利至上主義的な指導による心身の不調[16]，親や指導者が自身の願望や夢を達成するために過剰な指導や期待を子どもたちに与えてしまうこと[17, 18]などの問題，バーンアウトや競技離脱などの問題が指摘されている．これらの問題の背景には，子どもの頃のスポーツ経験に関連している場合が多い．本邦においても，独自の子どものスポーツ参加モデルが確立されることが望まれる．

＊1　deliberate practiceは統一された翻訳がない．スポーツ領域では，「熟慮された練習」「構造化された訓練」「意図的な練習」などと訳されることもある．

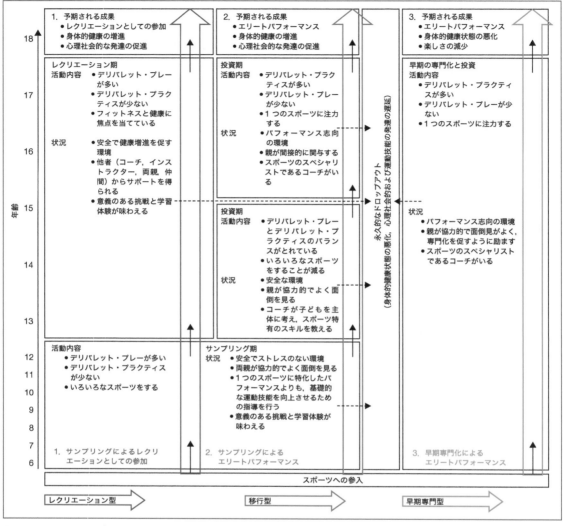

図14.2　運動・スポーツ参加の発達モデル
（文献12および文献13をもとに加筆）

14.2 ≫≫ スポーツと攻撃性

A. 攻撃とは

　一般的に他者を傷つける意図を持った行動を攻撃行動（aggressive behavior）といい，攻撃行動を起こしやすい特性を攻撃性（aggression）と呼んでいる[19]．攻撃性はネガティブなパーソナリティ特性として位置づけられている[20]．一方でスポーツの中では，攻撃性を個人のエネルギーとして捉える見方もある[21]．このことから，スポーツにおける攻撃性は単にコントロールするだけでなく，建設的に競技力へと変換していくという見解もある[22]．

B. 攻撃性の理論

　攻撃行動については，古くから様々な研究が行われ，攻撃発生のメカニズムや要因を明らかにしようとしてきた．しかし，単一のメカニズムや要因だけでは十分に説明できない．以下では代表的な理論を提示し，説明する．

（1）攻撃本能説

　人には生得的に攻撃本能が備わっていると考える立場が攻撃本能説である．攻撃本能説は精神分析学者のフロイト（Freud, S.）[23] や比較行動学者のローレンツ（Lorenz, K.）[24] によって提唱された．この立場は，スポーツにおける攻撃性をエネルギーとして捉える立場とも重なる．自然にエネルギーとして湧き起こる攻撃性が適切に処理され，放出されなければ，蓄積され，暴力などの誤った形で放出されることになると考える．

（2）欲求不満攻撃仮説

　攻撃行動は欲求不満から生じるとする，ドラード（Dollard, J.）ら [25] による仮説である．この仮説では，欲求を満たそうと行動し，その行動が阻止された場合を欲求不満と意味づけているため，単に欲求が満たされない場合をいうのではない．

　攻撃本能説，欲求不満攻撃仮説ともに，衝動的エネルギーが攻撃によって減少する作用がある．このことをカタルシス（浄化作用）と呼んでいる．

（3）攻撃の社会的機能説

　対人関係において問題が生じた際に，その問題に対処するために，攻撃が選択されることがある．大渕 [26] は攻撃の機能として，回避，強制，報復，印象操作の4つを挙げている．回避とは，自分の身が危険な状態にある場合にその場を回避するための攻撃である．強制とは，他者の行動や判断，態度などを自分の意図通りに変えるために攻撃が用いられる．報復とは，「目には目を」といったように，自分と同じような苦しみを与えようとする攻撃である．印象操作とは，人は他者の心に映る自分の印象に強い関心を持っており，この印象を好ましくしようとする試みである．いずれの場合にも，攻撃の背景に動機が仮定されている．

（4）学習された行動としての攻撃

　社会的学習理論で有名なバンデューラは，子どもがモデリングによって攻撃行動を獲得するということを明らかにしている [27]．14.1 節でも述べているように，子どもの体育・スポーツ環境においては，大人の与える影響が大きいが，大人がどのように攻撃性を発現しているのかを子どもは体験的に学習しており，このことが子どもたちの攻撃性にも影響し得る．

C. スポーツにおける攻撃性

　スポーツにおいては，格闘技系種目やコンタクト競技に代表されるように，攻撃性が必要とも考えられる．ある行動が攻撃行動であるかは「その行動が意図的であるか」という視点と「傷つけようとしたか」という2つの視点から判断される [28]．つまり，意図的に相手を傷つけようとしていなければ，それ

は攻撃行動ではないということになる.

　この観点から考えると，スポーツにおける攻撃的なプレーも攻撃的ではあっても，その行動が意図的に傷つけようとしたものでなければ，攻撃行動とはみなされない．スポーツの中で生じる攻撃的なプレーのうち，ルールで認められ，相手を傷つける意図を含まないものは「アサーション（assertion）」と呼ばれ，攻撃行動とは区別されている．また，反則プレーはスポーツスキルの一部として行われる攻撃行動であり，選手間の喧嘩，ゲームには関係のないラフプレーなどはスキルとは関連のない攻撃行動と分類される[29].

14.3 ⫸ ソーシャルスキル

A. ソーシャルスキルとは

　ソーシャルスキル（social skill）の定義は研究者間で異なり，統一的な定義はないが，従来の諸定義から，共通要素として以下の点が挙げられている．①具体的な対人場面で用いられるもの，②対人目標を達成するために使われるもの（対人目標とは，当該の対人場面から手に入れたいと思う目標のこと），③相手の反応の解読や，対人目標の決定，感情の統制などのような「認知過程」と，対人反応の実行という「行動過程」の両方を含むもの（対人反応とは，相手の行動に対する反応のこと），④言語的ないしは非言語的な対人反応として実行されるもの，⑤学習によって獲得されたもの，⑥自分の対人反応と他者の反応とをフィードバック情報として取り入れて，変容していくもの，⑦不慣れな社会的状況では意識的に実行されるが，熟知した状況では，自動化しているもの[30].

　総じて，ソーシャルスキルは「対人場面において，円滑に対人関係を構築する」という目的で使用され，「学習によって獲得」できるという点が重要である．運動やスポーツの技術練習と同様に，学習によって獲得できるスキルである．

B. 体育・スポーツにおけるソーシャルスキル

（1）体育・スポーツにおけるソーシャルスキルとは

　体育・スポーツ場面で習得されたコミュニケーション，問題解決，目標設定などの心理社会的スキルは他の場面においても役立つとされ，体育・スポーツ活動が心理社会的スキルの育成に有益であることが指摘されている[31, 32, 33].この心理社会的スキルには，ライフスキル（life skills），心理的スキル（psychological skills），ソーシャルスキル（social skills）が含まれている．これらの概念や用語の意味するところや用いられ方はそれぞれの分野や研究者で異なる．ここでは，杉山[34]に従い，日常生活に役立つ心理社会的スキルをライフスキルとし，その中で対人的，社会的な内容を含むものをソーシャルスキルとして捉える．両者とも心理的スキルとしてみなすこととする（**図14.3**）[*2].

＊2　ライフスキルは，ソーシャルスキルと同様の意味で用いられる場合もある.

図14.3　ソーシャルスキルに
関連する概念のイメージ図

　体育・スポーツにおけるソーシャルスキルは，大きく「アスリートに必要な
ソーシャルスキルの指導」と「スポーツを通してのソーシャルスキルの向上」
といった2つの観点から捉えることができるといわれている[35]．前者はメン
タルトレーニングとして第17章で扱われるため，ここでは後者について説明
する．

　前項において，ソーシャルスキルは学習によって獲得できるスキルであると
述べた．ソーシャルスキルトレーニング（social skill training：SST）とは，
学校や病院など，様々な場で活用されているが，対象となる人が属する社会に
おいて，円滑に対人関係を構築するために必要なスキルを身につけることであ
る．このように考えると，スポーツを通さずとも，ソーシャルスキルは学べる
のではないかと思われるかもしれない．しかし，体育・スポーツ場面でソー
シャルスキルを学ぶことがスキル習得を促進するという指摘がある．杉山[35]は
アーガイル（Argyle, M.）[36]が提示した「ソーシャルスキルが運動スキルと類
似の構造をしている」という理論モデルを援用し，ソーシャルスキルを効率的
に学ぶうえで，スポーツは非常に有益であると述べている．また，体育・ス
ポーツ場面では，集団競技や対戦競技のように，対人関係のやりとりを扱うこ
とになる場面が幅広く展開している．そのため，体育・スポーツを実践する中
では，ソーシャルスキルを練習，あるいは身につける経験となり得る体験が数
多く存在している．

（2）ソーシャルスキル習得プロセス

　注意せねばならないこととして，体育・スポーツはソーシャルスキルの練習
や習得に最適の場となり得るが，単純にスポーツをしているだけではソーシャ
ルスキルは身につくとはいえないという点がある．体育・スポーツを通して
ソーシャルスキルを身につけるうえで重要な点として，スキル学習のプロセス，
およびスポーツ場面で学んだスキルを日常場面に転移（transfer）もしくは般
化（generalization）させることが重要であるといわれている[37]．

　ソーシャルスキルの習得においては，下記の5つの段階があるとされてい
る[38]．

①インストラクション：スキルの中で獲得すべきポイントを強調して教える段

　　階.

②モデリング：目標となるモデルを見せる段階.

③行動リハーサル：スキルを繰り返し練習することで，スキルを身につけるようにする段階.

④フィードバック：目標とするスキルの遂行具合について評価を与える段階.

⑤定着化（般化）：学んだスキルが日常生活において実践されるようにする段階.

　ソーシャルスキル教育においては，①から④までのようなスキルの一時的な習得に関心が集まる傾向にある[39]．一方で，⑤の段階であるソーシャルスキルの持続や般化が難しいことが課題として指摘されている[39, 40]．ソーシャルスキルの習得によって，対象となる人の適応状態を改善するためには，一時的なスキルの獲得のみでなく，長期的な定着や般化を目指していくことが重要であると指摘されている[41]．さらには，すでに習得したスキルを応用できるようになること[39]なども重要であるといわれている．そのためには，例えば，般化されるような具体的スキル習得訓練後も強化的なフィードバックが生じやすい仕組みを作ること[42]，あるいは，転移可能なスキルをターゲットとすることや転移の方法をプログラムの中に組み込むことなど[43, 44]が有益である.

練 習 問 題

1）学童期の子どもに対してデリバレット・プレー（deliberate play）のエッセンスを盛り込んだスポーツ・運動体験をさせるならば，どのような体験が考えられるか．説明しなさい.

2）スポーツにおける攻撃性は何によって分類されるか説明しなさい.

3）ソーシャルスキルを習得する際に，長期的にスキルを定着させたり，日常生活に般化させるためのアイディアを考えなさい.

【文献】

1) Erikson, E. H.(1982). The life cycle completed. W. W. Norton & Company.（村瀬孝雄・近藤邦夫（訳）（1989）．ライフサイクル、その完結．みすず書房．）

2) 藤田早苗（1983）．飯田真・笠原嘉・河合隼雄・佐治守夫・中井久夫（編），岩波講座 精神の科学 6 ライフサイクル（pp. 115-140）．岩波書店.

3) Sullivan, H. S.(1966). Conceptions of modern psychiatry. W. W. Norton & Company.（中井久夫・山口隆（訳）（1976）．現代精神医学の概念．みすず書房．）

4) 小林さえ（1968）．ギャング・エイジ：秘密の社会をつくる年頃．誠信書房.

5) Kagan, J.(1971). Personality development. Harcourt Brace Jovanovich.（三宅和夫（監訳）（1979）．子どもの人格発達：認知発達とパーソナリティの心理学．川島書店．）

6) Weiss, M. R. & Duncan, S. C.(1992). Journal of Sport and Exercise Psychology, 14(2), 177-191.

7) Harter, S.(1990). In R. J. Sternberg, & J. Kolligian, Jr.(Eds.), Competence considered(pp. 67-97). Yale University Press.

8) Ericsson, K. A., Krampe, R. T., & Tesch-Römer, C.(1993). Psychological Review, 100(3), 363-406.

9) Ericsson, K. A.(1996). In K. A. Ericsson(Ed.), The road to excellence: The acquisition of expert performance in the arts and sciences, sports, and games(pp. 1-50). Lawrence Erlbaum Associates.

10) Macnamara, B. N., Hambrick, D. Z., &, Oswald, F. L. (2014). Psychological Science, 25(8), 1608-1618.

11) Baker, J., Côté, J., & Abernethy, B. (2003). Journal of Applied Sport Psychology, 15, 12-25.

12) Côté, J. (1999). The Sport Psychologist, 13, 395-417.

13) Côté, J., Baker, J., & Abernethy, B. (2007). In G. Tenenbaum, & R. C. Eklund (Eds.), Handbook of sport psychology (pp. 184-202). John Wiley & Sons.

14) Bailey R. P., Collins D., Ford P. A., MacNamara Á, Pearce G., & Toms M. (2010). Participant development in sport: An academic literature review. Commissioned Report for Sports Coach UK. Sports Coach UK.

15) 衣笠泰介・Morley, E.・舩先康平・藤原昌・Gulbin, J. (2019). Journal of High Performance Sport, 4, 105-119.

16) 中村和彦 (2008)．児童心理，62(14)，23-28.

17) 永井洋一 (2004)．スポーツは「良い子」を育てるか．日本放送出版協会.

18) 武田大輔 (2008)．児童心理，62(14)，91-95.

19) 杉山佳生 (2012)．中込四郎・伊藤豊彦・山本裕二（編著），よくわかるスポーツ心理学（p. 107）．ミネルヴァ書房.

20) Dehghani, M., & Behtaj, A. (2012). Ovidius University Annals, Series Physical Education and Sport/Science, Movement and Health, 12(2), 314-319.

21) Butt, D. S., & Cox, D. N. (1992). International Journal of Sport Psychology, 23(1), 1-13.

22) 千葉陽子・中込四郎 (2018)．法政大学スポーツ研究センター紀要，36，59-67.

23) Freud, S. (1933). Neue Folge der Vorlesungen zur Einführung in die Psychoanalyse. (古沢平作（訳）(1969)．続精神分析入門．日本教文社.)

24) Lorenz, K. (1963). Das Sogenannte Bose: Zur Naturgeschichte der Agression, Dr. G. Borotha-Schoeler Verlag. (日高敏隆・久保和彦（訳）(1970)．攻撃：悪の自然誌．みすず書房.)

25) Dollard, J., Doob, L., Miller, N. E., Mowrer, O. H., & Sears, R. R. (1939). Frustration and aggression. Yale University Press. (宇津木保（訳）(1959)．欲求不満と暴力．誠信書房.)

26) 大渕憲一 (1987)．心理学研究，58，113-124.

27) Bandura, R. A., Ross, D., & Ross, S. A. (1963). Journal of Abnormal and Social Psychology, 66, 3-11.

28) 大渕憲一 (1993)．人を傷つける心：攻撃性の社会心理学．サイエンス社.

29) 杉山哲司 (2000)．杉原隆・船越正康・工藤孝幾・中込四郎（編著），スポーツ心理学の世界（pp. 136-150）．福村出版.

30) 相川充・藤田正美 (2005)．東京学芸大学紀要第1部門，56，87-93.

31) Smith, R. E. (1999). Journal of Sport and Exercise Psychology, 21, 189-204.

32) Danish, S. J. (2002). In M. Gatz, M. A. Messner, & S. J. Ball-Rokeach (Eds.), Paradoxes of youth and sport (pp. 49-60). State University of New York Press.

33) Orlick, T. (2002). In F. L. Smoll, & R. E. Smith (Eds.), Children and youth in sport: A biopsychosocial perspective (2nd ed.) (pp. 465-474). Kendall/Hunt Publishing.

34) 杉山佳生 (2005)．スポーツによるライフスキルとソーシャルスキル．体育の科学，55(2)，92-96.

35) 杉山佳生 (2012)．中込四郎・伊藤豊彦・山本裕二（編著），よくわかるスポーツ心理学（p. 104）．ミネルヴァ書房.

36) Argyle, M. (1967). The psychology of interpersonal behavior. Penguin Books.

37) 杉山佳生 (2008)．児童心理，62(14)，17-22.

38) 小林正幸 (2008)．小林正幸・橋本創一・松尾直博（編），教師のための学校カウンセリング（pp. 115-128）．有斐閣.

39) 藤枝静暁・相川充 (2001)．教育心理学研究，49，371-381.

40) 渡辺弥生・星雄一郎 (2009)．法政大学文学部紀要，59，35-49.

41) 荒木秀一・石川信一・佐藤正二 (2007)．行動療法研究，33，133-144.

42) 大沢知隼・橋本塁・嶋田洋徳 (2018)．教育心理学研究，66(4)，300-312.

43) Bruer, J. T. (1993). Schools for thought: A science of learning in the classroom. MIT press.

44) 岡田佳子 (2017)．シミュレーション＆ゲーミング，27(2)，61-73.

第15章　アダプテッド・スポーツの心理学

内田若希

| キーワード | パラアスリート，喪失体験，障害受容 |

到達目標
- ●アダプテッド・スポーツやパラスポーツに関する理解を深める．
- ●「障害（者）」「パラアスリート」をめぐる心理学を考える作業を通して，多様な人々とともに生きるうえで必要な視座の獲得を目指す．

15.1 ≫≫ アダプテッド・スポーツとパラスポーツの理解

A. アダプテッド・スポーツとは

競技用の車いすの例
(Marcello Casal Jr/ABr, CC BY 3.0 BR <https://creativecommons. org/licenses/by/3.0/br/deed.en>, via Wikimedia Commons)

　障害者が実施するスポーツは，障害の特徴に合わせてルールや用具を改変したり，もしくは新しく考案したりして行うことから，アダプテッド・スポーツ（adapted sports；適応させたスポーツ）と呼ばれている．陸上競技を例に考えると，下肢に障害がある場合には，競技用の車いすや義足を使用してプレーしたり，視覚障害がある場合には，伴走者（ガイドランナー）がアスリートの目としての役割を担ったりする．

　従来，アダプテッド・スポーツは，障害者が行うスポーツのみを指すものと考えられてきた．しかし現在では，障害者だけでなく，子どもや高齢者，妊娠中の女性など，幅広い人々を対象としてルールや用具を工夫するスポーツ活動も，アダプテッド・スポーツに含まれている．例えば，体力や体格に差のある大人と子どもが一緒に徒競走をする際に，子どもの走る距離を短くしたり，大人が遅れてスタートしたりすることもアダプテッド・スポーツである．最近では，マタニティビクスやマタニティアクア，マタニティヨガなどの言葉も耳にするようになったが，これらはすべて，妊娠中でも安心してスポーツを楽しむことができるように工夫がなされており，アダプテッド・スポーツの１つの形と考えることができる．つまり，アダプテッド・スポーツとは，「障害者＝特別な人」「特別な障害者のためのスポーツ」という意味ではなく，「特別なニーズを有する人」には，誰に対しても適切な配慮をするという考えが根底にあり，多様な身体や心を有するすべての人に，スポーツへの参画を保証するものといえる．

妊娠中の女性にとってのアダプテッド・スポーツの例

B. パラスポーツとは

（1）パラスポーツとパラアスリート

　アダプテッド・スポーツは，特別なニーズを有するすべての人に対して適切な配慮を考え，ルールや用具を工夫して行うスポーツであることをすでに述べ

た．これに対し，「パラスポーツ（para-sport）」「パラアスリート（para-athlete）」が意味するものは，少し異なるので注意が必要である．

オリンピックなどで国を代表して闘うアスリートは，一般的に「トップアスリート」と呼ばれる．一方で，パラリンピックで闘うアスリートは，あくまで「障害のあるトップアスリート」とみなされてきた．つまり，「障害のある」という修飾語が，彼ら・彼女らを説明する言葉として必然的に付随するのである．しかし，スポーツに打ち込み，高いパフォーマンス能力を発揮する障害のあるトップアスリートは，障害のないトップアスリートと，「アスリート」としての本質は何も変わらない．このような考えから，国際パラリンピック委員会（International Paralympic Committee：IPC）が発行しているスタイルガイド*1においては，「障害のある*2」という用語を使用せずに，単に「アスリート」と表現することを将来的に目指していくことが明記されている[1]．さらにIPCは，このスタイルガイドの中で，障害者スポーツを「パラスポーツ」，パラスポーツに取り組むアスリートを「パラアスリート」と表現することを奨励した．これを受けて，パラスポーツやパラアスリートといった言葉が，世界的に広く用いられるようになった．

（2）パラリンピック

パラスポーツの最高峰ともいえるパラリンピックは，元々はリハビリテーションの一環として位置づけられていた．パラリンピックの歴史をひもとくと，後にパラリンピックの父と呼ばれるルートヴィヒ・グットマン博士*3が，第二次世界大戦によって多くの戦傷病者が輩出された際に，リハビリテーションの一環としてスポーツを積極的に取り入れたことに端を発する．グットマン博士は，「手術よりスポーツを」の方針を掲げ，障害を負った人々の社会復帰に大きな成果を残した．現在のパラリンピックは，年を追うごとに競技レベルが向上し，厳しい条件をクリアしたトップレベルのパラアスリートだけが出場できる国際競技大会となっている．

近年では，わが国においても，プロとして活躍をするパラアスリートや競技志向の高いパラアスリートが輩出されるようになった．また，以前はパラリンピックの管轄は厚生労働省であったが，2014年度からオリンピックと同様の文部科学省に移管されたことに加え，2015年にはスポーツの振興や施策を総合的に担うスポーツ庁が発足した．このことから，わが国におけるパラスポーツが，今後ますます競技スポーツとして成熟していくことは間違いないだろう．

C.「障害」を見るか，「アスリート（人間）」を見るか

藤田[2]は，障害者がスポーツをしている映像を見た学生の感想を取り上げ，「『障害者でさえ，あれだけ頑張っているのに，障害がない自分は何をしているのだろう．私もしっかりしなくては』という内容の感想を書いてくる学生さんが必ず何人かいます．これらの考え方に共通してみられるのは，障害のある人を，自分と同じ権利や欲求を持ち，同じように悩んだり，喜んだり，悲しんだりする人間としては理解していないということです」（p. 24）と述べている．前項で，障害の有無にかかわらず，「アスリート」としての本質は同じである

*1　IPCが発行している用語の表現に関する手引書のこと．日本パラリンピック委員会も，このIPCスタイルガイドに準じて用語の表現を規定している．

*2　日本語では「障害のある」という一語にまとめられるが，英語においては，医学的診断としての障害を意味する"impairment"と，能力の障害を意味する"disability"の両方を含む．

*3　ルートヴィヒ・グットマン博士（1899〜1980年）は，英国王立ストーク・マンデビル病院の脊髄損傷者専門病棟の医師であった．わが国のパラスポーツの礎を築いた中村裕博士（1927〜1984年）も，グットマン博士に師事した．

ことを説明した．これと同様に，障害があろうとなかろうと，「人間」として
の本質は同じであることを置き去りにしてはならない．

　このことを理解するうえで，「もし，障害のない人を○印で示すならば，障
害のある人をどのような記号で示すか」という問いについて考えてみたい．大
学の講義などでこの問いを投げかけた際に多い回答は，△や□などの記号や，
○印を黒塗りした●などである．これらは，障害があるという異質性に着目し
た結果，○印以外の何かを考えたと推測される．しかし，このような異質性の
強調は，両者の間に分離を生み，「誰もが互いに尊重して支え合い，多様な在
り方を相互に認め合える社会（共生社会）」[3] の実現に向けて，大きな困難とな
りかねない [4]．また，一部分が欠けた丸や丸の中に×印を書く者もいる．これ
らは，障害によって身体や能力に欠けた部分があるネガティブな存在であると，
無意識に捉えている可能性もある．一方，◎や○の中にハートマークを入れた
もの，星印なども，頻繁に見受けられる．これらは，やさしさや思いやりを示
した表れのようにも見える．しかし，人間が障害者に関する情報に触れた際に
は，「かわいそう」「不自由」といったイメージが素早く想起されること [5] や，
「障害者は能力が低い」というネガティブな固定観念が，潜在的および顕在的
に存在するとされている [6]．このことを踏まえると，「障害者はできないこと
が多いので，支援してあげなくてはいけない」といった考えが，心の中に潜ん
でいる可能性もある．

　「もし，障害のない人を○印で示すならば，障害のある人をどのような記号
で示すか」という問いを考える際に，「障害のない／障害のある」に着目する
と，上述してきた答えに行き着きがちである．しかし，「人」に焦点を当てる
ならば，障害のない人が○印なら，障害のある人も○印になる．つまり，違い
に目を向けるのではなく，同じ人間であることにまず目を向け，そのうえで，
人間の個別性を捉える視点を持つことが重要となる．障害者が行うスポーツと
聞くと，障害者が行う特別なスポーツとみなされ，障害やできないことに目が
向けられがちである [7]．しかし，自分と同じ「人間」であり「アスリート」で
あるという認識を持つことが前提となるのである．そして，この視点は，人間
という本質はみな同じでありつつも，特別なニーズ（個別性）に適切に対応し
ていこうとするアダプテッド・スポーツの考えにもつながるものであろう．

15.2 ≫≫ 受障に伴う喪失体験が及ぼす心理的影響

　パラスポーツにおいては，人生の半ばで身体障害を負い，その後にパラス
ポーツを開始した者も多い．中途身体障害を負うことは，身体機能や身体部位
を喪失し，ある日突然に障害者になることを意味する．そしてそれは，生活上
の急激な変化や様々な喪失感，社会的立場の変化をもたらす経験である．この
ような受障に伴う喪失体験の心理的な影響は非常に大きく，治癒可能性の低い
障害を受容することには困難を伴う [8]．中途身体障害のように，予測不能な非
日常の出来事が，人の心に与える影響は想像を絶するものであり [9]，また喪失
を伴うストレスフルな出来事は，日常生活の一部を破壊するものである．言い

換えれば，多くのトップレベルのパラアスリートは，それらの心理的な困難や葛藤の先に，大舞台に立っているともいえる．以下では，受障に伴う喪失体験が及ぼす心理的影響について考えていく．

A. 障害を負うことの意味：喪失体験

「身体障害を負う」「身体障害者になる」と聞くと，どのようなイメージや考えが浮かぶだろうか．多くの人は，車いすや義足を使用している身体障害者や，白杖を使っている視覚障害者などをイメージするのではないだろうか．そして，歩けなくなったり，目が見えなくなったりするなどのように，障害によってできないことが多いと考えるかもしれない．このように，身体障害という言葉からイメージしやすい事柄は，身体的な側面に関するものが一般的である．しかし，障害を負うということは，脊髄損傷によって歩く機能を失ったり，視覚障害によって見る機能を失ったり，または切断によって腕や脚など身体の一部を失ったりするなどのように，身体の機能や部位を喪失するだけではない．

多くの場合，人は何の疑いも抱かずに，当たり前の毎日を生きている．いつものように会社や学校に行き，仕事や勉強に取り組み，休憩時間には同僚・友人との時間を楽しんだりして，夜になれば家に帰る．そして，朝がくればまたその当たり前の毎日が繰り返されていく．中途身体障害を受障した人々も，障害を負うその瞬間まで，このような日々繰り返される日常を生きていた．しかし，身体障害を負うことで，それまで存在していた日常を，ある日突然に手放すこととなる．障害があることで，今までと同じように日常生活を送れなくなったり，友人との関係性が変わってしまったりすることで，社会的な側面の喪失も生じる．また，障害のない身体を前提としていた日常生活や価値観が喪失されることで，今後の生活への不安を抱いたり，今までと同じように続いていくと当たり前のように信じていた未来も喪失する経験となる．そしてそれは，障害とともに生きる未来の不透明さ，未来に対するあきらめ，および未来に対する否定的な感情を喚起し，生きる意味さえわからなくなることもある．

このように，中途身体障害を受障することは，受障前に存在していた日常と，本来であれば存在したはずの未来の喪失である．言い換えるならば，「存在したものの不在」と「不在だったものの顕在化」であり，新たな世界を生きていく自己の意味を再考する必要性が生じる．このため，身体機能の回復のみならず，中途身体障害が心理面に及ぼす影響を理解し，生き方への適切な支援が重要となる．

B. パラアスリートは障害を受容しているのか？

（1）障害受容に関する理論

生き方への適切な支援を考えるうえで，障害受容がリハビリテーションにおける「問題解決の鍵となる概念」の1つとして位置づけられてきた．障害受容は，あきらめでも居直りでもなく，障害に対する価値観の転換であり，障害を持つことが人間的価値を低下させるものではないことの認識を通じて，積極的な生活態度に転ずることと定義されている[10]．この障害受容の過程を示し

た理論としては，①障害を「喪失」と捉え，その後の心理的な回復過程を示したコーン（Cohn, N.）の障害受容の段階理論[11]や，②障害を「危機」と捉え，それに対処する過程を示したフィンク（Fink, S. L.）の障害受容の段階理論[12]が有名である（**図 15.1**）．ただし，障害受容は必ずこれらの段階通りに進むわけではなく，人によっては経験しない段階があったり，段階を行きつ戻りつしたりすることに留意したい．

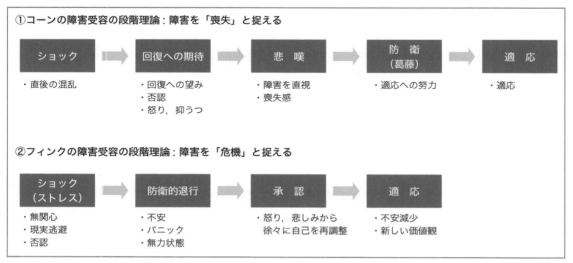

図 15.1　障害受容の段階理論

また，ライト（Wright, B. A.）は，障害を受け入れるために，受障前の身体を基準とした生き方から，障害を負って変化した身体を基準にして価値観を転換する「価値転換理論」を提示した[13]．この価値転換理論では，下記の 4 点により，障害に起因するネガティブな波及効果を抑制することが述べられている．

①障害により喪失してしまったと思っている価値の他に，これまでと同様に別の複数の価値を持っていることに気づくこと

②内面的な価値への気づきを促し，外見よりも重要な価値があることに気づくこと

③他者や一般的に標準と思われることと比較せず，自分自身の本来的価値などに目を向けること

④誰しも欠点があり，それによって劣等感を感じることはあっても，自分の能力全体の価値や自分自身の価値まで劣っていると考えないようにすること

（2）パラアスリートと障害受容

これまでに，多くの先行研究においてパラスポーツの意義や価値が示されてきた．例えば，身体障害を受障した直後は「できなくなった」ことに焦点化しやすいが，パラスポーツが自己の可能性は閉ざされていないことに気づくきっかけとなったり[14]，自己の可能性を再発見し，自信や身体能力への気づきを導く場となったりする[15]とされている．また，パラスポーツを継続していく

中で，パラアスリートであることが自分を形作る一要素であると認識したり，受障に伴う喪失体験の葛藤の果てに人間的成長があったと意味づけしたりするようになる[16]．つまり，パラスポーツは，受障前の価値のあるものを喪失した感情から脱却させ，新しい価値体系を得るプロセスを提供するといえる．

しかしながら，喪失体験を「克服した過去のもの」と単純にみなすのではなく，その痛みや苦しみと寄り添い，ともに生きていく側面があることを忘れてはならないだろう．特に，パラリンピックに出場するようなトップレベルのパラアスリートは，困難を克服した英雄的存在として扱われやすく[17]，障害を受容し，力強く生きている存在の象徴として，人々からみなされることも多い．言うなれば，パラアスリートの光の部分のみが，強調される傾向にある．しかし，パラアスリートとしての自己が確立されていく反面，障害を抱えて生きる自分も変わらずに存在し，水と油のように折り合わない感情を有していたり，障害と寄り添い生きている自分を認識していたりするパラアスリートも存在する[16]．たしかに，中途身体障害者にとって，障害を受容することはリハビリテーションの目標の1つに位置づけられているが，その目標の達成ばかりが強調されると，「障害受容をしないといけない」「障害受容をしていることが良い状態」のような理想を，当事者に強いることになりかねない．障害とともに生きることを当事者が引き受ける必要はあっても，「喪失体験から必ず回復して，最後には障害受容に至る」と安易に考えないことが大切である．

15.3 ≫≫ パラアスリートの心理サポートをめぐって

A.「障害」への戸惑いや不安

「パラテコンドーをしている両上肢尺側欠損障害の男性アスリート（もしくは女性アスリート）」——もし，このパラアスリートの心理サポートやトレーニングの指導などに携わることになった場合，何に戸惑いや不安を覚えるだろうか．おそらく，競技種目や自分とは異なる性別に関してよりも，「両上肢尺側欠損障害」という障害に，戸惑いや不安を覚える人が多いのではないだろうか．パラアスリートへの心理サポートに際し，「障害のことがわからないから，サポートできないかもしれない」「障害者と接した経験がないので不安」といった声をよく耳にする．その一方で，「自身が経験したことのない種目はわからない」「性別が違うから不安」などのような声があがっても良いはずであるが，そのような話はほぼ皆無である．さらに言えば，そもそも論として，初めて会うアスリートは誰であれ「接した経験のない未知の他者」のはずである．

パラテコンドー・東京パラリンピック日本代表 田中光哉選手

すでに述べた通り，「障害」ではなく自分と同じ「人間」であり「アスリート」であることに目を向けることが重要となる．にもかかわらず，障害に目を向けてしまいやすい理由の1つは，ネガティブな情報や感情は，ポジティブなものよりも大きな影響力があり，より記憶に残りやすいというネガティビティ・バイアス[18]が考えられる．例えば，試合でうまくいったプレーと失敗したプレーのうち，家に帰ってからどちらをより多く思い出すだろうか．監督

から「ナイスプレー！」と声をかけられたことと，「大事な場面でつまらないミスをするな！」と叱責されたことのうち，心により強く残るのはどちらだろうか．多くの場合，失敗や叱責などのネガティブな事柄のほうが，記憶に残りやすい．同様に，人間は，障害者に関する情報に対して「かわいそう」「不自由」といったイメージが想起しやすく [5]，「障害者は能力が低い」のようなネガティブな固定観念を抱いているとされる [6]．つまり，障害や障害者に関する情報は概してネガティブなものと受け止められており，「テコンドーをしている両上肢尺側欠損障害の男性アスリート（もしくは女性アスリート）」と聞いた場合に，ネガティブな情報となる障害に意識が向きやすく，そこに戸惑いや不安が生じると考えられる．以下では，このような心のあり様に気がつき，自分の内面とどう向き合っていくのかについて考えてみたい．

B. 自分の知識や価値観を見直す

　人間は，過去の体験や記憶，価値観などによって作られた独自のモノの見方や考え方などに基づいて，出来事や体験を自分流に解釈したり，意味づけしたりする．この独自のモノの見方や考え方は，言うなれば「自分のメガネ」である（専門用語では，「私的論理（プライベート・ロジック）」と呼ぶ）．自分にとって「当然」「当たり前」と思われることであっても，「自分のメガネ」を通して見たものは，あくまで自分の個人的な基準やルールにすぎない．例えば，「車いすを使用している脊髄損傷者は歩くことができない」「歩けなくて大変そう」と捉えている場合，それは自分が得た知識や価値観によってそのように決めているのである．

　しかし実際には，脊髄損傷の程度によっては，下肢に麻痺があってもクラッチ杖や下肢装具を使用して歩くことができる人もいる．損傷の部位や，完全麻痺か不完全麻痺かの違いによって，残された身体機能や感覚も人によって千差万別である．また，当事者の中には，「足で歩くことはできないが，車いすがあれば大変ではない．車いすが自分にとっての足のようなものだから」などのように，障害を「大変なこと」として意味づけしていないことも往々にしてある（もちろん，全員がそうであるという意味ではない）．にもかかわらず，「車いすを使用している脊髄損傷者は歩くことができない」と決めつけてしまうと，「できない」というネガティブな情報に囚われて戸惑いや不安を抱いたり，「大変そう」と勝手に困りごとを作り出すことによって，目の前にいるパラアスリートが「心理サポートを受けたいと思っている本当の困りごと」を見落としたりしかねない．自分の中のネガティブな感情や思考に気がついたら，「自分のメガネ」が本当に妥当なものであるのか，一度立ち止まって見直す必要があることを覚えておきたい．

C. 視点を変え，可能性を探究する

　先天性の両上肢形成不全（肩関節から指先までの腕が左右ともない障害）の少年から，野球のピッチャーをやってみたいと相談された際に，どのように答えるだろうか．大学の講義やスポーツ指導員の研修会でこの質問をすると，最

クラッチ杖

下肢装具

も多い回答は「腕がないのだからピッチャーはできない．だから得点係をしたらどうかとアドバイスをする」「足には障害がないから，サッカーを勧める」といった回答である．たしかに，それも1つの案ではあるが，その少年の「野球のピッチャーをやってみたい」というニーズには応えることができない．また，上述した回答の本質には，「障害があるから，腕がないから，ピッチャーはできない」といった考えが見え隠れする．

しかし，足の甲にボールをのせて蹴り出すように振り出せば，ボールは前に飛んでいく．マウンドからキャッチャーまでの距離を短くしても良いだろう．足で投げるのはピッチャーではない，バッターとの距離を短くするのは野球ではないと判断するかどうかは，自分の価値観次第である．実は，この話はあるスポーツ指導員が経験した実話で，その少年は「やった！　野球のピッチャーがやれた！」と喜んだ．つまり，その少年にとって，それは間違いなく野球だったのである．視点を変え，多様なモノの見方に対応することができれば，今まで気がつくことさえなかった新たな可能性を見つけ出すことができる．

このことを理解するために，もう1つ考えてみたい．●を縦横3つずつ書き（図15.2A），これら9つの●をすべて通るように，4本の線で一筆書きをしてみてほしい．

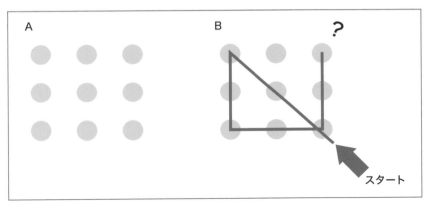

図15.2　一筆書きクイズに挑戦

おそらく，図15.2のBのように，●が1つ余ってしまう人が多いだろう．しかし，この問題は，視点を少し変えると簡単に答えを導くことが可能になる．図15.3に示したように，架空の○を想定することで，すべての●を通るように一筆書きで線を引くことができる．「線を引く際に●を突き抜けてはいけない」と教示をしていないにもかかわらず，自身の先入観や判断に基づいて，突き抜けてはいけないと思い込むと，見える世界の幅を狭めてしまいやすい．また，この簡単なクイズに取り組む間にも，「解くことができない」「答えが見つからない」のように，できないことやないものに囚われて，イライラしたり焦ったりしたならば，ネガティビティ・バイアスによって思考が曇ってしまうことの理解も深まるであろう．視点を変え，可能性を探究し続けることは，ここでの○を探すことと同じなのである．

図 15.3　一筆書きクイズの答えの一例

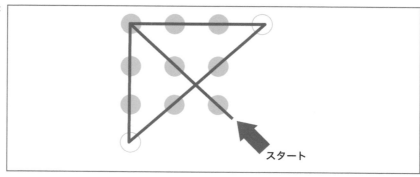

スタート

　　　ここまで，「障害（者）」や「パラアスリート」をめぐる自分自身の見方や思考を振り返り，多様な視座から捉える重要性を述べてきた．本来的に，人間はみな，多様性に満ちた身体と心を有していることを踏まえれば，本章を通して考えた事柄は，障害者やパラアスリートと関わる際だけでなく，日常生活においても役立つであろう．

練 習 問 題

1）「アダプテッド・スポーツ」「パラスポーツ」のそれぞれの意味を説明しなさい．

2）「困難を克服した英雄的存在」としてみなされやすいパラアスリートの障害受容を考えるうえで，留意すべき点を述べなさい．

3）先天性の両上肢形成不全の少年が，あなたとキャッチボールをしたいと言ってきた場合，どのようなアイディアが考えられるか述べなさい．

【文献】

1) International Paralympic Committee (2017). International Paralympic Committee style guide：The following is a guide to correct generic terminology and language to be used in the Paralympic Movement. International Paralympic Committee.

2) 藤田紀昭（2008）．障害者スポーツの世界：アダプテッド・スポーツとは何か．角川学芸出版．

3) 文部科学省（2012）．特別支援教育の在り方に関する特別委員会報告1：共生社会の形成に向けたインクルーシブ教育システム構築のための特別支援教育の推進．https://www.mext.go.jp/b_menu/shingi/chukyo/chukyo3/siryo/attach/1325881.htm

4) 山口恭平・田口賢太郎・松本郁恵・関根宏朗（2011）．東京大学大学院教育学研究科紀要，51，21-39．

5) 栗田季佳（2015）．見えない偏見の科学：心に潜む障害者への偏見を可視化する．京都大学学術出版会．

6) 栗田季佳・楠見孝（2012）．特殊教育学研究，49（5），481-492．

7) 荒木雅信（2011）．荒木雅信（編著），これから学ぶスポーツ心理学（pp. 140-144）．大修館書店．

8) Asken, M. J.（1991）. The Sport Psychologist, 5（4）, 370-381.

9) 近藤卓（2015）．児童心理，69（13），118-125．

10) 上田敏（1980）．総合リハビリテーション，8（7），515-521．

11) Cohn, N.（1961）. Journal of Rehabilitation, 27, 16-18.

12) Fink, S. L.（1967）. Archives of Physical Medicine and Rehabilitation, 48, 592-597.

13) Wright, B. A.（1960）. Physical disability: A psychological approach. Harper & Row.

14) 内田若希・橋本公雄・山﨑将幸・永尾雄一・藤原大樹（2008）．スポーツ心理学研究，35（1），1-16．

15）Blinde, E. M., & McClung, L. R.（1997）. Adapted Physical Activity Quarterly, 14, 327-344.

16）内田若希（2017）．自己の可能性を拓く心理学：パラアスリートのライフストーリー．金子書房．

17）Purdue, D., & Howe, D.（2012）. Qualitative Research in Sport, Exercise and Health, 4（2）, 189-205.

18）Baumeister, R. F., Bratslavsky, E., Finkenauer, C., & Vohs, K. D.（2001）. Review of General Psychology, 5（4）, 323-370.

第16章 **スポーツメンタルトレーニング**

菅生貴之

| キーワード | スポーツメンタルトレーニング（SMT），スポーツメンタルトレーニング指導士，国立スポーツ科学センター，日本スポーツ心理学会，倫理 |

| 到達目標 | ●国内外における SMT の時代的流れや理論的背景を理解する． |
| | ●SMT の今後の方向性や倫理観について理解を深める． |

16.1 >>> SMT の歴史と研究の概要

　本章においては，アスリートが競技場面において実力発揮をするための心理支援の方法として，特にわが国においてよく用いられる「スポーツメンタルトレーニング（sport mental training：SMT）」という語を用いて，その理論・概念と実践的応用について理解を深める．

A. 国際的な流れ

（1）旧共産主義国家における SMT

　SMT の正確な起源をたどることは大変難しい．先駆けとして知られているのは 1950 年代の旧ソビエト連邦の宇宙飛行士を対象とした心理訓練である[1]．宇宙空間のストレス状況下において，心身の状態を意識的かつ適切にコントロールする方法を修得するプログラム[2] が考案され，それらがアスリートの強化に応用された．旧ソビエト連邦においては 1957 年から，オリンピックなどの国際競技会に向けたアスリート強化のためのトレーニング戦略が国家プロジェクトとして開始され，心理面の強化も始まったとされている[3]．その後，上記旧ソビエト連邦のほか，東欧の東ドイツなどの国々において，オリンピックでの躍進が見られた．これらの国は 1991 年第 1 回国際メンタルトレーニング学会（International Society for Mental Training and Excellence：ISMTE）においても中心的な役割を果たした．

（2）北米における SMT

　米国においては 1972 年に「エリート・アスリート・プロジェクト」がスタートし，その中で心理面の強化も盛り込まれた．1976 年のモントリオールオリンピックからは，心理的スキルトレーニング（psychological skill training：PST）[*1] が代表チームに導入され，プログラムが体系化されていき，強化活動に盛んに取り入れられた[3]．1987 年にはコロラドスプリングスの米国オリンピックトレーニングセンターに専任のスポーツ心理学者が配属され，以降継続的に SMT プログラムが提供されている．また米国においては 1986 年設立の国際応用スポーツ心理学会（Association for Applied Sport

＊1　SMT と PST は，ほぼ同義と捉えられる．わが国で広く用いられている SMT という語には，後述するように，スキルトレーニングのみならず，わが国特有の方法も含まれる．

Psychology：AASP）などの学会が中心となって学術的な体系化も行い，大学や大学院におけるSMTの指導者養成のプログラムも整備されており，指導者の育成も進んでいる[4]．

（3）国内外のメンタルトレーニング研究の動向

　国際的には実践領域での活動のみならず，研究活動も盛んに行われている．阿江[5]は主要なスポーツ心理学関連学術誌の中から，最も実践的な内容を多く掲載しているThe Sport Psychologist誌におけるSMT研究の動向をまとめており，個人やチームに対する介入研究を紹介している．さらに今後は，実践されたプログラムの検証のみならず，SMTを「どのようにサービスするか」ということや提供したサービスの効果に関する検証が行われるであろうことを示唆している．

　一方西野・土屋[6]は国内の関連和書を対象とした調査を行っている．わが国の書籍においては技法を中心とした著者の主張がそれぞれに行われている．また技法の内容は多岐にわたり，その準拠している理論的背景の違いが，多様な技法が用いられる理由ではないかと説明されている．また関矢[4]は，SMTの実践的研究を概観し，これまで主流であった量的研究に対して，仮説を設定せずに半構造化インタビューなどの手続きを経て発話データを分析する質的研究が増加していることを指摘している[*2]．近年ではアスリートへのSMT指導事例に対して，質的な研究を用いたSMTの効果検証が多く行われている[7]．

B. わが国におけるSMT　これまでとこれから

（1）わが国のSMTの勃興

　わが国におけるSMTの組織だった取り組みとしては，1964年の東京オリンピック開催に向けたアスリート強化対策が挙げられる．日本体育協会スポーツ科学委員会に，特に「あがり」をキーワードとしてその防止対策を検討する心理対策班が設置され，1960年から1978年まで報告書[*3]が作成されている[8,9]．

　しかしこの研究の流れは，種目が限定的であったことや，臨床的な心理支援の技法をそのまま適用したこと，さらには当時の東京オリンピック関連の報道等で「根性」や「強固な師弟関係」という伝統的な心理面の強化が着目されてしまったこともあり，日の目を見ることはなかった．しかしながら，その後に続く「メンタルマネジメントに関する研究」に影響を及ぼしたことは間違いない．

（2）メンタルマネジメントに関する研究プロジェクト

　「メンタルマネジメントに関する研究」は1984年のロサンゼルスオリンピックにおける反省として，精神面の問題が注目されたことを契機に立ち上げられた，日本体育協会スポーツ科学委員会内の「メンタルマネジメント研究班（松田岩男班長）」によって進められたプロジェクト研究である（**表16.1**）[10]．メンタルマネジメントに関する研究は，国内の体育・スポーツ心理学者が参加して行われた大きなプロジェクトであったが，必ずしも各競技団体におけるSMTなどの心理支援の拡大にはつながらなかった[9]．しかしながら，この研

*2　質問紙などによって数値化したものによって行う「量的研究」に対して，質問項目を設定しておき（半構造化）インタビューした「発話」を分類していくのが「質的研究」である．

*3　これらの取り組みについては，文献10に詳しい．

究から継続的に競技団体に関わっていった事例もいくつか見られる．アスリートに対する心理支援の方法論を実践の場で検討し，競技団体等にどのように普及するかといったことを検討していく契機としての役割は大きかったといえるだろう．

表 16.1　スポーツ選手のメンタルマネジメントに関するプロジェクト研究のテーマ

第 1 次研究（1985-90）	メンタルマネジメントに関する基礎的かつ広範囲な研究
第 2 次研究（1991-93）	チームスポーツのためのメンタルマネジメント研究
第 3 次研究（1994-96）	ジュニア期のメンタルマネジメントに関する研究
第 4 次研究（1997-99）	冬季種目および長野オリンピックに向けての心理サポートに関する研究
第 5 次研究（2000-02）	オリンピック大会の心理サポートを中心とした研究

（3）資格制度の議論と国立スポーツ科学センターにおける SMT 実践

　上記のメンタルマネジメント研究は，2001 年に設置された国立スポーツ科学センター（Japan Institute of Sport Sciences：JISS）にスポーツ心理学の専門家が配置されたことで，その役割が引き継がれた [11, 12, 13]．また 1990年代には日本スポーツ心理学会（Japan Society of Sport Psychology：JSSP）において，学会認定の資格の必要性が盛んに議論された [14]．様々な議論を経て SMT 指導士資格（後述）の認定が開始されたのは 2000 年である．JISS では SMT 指導士の資格取得者を研究員の採用条件の 1 つとし，採用されたスタッフが SMT をわが国の一流アスリートに対して実践しており，多くの事例を積み重ねてきている [11]．

（4）わが国の SMT の現状と今後の課題

　SMT の定義は，国の文化などの影響を受けるため，国際的なものというよりは各国独自のものといえる．本項では JSSP による「スポーツメンタルトレーニング教本」より抜粋する [4]．その定義は以下の通りである．

　アスリートをはじめとするスポーツ活動に携わる者が，競技力向上ならびに実力発揮のために必要な心理的スキルを習得することを目的とした，スポーツ心理学の理論に基づく体系的で教育的な活動である．また，競技力向上・実力発揮に加えて，心身の健康や人間的成長も視野に入れた活動である．

　この定義においては，スポーツ活動に携わる者という表現で，その対象をアスリートのみならず指導者などのアントラージュ[*4]を含めて広く捉え，またその中心的な活動は教育的活動であるとしている．一方で心身の健康や人間的成長もその業務内容としては含んでいて，比較的広く活動を捉えたものであるといえよう．

＊4　アスリートアントラージュ：アスリートを取り巻く家族やチームメイト，コーチ，アスレチックトレーナーなどのすべての関係者のこと．

　先述の通り，SMT の指導はスポーツの指導や強化現場において十分に普及しているとは言えない．すでに後述する学会認定資格が設置されて 20 年を超え，2021 年には資格設置 20 周年の記念講演が行われた．個々の活動は様々

に展開され，資質向上についても他の資格と比べても後れを取るものではないことから，今後どのように活躍の場を創出するかということは重要な課題といえるだろう．

16.2 ≫≫ スポーツメンタルトレーニングの背景となる理論

A. スポーツメンタルトレーニングの実践を支える諸理論

（1）身心論・心身相関

SMT においては身心一元論*5 的な立場から，心と身体の強い関連性を想定している技法が多い．スポーツ場面では試合時の緊張に伴い，胃腸の不調や不眠，呼吸の不全，心拍数や血圧上昇などの，交感神経系の亢進や内分泌系による神経伝達物質の変化などがよく観察される[15]．心理的変動や情動に伴う神経・内分泌・免疫応答は極めて複雑なネットワークを形成しており（**図16.1**）生体に起こるストレスをモニタリングして適切な対処をコントロールしており，生体の恒常性維持を担っている．

＊5　身心一元論：身体と心（肉体と精神）は1つのものであり，不可分（分けられない）であるという考え方．

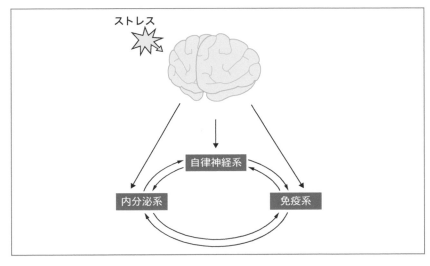

図16.1　心身相関を規定する神経・内分泌・免疫のネットワーク
（文献16より作成）

一方で，SMT では，先述の「あがりの研究」に見られるように，競技場面で起こる過緊張やあがりの状態を制御する技法として，学習理論をもとにした行動療法が適用されてきた[17]．初期の研究では自律訓練法や漸進的筋弛緩法などがアスリートに対する指導として利用されている[9]．

また近年の臨床スポーツ心理学的な観点からは，傷害などの発生と心理的な要因を深層心理学的視点で，心理的問題の身体化として捉える見方がある．この点についてはスポーツカウンセリングの項を参照されたい[18, 19]．

（2）認知理論

一方でベック（Beck, A）による認知療法においては状況に対する認知の仕方に焦点が置かれ，例えば強いあがり症状を呈するアスリートのやや歪んだ状

況認知を修正することが目的とされている．例えばセルフモニタリングや目標設定といった技法は，認知行動理論に基づいた技法といえる [1]．一方で近年では，例えば競技場面におけるネガティブな内的反応に対して反応することなく受容するマインドフルネスに対する関心が高まっている [20, 21]．なおセルフトークやルーティンなどの技法 [1] は，現在では前項の身心論・心身相関で説明した行動理論と本項の認知理論の技法を統合・併用し，認知行動理論として説明されることも多い．

（3）達成目標設定・動機づけ理論

　スポーツ活動には達成場面が必然的に伴うことから，目標を掲げて取り組むことが多い．達成目標理論では熟達目標（努力や過程を重視して自らの向上を目標とする）と成績目標（能力に価値を置き，他者より優れることを目標とする）に大別されて研究が進められている [1, 22]．熟達目標を重視する課題志向性の高さがスポーツ行動に大きく影響を及ぼすことが知られており，競技達成動機，有能さ，内発的動機づけを高めるとされている（詳細については第 6 章参照）[23]．

B. スポーツメンタルトレーニングはどのように心に働きかけるか

（1）「こころからからだへ」か「からだからこころへ」か

　SMT によってアスリートの心理的側面を支援する際に，上記の諸理論を見ても，「こころ」に働きかけるものなのか，あるいは「からだ」から「こころ」に働きかけるものか，といったことはよく問題になる．それを関矢 [4] は「トップダウン／ボトムアップ」という視点で捉えている．心理支援では一般的にこころの側面，すなわち，物の捉え方，考え方を変えていくことに主眼が置かれがちであるが，問題の所在が明らかな場合には，先述の自律訓練法などを用いて身体反応を制御することで心理的効果が得られる場合も少なくない．

（2）「こころ」と「からだ」のアプローチ

　例えばアスリートが試合に臨むときに，「監督の大きな声と周囲の声援で緊張してしまって身体がこわばってしまい，息苦しくなるときもある」と訴えていたときに，「身体のこわばり」や「息苦しさ」に着目すれば，呼吸法などのリラクセーション技法（次章参照）を検討するであろうし，「監督の大きな声と周囲の声援」に着目するのであれば，その捉え方（認知）の変容について考えていくことになろう．

　これらはどちらが正しいか，とかどちらがより効果的か，という問題ではなく，アスリートに対する心理支援の冒頭に行われる「アセスメント」により，アスリート自身の心理課題を正確に把握し，その課題に沿った支援の内容を見立てることが重要である．中込 [4] はアセスメントにおいてはアスリートがこれまでの自分自身が取り組んできた方法を振り返り，その方法の必要性などを認識した状態にすることが，SMT へのモチベーションを高めることを指摘している．つまりは「こころ」と「からだ」はどちらが先，ということではなく，むしろその両者を想定してアスリートの問題の本質を捉えながら，適切なSMT 技法をプログラムしていくことが必要であり，専門家として実践する際

には高度な知識と経験が要求される.

16.3 ⋙ スポーツメンタルトレーニングにおける資格制度

A. アスリートの心理支援の仕事と関連資格

(1) アスリートの心理支援の現状

心理支援に対するアスリートからの要望は潜在的には高いということはよくいわれていることであるが,わが国の実践者・指導者の養成は欧米と比較しても遅れている現状がある.石井[24]は競技団体に介入して心理支援を実践している組織的な取り組みの少なさを指摘している.そうした中で,アスリートをとりまくコーチなどの指導者や,スポーツドクター,トレーナーなどといった他の専門的サービスプロバイダが心理支援の部分を担ってきた歴史がある.現状においては国立スポーツ科学センターの設立により,各競技団体に対して心理支援の必要性が認知されてきたこともあり,いくつかのオリンピック・パラリンピック代表チームなどが心理支援の専門家を採用している例はあるものの,トレーナーなどの帯同に比べると,普及しているとはいいがたい状況である.

(2) 心理支援者の専門性

船越[14]は2000年に発足したSMT指導士資格認定制度について,その議論の経緯をまとめている.その中ではアスリートの実力発揮の問題のみならず,バーンアウトなどの心理的問題への対処も含めた様々な必要性から資格制度の発足が検討されてきたことがわかる.また,2021年に行われた東京オリンピック・パラリンピックにおいては,心理面の不調やSNSにおけるアスリートの誹謗中傷などの,アスリートの試合出場の妨げになるような事象が明らかになり,アスリートを取り巻く深刻な心理的問題が顕在化した.こうしたことからも,今後競技力向上の施策の中で心理支援の重要性が認知され,これまでのように他分野のサービスプロバイダが担ってきたような形ではなく,専門的資格を持った支援者の必要性はより高まってくると思われる.

B. JSSP認定SMT指導士

(1) SMT指導士の資格の概要

本項においては,JSSP認定SMT指導士資格について概説する.SMT指導士[*6]は2000年より資格認定を開始し,2022年現在で170名ほどの指導士を認定している.「競技力向上のための心理的スキルを中心にした指導や相談を行う」ことを活動内容として,JSSPが認定している.以下の目的に沿って設立された[4].

・指導士としての社会的承認を得る.
・専門家としての信用を得る.
・指導士としての専門性,責任性を高める.
・スポーツ心理学への認識と理解を高める.
・スポーツ心理学会の発展を期待する.

＊6 SMT指導士資格の詳細については,日本スポーツ心理学会HPの「SMT指導士」のページ（https://smt.jssp.jp/）で確認することができる.

アスリートを対象としたメンタルトレーニングの実践において，学会として認定する資格制度を発足させたことは，それまで元アスリートの経験論に基づくなど，専門性が曖昧であったこの領域が，社会的な承認や信用を得ることにつながる．また，資格の取得や更新の際に研修ポイントを問うことで資質の向上を求めており，実践者の責任を担保するものでもあるといえる．

（2）SMT 指導士資格取得の各段階

**図 16.2　SMT 指 導 士 資 格
取得の流れ**
（文献 4 より作成）

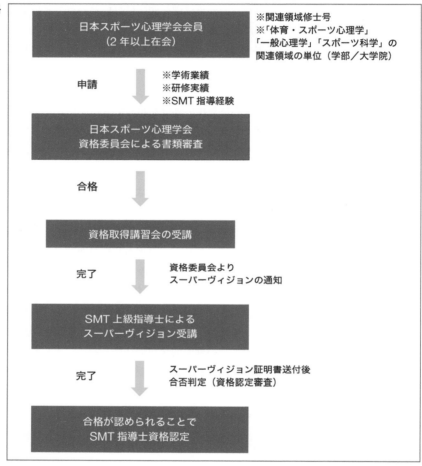

日本スポーツ心理学会会員
（2 年以上在会）

※関連領域修士号
※「体育・スポーツ心理学」
「一般心理学」「スポーツ科学」の
関連領域の単位（学部／大学院）

申請

※学術業績
※研修実績
※SMT 指導経験

日本スポーツ心理学会
資格委員会による書類審査

合格

資格取得講習会の受講

完了

資格委員会より
スーパーヴィジョンの通知

SMT 上級指導士による
スーパーヴィジョン受講

完了

スーパーヴィジョン証明書送付後
合否判定（資格認定審査）

合格が認められることで
SMT 指導士資格認定

図 16.2 には SMT 指導士資格取得の流れを示した．学会員として 2 年以上在会することのほか，大学院で体育・スポーツ科学や心理学関連の修士号を取得することが基礎資格となっている．資格の申請にあたっては，スポーツ心理学に関する学術上の業績とスポーツ心理学に関する研修実績，さらにはスポーツ現場での SMT 指導経験のポイントを設定しており，すべてをクリアする必要がある．上記の目的を達成するためにも，資格認定の基準は厳しいものになっているといえよう．

（3）SMT 指導士のステップアップと資質向上

上記の手続きを経て資格は認定されるが，資格は取得後 5 年を有効期間としており，別途定められている更新の基準をクリアする必要がある．この基準

も学術業績・研修実績・指導実績が問われるものとなっており[4]，結果的には資格取得後も継続的に資質向上を求めるものとなっている．これらは当初の目的である社会的承認や信用を得るということを果たすために，資格取得者に常に研鑽を求める学会の姿勢を表しているといえるだろう．

　また指導士資格取得後，さらに高度な研究業績や研修実績・指導実績を積んだ者には「SMT 上級指導士」の資格が認定される．この資格の取得者はSMT 指導士の認定における最終段階である「スーパーヴィジョン」を行うことができる．

（4）SMT 指導士の今後

　本項では SMT 実践者の資格として，学会において認定している「SMT 指導士」及び「SMT 上級指導士」について概説した．本資格はわが国のアスリート強化の中心である JISS の心理研究員の採用条件にも含まれており，高い学術・研修・指導の実績を求めていることからも，信頼性は高いといえる．今後はこうした資格を取得した者たちの活躍の場を拡張していくことが望まれ，個々の指導士の活動の振興はもちろんのこと，学会などの組織だった活動も必要であろう．

16.4 ≫≫ 心理支援者の育成とスポーツメンタルトレーニング指導における倫理

A. メンタルトレーニングなどの心理支援者に求められる倫理

（1）JSSP 認定 SMT 指導士における倫理

　JSSP は資格の認定にあたって，SMT 指導士に対して倫理綱領および倫理規則を定めている[4]*7．綱領においてはその基本的な考え方を，規則においては詳細な手続きを規定している．SMT 指導士としての責任や秘密の保持など基本的なことから，業務の内容に至るまで，SMT 指導士としての倫理観を定めたものであり，資格取得を目指すものであれば，最初に目を通すべき事項であるといえよう．

*7　倫理の諸規則については以下の URL を参照のこと（https://smt.jssp.jp/kitei20220401.pdf）

（2）SMT 指導上の倫理行動の実際とスーパーヴィジョンの重要性

　倫理綱領や規則にある内容は，SMT 指導士の業務上欠くべからざる事項であるが，それらを読み解き，その本質を理解して実行することは難しい．例えば倫理綱領には「技能」を定めており，第三条に「つねにその知識と技能を研鑽し，高度の技能水準を保つように努めること．一方，自らの能力と技能の限界についても十分にわきまえておかなくてはならない」とある．この内容を理解できても，実際にそれをどの程度実施するかは，個人によって判断の基準は異なる．また，心理支援者にとって必須とされる守秘の義務に対して，アスリートの心理状態を知りたいと願う指導者からの要望があった場合の判断は難しい．その他の条項を見ても，具体的にどのような行動が違反となるのかといったことの判断は，特に SMT 指導士資格を取得して年月の浅い場合や資格取得を目指す段階では難しいものである．

鈴木[4]は『SMT教本』の「SMT指導士の訓練」の項において，「良い師（指導者）を見つける」ことやスーパーヴィジョンを受けることの重要性と，その方法について述べている．倫理行動は自分自身で強く律することも重要であるが，そうしたことを相談できる師やスーパーヴァイザーを持つことは，特にSMT実践の初学者の場合はより重要であるといえる．

B. 心理支援者の育成　学会の動向と大学の取り組み

（1）JSSPにおける資格認定と資質向上

JSSP理事会内に組織されている資格委員会において，資格の審査を厳格に行うとともに，資質向上の部門を設けて研修会[*8]やスーパーヴィジョンの受講などを強く推奨して，資格取得者の資質の向上に取り組んでいる．学会の主催する研修会は学会大会時に開催されており，そのほか資格委員会が補助を行いながら，各地区で様々な研修会を開催している．

これら研修会の参加はSMT指導士の技能水準を維持し，高めていくうえで極めて重要である．資格取得と更新を続けるだけでこうした研鑽を怠るようでは，指導士の活動としては十分とは言えない．

（2）大学における心理支援者育成の事例

SMT指導士は先述の通り，大学院修了を基礎資格に含んでいる．主なSMTの実践家としての訓練は大学で受けることとなる．わが国において，大学スポーツにおけるアスリートの支援を大学の事業として行っている事例は非常に多い．一方で，心理支援をその一環として行っている大学はそれほど多くはない．詳細はJSSP編『SMT教本』[4]の第7章5節にいくつかの大学の事例があるので参照されたい．

そうした支援のシステムと連動した形で，あるいは大学院の研究室単位で心理支援者の育成は行われている．例年，SMT指導士資格の取得を申請してくる人数はおおむね数件から10件程度であるが，心理支援者の育成には多くの時間と労力を要することから，今後もこのくらいの数字で推移することが想像される．筆者自身もSMT指導士の育成に携わる一人であるが，大学院生にとっては研究活動がその主たる活動であり，研究に費やすべき時間の多くを実践活動に割くことは難しい．もちろん学会が求める基礎資格には学術業績も含まれるので，そもそも研究をしないことには資格の基礎要件を満たすことはできない．それに加えて指導実績，研修実績を積みつつ，スーパーヴィジョンも受けることが求められる．

資格取得には非常に高い水準の基礎要件を満たさなくてはならないが，それだけ社会的責任は重く，資格認定にあたって必要な基準であるということも言える．

*8　SMT指導士の研修会情報についても，日本スポーツ心理学会HPの「SMT指導士」のページ（https://smt.jssp.jp/）を参照されたい．

練習問題

1) SMT は国際的にはどのように始まり，わが国においては今後どのような発展が期待されると思われるかを述べなさい.

2) SMT の実践における理論的背景についてまとめなさい.

3) SMT 指導士資格に求められる倫理についてまとめ，それを履行するために必要なことを述べなさい.

【文献】

1) 中込四郎・伊藤豊彦・山本裕二(編著)(2012). よくわかるスポーツ心理学. ミネルヴァ書房.

2) 高妻容一(2003). 今すぐ使えるメンタルトレーニング コーチ用. ベースボール・マガジン社.

3) Vealey, R. S. (2007). In G. Tenenbaum, & R. C. Eklund (Eds.), Handbook of sport psychology (pp. 287-309). John Wiley & Sons.

4) 日本スポーツ心理学会(編)(2016). スポーツメンタルトレーニング教本 三訂版. 大修館書店.

5) 阿江美恵子(2003). 東京女子体育大学紀要, 38, 33-40.

6) 西野明・土屋裕睦(2004). スポーツ心理学研究, 31(1), 9-21.

7) 中込四郎(2006). スポーツ心理学研究, 33(2), 19-33.

8) 猪俣公宏(2009). 臨床スポーツ医学, 26(6), 627-632.

9) 土屋裕睦(2018). 心身医学, 58(2), 159-165.

10) 日本体育協会(監), 猪俣公宏(編)(1997). 選手とコーチのためのメンタルマネジメント・マニュアル. 大修館書店.

11) 菅生貴之・立谷泰久・山崎史恵(2005). トレーニング科学, 17(1), 29-37.

12) 立谷泰久(2018). 心身医学, 58, 166-173.

13) 煙山千尋・清水安夫・茂木俊彦(2009). 神奈川体育学会機関紙 体育研究, 42, 1-8.

14) 船越正康(2000). スポーツ心理学研究, 27(1), 39-49.

15) 堀忠雄・尾﨑久紀(監), 片山順一・鈴木直人(編)(2017). 生理心理学と精神生理学 第II巻 応用. 北大路書房.

16) 竹宮隆・下光輝一(編)(2003). 運動とストレス科学. 杏林書院.

17) 藤田厚(1961). 日本体育協会スポーツ科学研究委員会報告, 1-4.

18) 鈴木壮(2000). スポーツ心理学研究, 27(1), 30-38.

19) 中込四郎(2000). Sportsmedicine Quarterly, 27, 35-43.

20) 雨宮怜・坂入洋右(2017). 心理学研究, 88(5), 470-477.

21) 雨宮怜・坂入洋右(2015). スポーツ心理学研究, 42(2), 81-92.

22) 日本スポーツ心理学会(編)(2004). 最新スポーツ心理学：その軌跡と展望. 大修館書店.

23) 伊藤豊彦(1996). 体育学研究, 41, 261-272.

24) 日本スポーツ心理学会資格認定委員会・日本スポーツメンタルトレーニング指導士会(編)(2010). スポーツメンタルトレーニング指導士活用ガイドブック. ベースボール・マガジン社.

第17章　**個人に対する**
スポーツメンタルトレーニング

荒井弘和

| キーワード | 心理的能力, アセスメント, 目標設定, セルフトーク, イメージ技法, マインドフルネス |

| 到達目標 | ●自分自身が, メンタルトレーニングの技法を用いることができる.
●他者が, メンタルトレーニングの技法を用いることを支援することができる. |

17.1 >>> 心理的能力の要素

「心・技・体」という言葉があるように, アスリートにとって心理的な能力は重要である. 心理的な能力を評価する検査として, JISS 競技心理検査（J-PATEA）[1,2] がある. JISS 競技心理検査は, アスリートの心理的側面に注目し, 実際のトップアスリートのデータを用いて作成された. 自己分析のためや, メンタルトレーニングを行った評価のため, また, セルフモニタリングのためなどの目的で使用されている.

　JISS 競技心理検査は（1）心理的スキル（自己コントロール・集中力・イメージ・自信）,（2）自己理解（一貫性・自己分析力・客観性）,（3）競技専心性（目標設定・モチベーション・生活管理）という 3 つの観点（10 の心理的側面）から自身の心理的課題や長所を多面的に把握することができる（**表17.1**）.

　（1）心理的スキルは, パフォーマンスを発揮するために必要な心理的能力である. 次の得点が高いほど, 各能力が高いと自己評価していることになる. 以下の 4 つの側面を評価可能である.

（1-1）自己コントロール（過度な不安や緊張のコントロールができる）

（1-2）集中力（現在に集中ができる, 集中の回復ができる）

（1-3）イメージ（質の高いイメージができる, イメージトレーニングをしている）

（1-4）自信（試合に対する自信がある, アスリートとしての自信がある）

　（2）自己理解は, 自己理解に対する姿勢やそれに基づく行動の一貫性を評価する. 次の得点が高いほど, 自己理解の度合いが高く, 自己理解を促進するための行動や自己理解に基づく行動を行っていると自己評価していることになる. 以下の 3 つの側面を評価可能である.

（2-1）一貫性（自分に必要な行動やプレースタイルを貫くことができる）

（2-2）自己分析力（好調・不調の理由や自分の特徴に関する把握・理解をしている）

（2-3）客観性（様々な視点からの振り返りをしている）

表 17.1　JISS 競技心理検査
で評価できる心理的スキル
（文献 1，2 より引用）

観点	心理的側面	項目例
心理的スキル	自己コントロール	試合中に，ミスするのではないかといった不安でいっぱいになる
	集中力	一度気持ちが切れても，集中しなおすことができる
	イメージ	日頃からプレーがうまくいくイメージを描いている
	自信	これまでの練習内容や経験について，「これだけのことをやってきた」と思える
自己理解	一貫性	周りに惑わされたとしても，自分の原点に戻ることができる
	自己分析力	失敗や不調の原因を自分で理解している
	客観性	視野が狭くならないように，自分のことを様々な観点から振り返っている
競技専心性	目標設定	具体的な目標達成までの過程を考えたうえで，目標を設定している
	モチベーション	つねに競技のことを考えて行動している
	生活管理	日頃から健康管理を徹底している

　（3）競技専心性は，競技に対する姿勢や熱心さを評価する．次の得点が高いほど，競技に対する専心性が高いと自己評価していることになる．以下の 3 つの側面を評価可能である．

（3-1）目標設定（試合から日々の練習までの具体的な目標を設定している）

（3-2）モチベーション（日頃の行動に表れる競技にかける意欲・意識が高い）

（3-3）生活管理（競技のための生活や健康の管理ができる）

　以下では，これらの心理的能力を高める技法（スポーツメンタルトレーニング）を紹介する．

17.2 ≫≫ スポーツメンタルトレーニング

　第 16 章で学んだスポーツメンタルトレーニングの技法には，様々な方法がある．一般的なのは，深呼吸など，あがりを防ぐためのリラクセーション技法である．リラクセーション技法の他にも，注意集中技法，暗示技法，チームビルディングなどのスキルがあり，様々な状況に活かすことができる．詳しくは，日本スポーツ心理学会が編集した『スポーツメンタルトレーニング教本』[3] を参照されたい．本書では，メンタルトレーニングを進める流れに沿って，メンタルトレーニングの技法を紹介する．

A. ストレス状況をアセスメントする

メンタルトレーニングを行う際には，何のために行うかという「目標」を設定する必要がある．目標とは，自らの課題を改善するためのものである．その目標を設定するためには，課題となっている場面を特定する必要がある．

課題となっている場面をストレス状況として考えてみよう．ここでは，アスリートが自己コントロールできない状況を例に挙げる．**図 17.1** にあてはめて整理してみよう．図 17.1 は，メンタルトレーニングと関連の強い心理療法である認知行動療法*1 の基本モデルと呼ばれる考え方である[4]．

*1　認知行動療法：ストレスの問題を認知と行動の側面から自己改善するための考え方と方法の総称[4]．

図 17.1　認知行動療法の基本モデル
（文献 4 より引用）

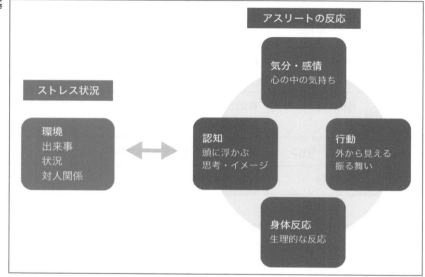

まず，その状況はどのような状況だったか整理する．その状況がどうなっているのか，4W1H（いつ When，どこで Where，誰が Who，何を What，どのように How）の切り口で書き出し，明らかにする．この書き出す作業を外在化といい，状況を理解するときに有効である．外在化の例として，**図 17.2** を見てほしい．

ストレス状況を書き出したら，「そのとき，どんなことが自分の頭に浮かんだか？」「そう思って，自分はどんな気分になったか？」「身体はどうなったか？」「どんな行動をしたか？」といった，自分に起きた変化を思い出して書き出す．このように書き出して整理する作業をアセスメントと呼ぶ．このように整理すると，ストレス状況で，自分に何が起きていたのかを理解することができる．書き出すことで，課題が生じる状況を理解しやすくなるし，自分の課題をコーチと共有しやすくなるだろう．このように，まずメンタルトレーニングの標的とするストレス状況を定めるべきである．

ストレス状況を整理するには，実際の自分から一歩引いた自分を想像して，一歩引いた自分から自分を観察することが必要である．課題となっている状況に直面したら，「自分に何が起きているのか？」を観察する．これは，競技場

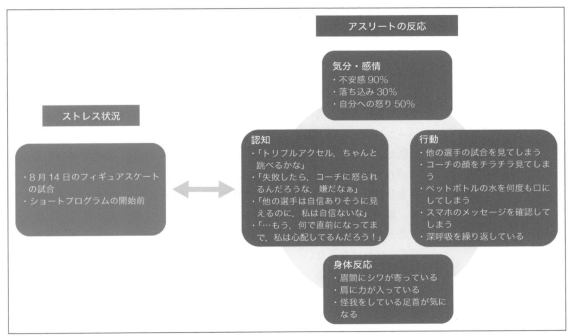

図 17.2　認知行動療法の基
本モデルに基づく外在化

面にかかわらず日常生活でも同じであり，繰り返せば状況を把握する能力は高まる．その結果として，ストレス状況で自分に何が起きているか理解できれば，それだけで少しは気持ちが楽になるだろう．

　図 17.2 のケースでは，「失敗したら，コーチに怒られるんだろうな．嫌だなぁ」や「…もう，何で直前になってまで，私は心配してるんだろう！」といった思考が頭に浮かんでいた．この「勝手に頭に浮かんでしまう考え」を自動思考と呼ぶ．「今，自分にどんな自動思考が出てきているかな」とアセスメントする練習をすれば，頭に浮かんだ自動思考を即座に捕まえることができるようになる．あがりやプレッシャーをもたらす源は，ストレス状況そのものではなく，ストレスに対する評価，つまり自動思考にあるといえる．

B. 目標設定

　ストレス状況を外在化したら，その状況の改善を目標として設定し，メンタルトレーニングを計画しよう．以下では，心理面にかかわらず，技術面や体力面の目標を設定する例も示しながら，目標設定を 3 つのステップに分けて解説する．

(1) 目標を翻訳する

　フィギュアスケートの選手を例に考えてみよう．「ジャンプがうまくなりたい」「フィジカルが弱いので強化したい」「プログラムの途中で，気持ちが切れないようにしたい」「もっと自信を持って，ジャンプできるようにしたい」といった目標は，良い目標といえるだろうか．例えば，「ジャンプがうまくなりたい」という目標について考えてみよう．ジャンプがうまくなるとは，一体どういうことなのだろうか？　どのようなジャンプをうまくなりたいのか？　どうすれば，ジャンプがうまくなったことになるのか？　こういったことが不明

瞭なままでは，良い目標とはいえない．不明瞭なままでは，それをどうやって改善したら良いかもわからない．

　こういった目標を改善する方法として，行動的翻訳がある．行動的翻訳とは，「あいまいな目標を具体的で操作可能な行動のレベルに落とし込むこと」である [5, 6]．そして，目標を翻訳しようとすると，必然的に，あなた自身が目標について深く考え，具体的にイメージすることになる．目標設定は，イメージトレーニングともいえる．

　私たちはつい，課題となっている状況を理解する前に，課題を解決しようとしがちである．「どうしようか？」ではなく「どうなっているのかな？」と課題を分析し，課題について考え抜いてから，解決する段階に移行する必要がある．島宗 [7] は，課題の原因を推定せずに思いついた解決策に手を出してしまうことを「解決策飛びつきの罠」と呼んでいる．この罠にはまらないように注意しなければならない．

（2）目標を設定する

　課題が明確になってきたら，目標を設定する．目標設定で心がけたいのは，SMART な目標設定である．SMART とは，5 つの語の頭文字を取ったものであり（**表 17.2**），この 5 つの条件を満たした目標を設定する．

表 17.2　「SMART」な目標設定
注：SMART な目標設定は世界中の様々な文脈で使われている表現であり，5 つの要素それぞれの意味が多少異なる場合がある．

Specific	具体的か？
Measurable	測定できるか？
Attainable	達成可能か？
Related	長期目標や自分の最終目標と関連しているか？
Time-bound	締め切りが決まっているか？

　「ジャンプがうまくなりたい」というあいまいな目標は，「ルッツジャンプの踏み切りがうまくなりたい」「ジャンプの助走速度を上げることでジャンプの高さを，頭ひとつ分高くしたい」「プログラム終盤で疲れてきたときのジャンプが，回転不足と判定されないようにしたい」「大勢の観客がいる中でも，冷静にジャンプできるようになりたい」などに置き換えることができるだろう．あなたが目標をうまく言語化できないのであれば，それは課題が明確になっていないことの証拠かもしれない．

　長期目標，中期目標，短期目標といったように，期間を分けて目標設定することも望ましい．また，目標を達成するためには，やらないこと（やるべきではないこと，やりたくないこと）を決めるのも大事かもしれない．

（3）目標を振り返る

　目標を設定したら，必ず振り返りを行う．自分で日記やノートを書いて振り返るのも良いし，目標と現状にギャップはないか，ギャップがある場合はどのようなギャップなのか，コーチからフィードバックをもらうのも良い．フィー

ドバックとは，これから行う行動を導くための，これまで行ったその行動についての評価や記録のことである[6]．杉山[5]は，目標達成ができず挫折してしまった場合は，「目標を少し下げる」か「1つ前の段階に戻って練習して出直す」ことを勧めている．目標達成につまずいてしまう理由は，「次の目標が高すぎる」か「前の段階で技能が十分身についていない」のどちらかなのだ．

C. セルフトーク

セルフトークとは，自分に対する語りかけのことである．この場合の語りかけは，声に出さない語りかけも含む．無意識に，勝手に，頭の中に出てくるセルフトークは，アセスメントで学んだ自動思考そのものである．例えば「今日は調子が悪いなぁ」「試合でエラーしたらどうしよう」はセルフトークである．その一方で，意識的に，自動思考とは別の思考（これを代替思考と呼ぶ）を口に出すこともセルフトークである．「慌てちゃダメだ，落ち着け落ち着け…」という自分への語りかけもセルフトークなのである．

ここでは，自動思考としてのセルフトークではなく，自らに対して教示を与える方法，つまり，スキルとしてのセルフトークを考えてみよう．スキルとしてのセルフトークを上手に使えば，自分のことを自分でコントロールすることができるようになる．

以下では，セルフトークの具体的な使い方を2つに分けて紹介する．

（1）代替思考を探す

代替思考とは，自動思考に置き換わる他の考え方のことである．代替思考を探すとは，「自分にツッコミを入れる」と言い換えることもできる．「思考の幅を広げる」あるいは「思考の柔軟性を高める」ことを目的として，代替思考を探すことが望まれる．

代替思考を探す視点の例を挙げると，代替思考を考えるのが上手な誰か（ここではAさんとする）を思い浮かべて，「Aさんから今の自分を見たら，どのように見えるだろう？」「Aさんなら，この状況に対してどう対処するだろう？」と考えるのが良いだろう．また，「もし自分の後輩がこの状況になったら，自分はどうアドバイスするだろう？」と，自分がアドバイスをする立場になったらどうするか考えてみるのも良い．荒井[8]にはより多くの視点が紹介されているので，関心のある方は参照されたい．

元々ポジティブな人と，ネガティブになりやすい人では，セルフトークが持つ機能は変わってくるはずである．セルフトークの実践を推奨する際は，アスリートの特徴を考慮して，そのアスリートに合わせて推奨する内容を変える必要があるだろう．そして，ネガティブなセルフトークを絶対に行ってはいけないという考えは危険である．ネガティブなセルフトークは，必ずしもパフォーマンスを阻害しない[9]．最悪の結果を予想して課題に対して不安な気持ちになるものの，その不安を動機づけとして目標達成につなげるという考えを防衛的悲観主義と呼ぶ[10,11]．この防衛的悲観主義という考えに則れば，「もしかしたら失敗するかもしれない．だから，しっかり準備しよう」のように，ともするとネガティブと思えるようなセルフトークを行うことで，むしろ肩の力が抜け

て，自らのパフォーマンスに集中できる可能性も考えられる．「失敗するんじゃないか」と思っているのに，その気持ちから目をそらして無理にポジティブになろうとしたり，挑戦を恐れたり，言い訳を考えたりすることは好ましくない．そのセルフトークが自分にとってどのような機能を持っているか確認してから用いるべきである．

（2）反すうを止める[12]

「何であんなプレーをしちゃったんだろう」「私ってほんとにダメなヤツだな…」といったように，競技場面では，過去の失敗を繰り返し思い出したり，自分のすべてを否定したりと，考え込んでしまうことがある．このように，物事を繰り返し考えることを反すうと呼ぶ．ここでは，2 つの反すうパターンに対して用いるセルフトークを紹介する．

1 つは，1) 過去の出来事への後悔が反すうしている場合である（例えば「何であんなプレーをしちゃったんだろう」）．そう言っている自分に対してもう一人の自分をイメージし，「そうだね，何であんなプレーをしちゃったんだろうね」とセルフトークする．そうすると，一人だけの世界に閉じこもった状態から抜け出して，ダメだダメだ…という反すうが止まるのではないだろうか．

もう 1 つは，2) 自分をすべて否定してしまう考えが反すうしている場合である（例えば「私ってほんとにダメなヤツだな…」）．こういう自動思考が出てきたら，その自動思考の後に「～と考えた」「～と思った」という言葉を入れ込む．こうすることで，自動思考を冷静に捕まえて，その自動思考を確認することができる．そして，評価も判断もしないフラットな状態で，自動思考を捕まえることができる．評価も判断もしないので，その自動思考によるつらさも減るだろうし，自分が考えていることは必ずしも事実ではないと理解することもできるだろう．

D. イメージ技法

イメージを用いたトレーニング（イメージトレーニング）とは，「アスリートに目を閉じてある場面を想い浮かべてもらい，それを内的に体験することで，実際の競技場面において，より望ましい心理状態を準備したり，より高いパフォーマンスを発揮するための心理技法」[13]である．イメージを用いる際には，いくつかの要点がある．以下では，文献 14 を参考に整理する．

（1）イメージの目的

イメージトレーニングの目的は，1) 運動技能の獲得・修正のためと，2) 個人・チームの実力発揮のために分けられる．1) 運動技能の獲得・修正のために行うイメージトレーニングは，長期的に継続して行うことで，スポーツの技術を向上させる．2) 個人・チームの実力発揮のために行うイメージトレーニングは，試合直前に行うことで，これから行うパフォーマンスに対する心身の準備として機能する．

（2）イメージの視点

1) 外的なイメージ，または 2) 内的なイメージに分けられる．1) 外的なイメージは，視覚的なイメージが主であり，自分がプレーしているのを外から見

ているイメージを描く．プレーのフォームをチェックするときは外的なイメージを用いることが有効である．2）内的なイメージは，視覚・聴覚・筋運動感覚などの複合感覚的なイメージによって構成され，自分が実際にプレーしているときのイメージを描く．プレー中の身体感覚をチェックするときは内的なイメージが効果的である．つまり，両方（外的・内的）のイメージとも大事なので，描きやすいほうから，イメージを描くトレーニングを開始すれば良い．

（3）イメージの質

　イメージの質には1）鮮明性（イメージをはっきり描けるか？）と，2）コントロール可能性（描いたイメージを自在に動かせるか？）という2つの次元がある．実際のプレーではなくイメージなのだから，自由自在に動かせるはずだと思うかもしれないが，イメージを自由自在に動かせないアスリートは意外と多い．このことからも，イメージを使うことは1つのスキルであり，トレーニングが必要なことが理解できる．

E. マインドフルネス

　マインドフルネスとは，「今・ここ」で体験していることに気づき，あるがままに受け止め，味わい，そして手放すための心のエクササイズのことである[12]．伊藤[12]によると，マインドフルネスでは，すべての体験に対して，一切の判断や評価をしない．すべてを「ふーん，そうなんだ」と受け止めるだけである．ネガティブでもなければポジティブでもなく，良いも悪いもない．以下では，伊藤[12]が紹介しているマインドフルネスのワークを紹介する．

（1）川を流れる葉っぱに思考を乗せるワーク

　ゆったりとした川が目の前を流れている．大きな葉っぱがその川に落ちて，そのまま水面を漂って流れていく．その流れてくる葉っぱに，イメージの中で，自分の思考を乗せて流すというイメージをする．「私はメンタルが弱いなぁ」（葉っぱに乗せる），「あぁ，何をやってもうまくいかない」（葉っぱに乗せる），「何もやる気が起きない」（葉っぱに乗せる），「みんな，私のこと笑っているだろうなぁ…」（葉っぱに乗せる）といった感じである．このように，自動思考を葉っぱに乗せて，その自動思考と距離を取ることがポイントになる[15]．

（2）気分・感情を実況中継するワーク

　気分や感情をパーセントで表す．このとき，感情を変化させようと意識的にコントロールしようとしないのがポイントである．ひたすら実況中継に徹することで，感情の波は勝手に消えていく．「あぁ，失敗しちゃったな．落ち込み70％だ…ん，だんだん自分に腹が立ってきたな．怒りが60％になってきた．そのぶん，落ち込みが40％に減ったな…」といった具合である．気分に注目することで，結果として自動思考から距離を取ることができることを体験できるだろう．

F. 価値

　アスリートが持っている価値（価値観）に対して，メンタルトレーニングでアプローチすることがある．この価値は，すなわち，アスリートが何に重きを

置き，大切だと捉えているかという判断のよりどころとなるような，「哲学」や「ポリシー」と呼ばれるものである[16]．「勝利がすべて」「自己記録の更新が大事」「名声を得たい」「結果より全力を尽くすことが重要」「フェアプレーを大切にしている」などがその一例である．価値は，心理的能力でいえば，自己理解や競技専心性と強く関連すると考えられる．

　アスリートにかかわらず，私たちは，自分の価値観を明確に把握していないことも多い．ここでは，自分の価値観を理解するための 2 つのワークを紹介する．

（1）自分に送る色紙（寄せ書き）[17]

　自分に対して寄せ書きでメッセージを書くとしたら，どんなメッセージを書くか考えてみる．そこで記述されるメッセージは，あなたの価値であると考えられる．

（2）未来の引退会見 [18]

　「もし自分が引退会見をするとしたら，何と言われたいか？」考えてみる．自分を長年指導してくれたコーチが，自分に対して何を言ってくれると嬉しいと思うか．そこで語られる言葉は，そのアスリートの価値であると考えられる．

　アスリートは，設定した目標の先に，目標の根本に，何らかの価値を置いているはずであり，その価値を見つめようとすることに意義がある．自分の中にある複数の価値のバランスを考え，自らの価値を問い直し，ときにはその価値が揺らぎ，他の価値へと置き換わることもあるだろう．このように，価値は変容してもかまわない．価値が一定であることが大切なのではなく，価値を見つめ続けることが大切である．

17.3 》》 メンタルトレーニングの実践

　最後に，どのようにメンタルトレーニングが実践されているか，その一端を紹介したい．

A. メンタルトレーニングの実践例

　中込[19] は，講習会形式によるメンタルトレーニングの様子を紹介している．メンタルトレーニングは集団に対して実践することが多いが，文献 19 を読むことで，集団に対するメンタルトレーニングをどのように展開していけば良いか，概要を把握することができる．ここでは，10 週間にわたるメンタルトレーニングのプログラムに参加することで，気づく能力が向上し，メンタルトレーニング技法を独自の心理的調整法へと確立させ，競技に対する意識が変容するとされている．

　清水[20] は，サッカーコーチに対してメンタルトレーニングプログラムを提供している．選手に対するインストラクションとフィードバックという 2 つの行動を標的行動と定めて，課題分析，インストラクションおよびフィードバックのリスト作成，セルフモニタリング[*2]・セルフチェックといったアプローチを通して，コーチにおける 2 つの標的行動が改善されたと報告している．

＊2　セルフモニタリング：標的となる反応（行動や思考，気分，身体反応など）の生起を自分自身で観察し，それを記録すること[21]．

アセスメントや目標設定をどのように行えば良いか，大いに参考になるだろう．

B. トップアスリートに対するメンタルトレーニングの実際

　トップアスリートに対するメンタルトレーニングとしては，ラグビー日本代表チームでの取り組みがよく知られている．アスリートやコーチに対するコンサルテーションの実際，キックを蹴る前に行う一連の動作である「プレ・パフォーマンス・ルーティン」をアスリートとともに作り上げていく過程，アスリートやコーチとともにチームの価値観を明確にしていくための道のりが，生き生きと描かれているので，文献 22 の一読を勧める．

　深町[23]は，世界大会出場経験のあるトップアスリートを対象に，パフォーマンス向上に対するマインドフルネスを用いた介入を行った．その結果，メンタルトレーニングの結果として試合での成績が向上し，アスリート自身の発言からも顕著な改善が認められた．この実践では，アスリートによってメンタルトレーニングの技法に向き・不向きがあること，例えば，ネガティブ感情の低減・ポジティブ感情の増加を目指すメンタルトレーニングが誰にでも有効であるとは限らないことが示唆されている．

　トップアスリートは，競技力を高める過程において，自分なりのメンタルトレーニングを身につけていることが多い．内に秘める価値が独特であることも少なくないだろう．そういったトップアスリートの特徴を踏まえて，メンタルトレーニングを実践することが求められる．

　これからスポーツメンタルトレーニングをさらに発展させるためには，メンタルトレーニング自体を幅広く捉えることが大切になるだろう．つまり，メンタルトレーニングを単に技法の実践と狭く捉えるのではなく，考え方や行動を変容させるためのあらゆる方法を含むものと捉えるのが望ましい．最近では，マインドフルネスや価値に対するアプローチも含むように，メンタルトレーニングの技法は拡充している[24]．また，そう考えることで，現場での様々な実践をメンタルトレーニングに取り込むことが可能となり，メンタルトレーニングがさらに発展すると期待したい．

練習問題

1) 図 17.1，図 17.2 を参考にして，あなたが競技場面において課題としているストレス状況を書き出しなさい．

2) 1) をもとにして，メンタルトレーニングの目標を設定しなさい．

3) 2) を達成するための，メンタルトレーニングプログラムを試作しなさい．

【文献】
1) 立谷泰久・村上貴聡・荒井弘和・宇土昌志・平木貴子(2020)．JISS 競技心理検査．大修館書店．
2) 立谷泰久・村上貴聡・荒井弘和・宇土昌志・平木貴子(2020)．Journal of High Performance Sport, 6, 44-61.
3) 日本スポーツ心理学会(編)(2016)．スポーツメンタルトレーニング教本 三訂版．大修館書店．

4）伊藤絵美（2011）．ケアする人も楽になる認知行動療法入門 BOOK1．医学書院．

5）杉山尚子（2005）．行動分析学入門：ヒトの行動の思いがけない理由．集英社．

6）杉山尚子（1988）．異常行動研究会誌，27，6-17．

7）島宗理（2015）．部下を育てる！強いチームをつくる！リーダーのための行動分析学入門．日本実業出版社．

8）荒井弘和（2019）．平野裕一・土屋裕睦・荒井弘和（編），グッドコーチになるためのココロエ（pp.35-44）．培風館．

9）Tod, D., Hardy, J., & Oliver, E.（2011）．Journal of Sport and Exercise Psychology, 33（5），666-687．

10）Norem, J. K.（2001）．The positive power of negative thinking. Basic Books.（末宗みどり（訳），西村浩（監）（2002）．ネガティブだからうまくいく．ダイヤモンド社．）

11）Norem, J. K. & Cantor, E. C.（1986）．Cognitive Research and Therapy, 10（3），347-362．

12）伊藤絵美（2017）．折れない心がメモ 1 枚でできる コーピングのやさしい教科書．宝島社．

13）土屋裕睦（2016）．日本スポーツ心理学会（編），スポーツメンタルトレーニング教本 三訂版（pp.103-107）．大修館書店．

14）長谷川望（2008）．日本スポーツ心理学会（編），スポーツ心理学事典（pp. 441-443）．大修館書店．

15）武藤崇（2011）．心理臨床科学，1，13-15．

16）荒井弘和・宅香菜子（2020）．体育の科学，70（8），593-597．

17）高山智史・佐藤寛（2021）．体育の科学，71（2），123-127．

18）深町花子・石井香織・荒井弘和・岡浩一朗（2016）．行動療法研究，42（3），413-423．

19）中込四郎（2016）．日本スポーツ心理学会（編），スポーツメンタルトレーニング教本 三訂版（pp.158-162）．大修館書店．

20）清水智弘（2022）．コーチング学研究，35（2），271-284．

21）坂野雄二（1995）．認知行動療法．日本評論社．

22）荒木香織（2016）．ラグビー日本代表を変えた「心の鍛え方」．講談社．

23）深町花子（2019）．ストレス科学研究，34，25-28．

24）深町花子（2018）．体育の科学，68（4），257-261．

第18章 集団スポーツに対するスポーツメンタルトレーニング

片上絵梨子

1**キーワード** 集団凝集性，コミュニケーション，チームビルディング，ソーシャルサポート，アスリートの受傷，女性アスリート支援

到達目標 ● スポーツチームを理解するうえで重要な諸概念について学び，チームビルディングの具体的なアプローチや実践法，効果的なチームづくりや支援におけるコーチや心理の専門家の役割について理解を深める．

18.1 》》 グループ・ダイナミックスとは

グループ・ダイナミックス（集団力学）とは，「集団の基本的な性質，集団と個人，集団と集団，さらにはもっと大きな組織と集団との関係についての法則を実証的な方法によって明らかにしようとする社会科学の一分野」[1] である．スポーツにおいては，チーム・ダイナミックス理論*1（team dynamics theory：TDT）と呼ばれる複合的なフレームワークを用いて，スポーツ集団のあり様とパフォーマンスとの関連が検討されている[2]．スポーツ集団はチームのパフォーマンス最大化を可能にする最適な状態を見出すことを目指しており[3]，スポーツ集団への実践的介入においては，試合における勝敗のみならず，パフォーマンス発揮に向けたプロセスにも焦点を当てることが望まれる．グループ・ダイナミックスの研究領域は，集団凝集性，集団規範，集団意思決定，リーダーシップなどが挙げられる[1]．次項では集団スポーツに対するチーム作りを理解するうえで特に重要な諸要素である集団凝集性やコミュニケーションに着目する．リーダーシップやチームメンバーの役割については第9章を参照されたい．

*1 チーム・ダイナミックス理論：集団凝集性，集合的効力感，チームメンタルモデルなどの要素を含む複合的概念．

A. スポーツ集団におけるチーム・ダイナミックス

（1）集団凝集性と集団規範

チームは1つの集団としてまとまりのある状態を保つことが望ましいとされ[4]，まとまりがない状態ではメンバーが高い目標を持ち，集団として互いに最適な関係を保ちつつ，最大限の力を発揮することは難しい．集団凝集性とは集団としてのまとまりの良さを示す概念であり，一般的に集団凝集性の高いチームは優れたパフォーマンスを示すと考えられている．

集団規範とは，「集団の成員一人ひとりが沿うように期待される標準的な考え方や行動」を指す[5]．スポーツ場面においては，練習時間や参加など，集団としての活動を円滑に進めるために守るべき制約などが明確に定められており，チームメンバーには規範遵守が求められる．

（2）対人コミュニケーション

　対人コミュニケーションとは、「二者間で交わされる思考、感情、行動、関係性に影響し得るメッセージの交換を含むコミュニケーション」を指す[6]。スポーツ活動に取り組む中で、コミュニケーションはアスリート同士、アスリートと指導者やサポートスタッフなど、チームメンバーをつなぐ重要な役割を果たす。実際のコミュニケーションのあり方は、チームやメンバーの特徴、競技特性などにより様々であるが、集団スポーツの試合など、特に連携や協働が求められる場面においては、パフォーマンス発揮に向けて質の高いコミュニケーションが不可欠である。例えば、試合中のハーフタイムでは限られた時間内で迅速かつ的確な意思疎通が求められることから、情報の取捨選択やメッセージ意図の明確化など、より高度なコミュニケーションスキルが必要になる。さらに、コミュニケーションは単なる情報伝達ではなく、互いの関係構築にも影響し得る要因であることを理解しておく必要があるだろう。

（3）コミュニケーションの目的

　コミュニケーションは、知識や情報の獲得と伝達、娯楽享受（e.g., 話す楽しさ）、他者に対する影響力行使、信頼関係の構築、問題解決のための交渉や要請など多様な目的で行われる[7]。スポーツ集団内におけるコミュニケーションは、アスリート同士、アスリートと指導者などとの間のプレー中の戦術や戦略の情報共有や指示、ミーティングでのチーム方針に関する意見交換など、様々な場面で発生する。さらに、コミュニケーションがお互いの理解を深めて関係性を発展させることや、不安低減、心理的安寧や信頼感の獲得を生み出すことから、より良いコミュニケーションのあり方を目指すことはチーム作りにおいて重要である[8,9]。

B. コミュニケーションの種類と機能

（1）言語的コミュニケーション

　コミュニケーションは、言語的コミュニケーション（verbal communication）と非言語的コミュニケーション（non-verbal communication）に大別される。言語的コミュニケーションは、チームメイトに求める動きを伝える場面、指導者の技術を指導する場面などにおいて、日常的に交わされる言葉を用いたやりとりを指す。特に、集団スポーツで見られる複雑な連携プレーでは、コミュニケーションによる共通認識の度合いがパフォーマンス成功に直接的に影響することから、メッセージを伝える側と受け取る側の双方の言語化する力と相手の意図を理解する力が不可欠である。特に、伝える側には、意図した通りに相手に伝わるように、相手の理解度に合わせて用いる言葉を適切に選択することが求められる。

（2）非言語的コミュニケーション

　非言語的コミュニケーションは、言語以外のチャネルを用いたメッセージの伝達である。スポーツ場面における代表的な非言語的コミュニケーションには、身体動作や接触行動がある。例えば、バドミントンのダブルス選手がサーブ時にペアに対して出すハンドサイン、フィールド系球技種目のゴール前でチーム

メイト同士が用いるタイミングを合わせるためのアイコンタクトなど，戦術や
パフォーマンスそのものに関わる重要な情報伝達にも用いられている．また，
情報伝達だけではなく，接触行動によって情緒的なメッセージ交換が行われる
こともある．例えば，試合の得点時にチームメイト同士がハイタッチや抱き
合って喜びを表現すること，失点時に仲間の肩を叩いて，相手に対する励まし
の気持ちを示すことも1つのコミュニケーションといえる．

C. アサーティブなコミュニケーション

　どれほど質の高い練習をしても，指導者とアスリート，アスリート同士の信
頼関係が確立されていなければ，試合でのパフォーマンス発揮は期待できない[10]．
集団スポーツにおいて，単なる情報交換にとどまらず，特に信頼関係につなが
る自己と他者の双方を尊重するコミュニケーションを目指すことが求められる．
「自分の気持ち，考え，信念などを正直に，率直にその場にふさわしい方法で
表現し，相手も同じように発言することを奨励しようとする態度」を基本とし
て交わされるコミュニケーションはアサーティブなコミュニケーションと呼ば
れる[11]．自分の考えや意見を表現して伝えることと，相手の話を傾聴して意
見を尊重することとのバランスが取れたやり取りは，双方の信頼関係の構築に
つながる．一方，両者のバランスが取れず，自分の考えや主張のみを優先して
しまう攻撃的スタイルや，反対に相手の考えのみを過度に尊重して自らの意見
を抑圧する受身的スタイルは，いずれもアサーティブなコミュニケーションと
は言えない．集団の協働的な関係構築においては，双方の考えや意見の主張が
認められるアサーティブなコミュニケーションが重要になり，その積み重ねが
信頼関係の構築された凝集性の高いチーム作りへとつながっていく．

18.2 ≫≫ 集団スポーツにおけるチーム作り

A. チームビルディングの実践

　チームビルディングとは，集団における課題に関連する機能や対人関係に好
ましい影響を及ぼす，動的で共同的かつ継続的に変化し続けるプロセスを指
す[12]．チームビルディングは一般的に，チームの活動において責任ある立場
の人物（監督やコーチなど指導者）が主導して集団に働きかけることが有効で
あるとされる[13, 14]．指導者は多くの時間をアスリートとともに過ごし，チー
ムをより良い状態へと方向づけるための現状の課題を理解し，最適な戦略を選
択できる感覚を持っているためである．また，統制力や決定権限，チームへの
全体的な影響力を持つ人物であることからも，効果的なチーム作りの一連の過
程や取り組みにおいて，指導者の理解や積極的な関わりは不可欠である．

B. チームビルディングの段階的実践

　チームビルディングは段階的（導入，概念化，実践・介入）に進められてい
くことが多い[15]．以下では，段階別のコーチや心理の専門家の役割を説明する．

チームビルディングの一連のプロセスにおいて，心理の専門家がコーチに対してチーム・ダイナミックスに関する知見や理論の情報を提供するなど，非直接的なアプローチによって働きかける場合がある．まず，導入段階において，コーチは集団力学やチームビルディングについて学び，自身が指導するチームの集団凝集性を高める必要性や意義について考える．この段階で心理の専門家はコーチに対して，研究知見の共有や必要な取り組みの提案により，集団凝集性を高めることの一般的な効果について説明をする．

次の概念化段階では，心理の専門家はチームビルディングのプロトコルや含むべき要素について説明し，コーチはその情報をもとに，チームの現状に照らしてどの側面に焦点を当てて介入するかを検討する．実践・介入段階においては，コーチは心理の専門家や他のスタッフなどを含めたミーティングを通して，チームビルディングの計画を共有し，実際の介入に向けて準備を進めていく．アクティビティやツールを活用したセッションを通して，チームメンバーの課題に対する意識向上に向けて課題に関する共通認識を持ち，課題解決につながる協働的取り組みのきっかけを生み出すよう試みるのである．

18.3 》》 集団チームへの実践的アプローチ

これまで数多くのスポーツ集団を対象として，チームビルディング実践や介入研究が進められてきた．すべての状況に適した万能なチームビルディングの方法というものは存在せず，それぞれのチームの特定のニーズに合ったアプローチを考案し，導入することが求められている．

A. 集団凝集性を高めるアプローチ

コーチなどが集団凝集性を高めるアプローチには，競技内外における様々な働きかけがある[13]．例えば，チームロゴや標語などの活用や，チームの伝統や歴史に触れて，チームの独自性を強調することによって他集団との区別化を図ることが挙げられる．また，個々人のチーム内での役割やポジションの明確化や，それぞれの役割がどのようにチームの成功に寄与するかを理解させることも集団凝集性を高める方法の1つである．さらに，チームメンバーの意見を反映させた規範を定め，規範遵守がどのようにチームパフォーマンスやチームの統一感の醸成につながるかを示す方法がある．その際，模範的なメンバーには肯定的評価を与えるなどにより，他のチームメンバーの規範遵守を促すことも有効となる．さらに，競技内外における交流機会を設け，相互的信頼関係や尊敬を高める環境を作り，アスリートがコミュニケーションを取りやすいようにする方法もある．これらはチームの全体的な方針や活動に大きく関連することから，コーチがチームメンバーの反応を観察しながら，集団凝集性における各取り組みの効果を確認し，状況に合わせて発展的に変更していくことが理想的である．

B. コミュニケーション促進のアプローチ

　質の高いコミュニケーション促進を狙いとして，大学生女子バスケットボールチームが導入したセッション事例を紹介する．このチームでは，「コミュニケーション力の向上」をチームのシーズン目標の1つとして掲げていたものの，学年やポジションを超えた意思疎通や，試合の重要な局面での情報や考えの共有においては，更なる発展が見込める状態であった．遠征合宿期間中にメンタルトレーニングの時間を設け，絵本の「zoom」[16, 17]を用いたコミュニケーションワーク（**表18.1**）を実施した．

表 18.1 「zoom（picture puffins）」を用いたコミュニケーションワーク実践例

【手順】	
Step1	1人1枚ずつイラストを配布する
Step2	参加者全員が順番に自分のイラストについて説明する
Step3	Step2で得た情報を参考にして，参加者と更なる情報交換をしつつ，ズームインされたイラストからズームアウトされたイラストへと順番に並べていく
Step4	すべてのイラストを机上に並べ終えたところでタスク完了となる
【ルール及び注意点】	
・言語や非言語（ジェスチャー等）コミュニケーションにより情報交換が可能であり，タスク完了までは他者にイラストを提示できない．	
・イラストは全30枚であるが，間引くことで参加者人数に合わせた実施が可能になる．	

　本ワークの狙いの1つは，タスク遂行のためにお互いが積極的に意思疎通を図ることにより，実際の競技場面での円滑なコミュニケーション力の向上につなげることである．情報を詳細に言語化して発信する力と，相手が発信する情報を的確に読み取る力に加えて，互いの理解度を確認し，意思疎通のために調整する力が求められる．このようなコミュニケーションの総合的スキルは集団スポーツにおいても重要な要因であり，セッションを通した表現力の発展可能性や自身のコミュニケーションスタイルの特徴についての体験的な気づきがスキルの必要性を認識し，改善意欲の向上の機会となることを目指す．

　本ワークを通じた，互いの協働作業の結果として経験するタスクの成功体験が，チームとしての一体感につながることも期待できる．円滑なコミュニケーションは，集団における問題の対処や予防だけではなく，チームの目標達成においても重要である[18]．コミュニケーションにおいて効果的な発信スキルや傾聴スキルはチームワークを高めるために重要な要素であるため[19]，練習場面やミーティングなどを通して，支援的かつ共感的な双方向のコミュニケーションを図ることは重要である．日々のコミュニケーションの積み重ねが，メンバー間の相互理解や相互支援ができる信頼関係を築くことにつながる[18]．

C. 相互的な自己開示促進のアプローチ

メンバー同士の円滑なコミュニケーションの土台には，安心して自分の意見や考えを開示できる信頼関係や相互理解に向けた相手への受容的態度が必要になる．相互的な自己開示[*2]を促進するための介入アプローチの 1 つに PDMS（personal-disclosure mutual-sharing）intervention[20] がある．心理の専門家がファシリテーターとして直接的にチームに関わり，メンバー間の相互的な自己開示の機会を提供していく．手順は，あらかじめチームメンバーに対してスポーツ参加に関する質問文（e.g., なぜこのスポーツをしているか，チームのために何を犠牲にできるか等）の考案を指示し，セッションの場において，事前にメンバーから収集した質問文を読み上げていく．提示された問いについて，各々が自身の考えや経験を共有する中で，自己開示[21, 22] の体験を積み重ねていく．質問文の内容によっては，考案者を匿名にしたまま進めることもある．PDMS の実施には，そのチームにおいてメンバー同士が個人的な経験について開示することを不快に思わない関係性があるかを確認するなど，心理の専門家にはファシリテーターとしての多角的な洞察力や配慮，秘匿性を保つ責任が求められる．国内においても，大学生新入部員を対象に環境適応を目的とした構成的グループ・エンカウンター[*3]のエクササイズを取り入れたプログラム実践事例が報告されている [23]．

*2　自己開示：自己の内面的な事柄を特定の他者に対して言語を介して伝達すること．

*3　構成的グループ・エンカウンター：ふれ合いと自他発見を目標とし，個人の行動変容を目的としたエクササイズを活用するグループ体験．

D. チームパフォーマンス・プロファイリングとチーム目標設定

パフォーマンス・プロファイリングとは，パフォーマンスの卓越に必要な特性を理解し，練習計画やコンディショニングに活かすために開発された手法である [24, 25]．パフォーマンス・プロファイリングは，パフォーマンスの成功に必要な資質を多面的に，アスリート自身が理解するための自己分析ツールであるが，チームの課題分析や目標設定にも援用可能である（**表 18.2**）．

表 18.2　パフォーマンス・プロファイリングを用いた課題分析と目標設定セッション実践例の手順

Step1	「チームのパフォーマンス発揮」のために取り組むべき身体面，戦術・技術面，心理面の課題を書き出す．
Step2	各側面について，重要度（望ましさ）を 10 段階で評価する．
Step3	各側面について，現状のレベルを 10 段階で評価する．
Step4	Step2 と Step3 で評価した点差が大きい側面を特定する．
Step5	特に練習で取り組むべき側面 4 つほどに焦点を当てて，改善に向けた目標を定める．
Step6	個人が挙げた側面および目標をチームで共有し，チーム全体の目標に向けて意見交換をする．

パフォーマンス・プロファイリングの導入により，チームメンバーがそれぞれ感じているチームとしての課題を可視化して共有することが可能になる．ま

た，チームビルディングの初期段階に導入することによって，アスリートも含めたメンバー全員が認識するチーム課題を明確化できる．チームビルディング導入の際，コーチが認識するチームの課題に焦点を当てることも重要ではあるが，指導者の立場からは捉えきれていない集団の課題を認識することも重要である．さらに，ツールを活用してチーム全体での実施だけでなく，チーム内のポジションごとやダブルスペアなどの課題抽出にも援用できる．

18.4 ≫≫ チームビルディングにおける心理の専門家の役割

先述のように，現場のチーム作り実践者が具体的な介入方法を計画する段階において，心理の専門家は役立つ知見や手法の情報共有や助言などにより間接的に関わる場合が多く，監督やコーチとの協働は欠かせない．また，活動の主体がアスリートとなる大学生スポーツなどにおいては，コーチだけでなく，一連のプロセスを主導することに前向きな，経験豊富なアスリートや，主将などチームを牽引する役割を持つアスリートに対して積極的な参加を促すことが望ましいだろう．近年では，インターネット動画サイト等の普及により様々な実践例の情報が容易に入手可能となったことも影響して，現場ではチームビルディングを取り入れるスポーツチームも増えている．

アイスブレイクとしても実践される構成的グループ・エンカウンターのアクティビティ導入は"楽しい"体験になるが，スポーツメンタルトレーニング指導士をはじめとする心理の専門家は，アクティビティ導入による効果をより本質的かつ多面的に見定める必要がある．単に"楽しい非日常的な時間"で終わることなく，チームの課題解決につなげるためのアクティビティ選定ができているか，参加メンバーに気づきを生むファシリテーションができているかなど，十分に検討する必要がある．また，実施後には，参加者がアクティビティ内での経験を振り返り，実際のスポーツ活動にどう活かすかを考えることが重要になる．心理の専門家は，体験を通した気づきがその後のアスリート個人の思考や行動，チームにおける対人相互作用にどのように反映されているかなど，多面的な効果検証が必要となる．

18.5 ≫≫ 集団スポーツにおける支援的環境づくり

アスリートが目標達成を目指す全般的な過程において，指導者やチームメイトなど，周囲の他者による支援や支援的関係の必要性が広く認識されている．心理学の研究領域では，周囲の他者からの様々な支援はソーシャルサポートと呼ばれ，個人のメンタルヘルス[26]や，スポーツ集団における集団凝集性に影響を及ぼすこと[27,28]が示されてきた．

A. ソーシャルサポートの種類

ソーシャルサポートは「フォーマルあるいはインフォーマルな支援的関係において，個人が利用可能と認識する，あるいは実際に提供される非専門家から

の社会的資源」と定義される[29]．アスリートにとってのサポート提供者は，競技場面で関わるチームメイトや指導者，サポートスタッフのみならず，家族，友人，学校の先生といったスポーツ文脈外の他者も含まれる．特に，競技内外で経験する様々な困難を乗り越える重要な局面において，アスリートの心の支えとなる人物は重要な他者（significant others）と呼ばれる．スポーツ文脈におけるソーシャルサポートは，その性質ごとに分類されており，情緒サポート，尊重（評価）サポート，情報サポート，物的サポートの 4 種類に分けられる（**表18.3**）[30]．実際のスポーツ現場では，これらの 4 つのサポートは単一ではなく，複合的に（励ましながら，更なる改善に向けた助言をする）認識，提供される．

表 18.3　アスリートへのソーシャルサポート

情緒サポート （emotional support）	励ましなど，心地よさや安心感，個人が気にかけられていると感じる行動
尊重（評価）サポート （esteem support）	個人の能力や行動を称賛すること，肯定的評価など個人の自尊心や有能感を高める行動
情報サポート （informational support）	助言や具体的な指示など，情報の提供
物的サポート （tangible support）	必要な道具や資金など，実用的な支援物資の提供

B. ソーシャルサポートの役割

　ソーシャルサポートは，競技におけるストレス対処やバーンアウト，レジリエンスなどとの関連が認められている[31, 32, 33, 34]．特に，ストレスフルな状況下において，重要な役割を果たすことが示唆されてきた．「サポートしてもらっている」「サポートが利用可能である」と知覚することが，個人のメンタルヘルス改善に役立つのである．

　近年では，サポート享受がアスリートの競技における自信や情動にポジティブな影響を与えることも明らかになっている[35, 36]．しかし，サポートの種類や提供者によって，その効果が異なる可能性が指摘されており[35]，尊重（評価）サポートの享受は，提供者の別なくアスリートの自信向上に寄与する可能性が示された一方，物的サポートはチームメイトから提供されると自信向上に寄与するが，指導者から提供されると自信を低下させる可能性が示された．サポートの有効性はサポートの受け手，提供者，サポートの種類，提供される文脈によっても異なるため，これらの要因を複合的に考慮したうえで，過不足のない，効果的なサポートが望まれる．

18.6 ≫≫ 競技者の課題に応じたソーシャルサポート

　競技生活で経験する様々な危機的状況において，周囲の他者からの支援の有無がアスリートの身体的・心理的健康の維持に影響を与えることが示されている．

A. 受傷したアスリートへのサポート

　スポーツ傷害による長期的な競技離脱はアスリートの競技生活やキャリアに多大な影響を及ぼす．傷害の部位や種類によっては，手術や術後の日常的な身体活動制限を伴う場合もある．ソーシャルサポートは，受傷後の不安や抑うつ症状の緩和，競技復帰への動機づけとの関連が示されており，受傷後から競技復帰までのプロセスにおいてソーシャルサポートが担う役割や機能の検討が進められてきた[37, 38, 39, 40]．受傷部位や重症度，競技離脱期間，受傷前の競技レベル，また受傷後から競技復帰までの段階によって求められるサポートのあり方は異なり，それぞれのニーズに合ったソーシャルサポートが求められる（**表18.4**)[38]．例えば，受傷直後は衝撃や悲しみへの共感的な関わり（励ましや慰めなど）によって，受傷した事実の受容を促す関わりが求められるが，回復が進むにつれて競技復帰に向けた具体的な助言などが必要とされるだろう．

　近年，受傷をきっかけに，競技者としてのアイデンティティを再考する，受傷前より入念な身体面のケアやコンディショニングに励むようになる，競技ができることの喜びを再認識するようになるなど，スポーツ傷害関連成長（sport injury related growth）を経験するアスリートが報告されている[39]．リハビリテーション指導のアスレチックトレーナーをはじめとする周囲の他者は，アスリートが受傷部位の回復やリハビリテーションに積極的に取り組み，身体的，心理的，社会的な成長をして競技復帰ができるようなサポートのあり方を考えていく必要があるだろう．

表 18.4　受傷したアスリートへのソーシャルサポート

回復・コンディショニングサポート	受傷部位の治癒や身体的回復，治療に関する処置や情報の提供
尊重サポート	過度な特別扱いをせずに普段通り接するなど，競技者のアイデンティティ維持につながる行動
情緒サポート	痛みや競技に参加できない苦しみと一定の距離を保つなど，気が紛れるよう働きかける行動
所属サポート	チーム内での役割を示すなど，チームの一員であることの実感につながる行動

B. 女性アスリートへのサポート

　近年，女性アスリート特有の健康障害として，利用可能エネルギー不足，視床下部性無月経，骨粗鬆症を含む女性アスリートの三主徴（female athlete triad：FAT）が深刻な問題として取り上げられている[40]．女性特有の課題や女性のからだの特徴について，アスリート本人のみならずコーチやサポートスタッフも含めた周囲の他者の理解や支援が必要とされる．女性アスリートを対

象とした実態調査[41]などから，頭痛やめまいなどの月経前症候群の症状や，重度の抑うつ状態が見られる月経前気分不快障害など月経周期に伴う身体的・心理的不調だけでなく，ジェンダーやハラスメント問題など多岐にわたる課題が挙げられている．月経周期に伴う体重の増減，食欲コントロールの困難，身体感覚の鈍化などは，女性アスリートの競技者としてのコンディショニングや競技大会でのパフォーマンス発揮を阻む大きな要因になり得る[42]．

　スポーツ庁が推進する女性アスリート育成・支援プロジェクトでは，女性特有の課題への対処に役立つ知識提供を目的に，教育的プログラムやリーフレット等を通じた支援を行っている．心理サポートプログラムを作成するプロジェクトでは，ワークショップ等を通して女性特有の課題対処に役立つセルフモニタリング技法など，対処スキル習得を目的としたセッションを導入している．また，月経周期に伴う不調には個人差が大きく，周囲の理解が得られないことが女性アスリートの悩みとなることも報告されている．心理セッション内で設けたお互いの課題を共有する時間では，同じ悩みを持つ女性アスリートの共感的理解[*4]を得ることにより，心理的苦痛が軽減されたという報告もある．特に，成長に伴う大きな心身の変化を経験するジュニアアスリートや，体重制限などのコントロールが必要な格技系種目，審美系種目のアスリートはこうした課題に直面しやすく，心身の健康を保つためには本人の正しい知識習得や，必要に応じて周囲からの適切な支援が必要となる．

＊4　共感的理解：「as if：あたかも～のように」という態度で，あたかも相手の視点でその感情や気持ちを理解する取り組み．

C. アスリートの包括的成長に向けたサポート

　卓越したパフォーマンスの発揮には，競技内外のアスリートのすべての活動が影響することから，パフォーマンス改善に向けて必要な競技内外の要因（栄養，睡眠，リカバリー，他キャリアとの両立など）のコンディションを調整していく必要がある．自ら考えて常に改善に向けて主体的に取り組むことができるアスリートは「インテリジェント・アスリート」と呼ばれ[43]，日本のトップレベルの競技スポーツ現場において，コーチングを通した育成や支援の取り組みが進められている[44]．パフォーマンス改善には質の高い練習が不可欠であり，指導者から提示された課題に取り組むだけではなく，意図的で計画性のある練習（deliberate practice）[45]を通して主体的に自分自身に働きかける必要がある．アスリートの主体的な取り組みを習慣化し定着させるためには，周囲の助言や動機づけを高める働きかけなど，意図的で計画性のある練習環境（deliberate environment）が必要になる[46]．こうした環境下でアスリートは，競技内外でのバランスの取れた食事管理，対戦相手の映像情報などを駆使した技術や戦術面の分析や試合準備，トレーニング内容に合わせた休養の取り方，試合環境パターンの想定（コートのサーフェイス等），国際大会に向けたコンディショニング（時差調整や感染症対策など）ができるようになるとされている．

D. アスリートの立場から考えるソーシャルサポート

　アスリートにとってのソーシャルサポートとは，一方的に与えられるもので

はなく，必要に応じて自ら獲得していくものである．インテリジェント・アスリートの特徴の1つに，活用可能な資源を理解し，自身のパフォーマンス改善や危機的困難状況への対処においてその資源を最大限に活用ができることが挙げられている．パフォーマンス改善に必要な知識とスキルを持ち，自ら成長しようとする態度を持つアスリートの"個"の存在が，他メンバーの刺激となり，集団スポーツに効果的な相互作用を生み出してチーム全体の生産性を高めることにもつながる．

練 習 問 題

1) 集団スポーツチームの集団凝集性を高める効果的な方法を挙げなさい．

2) あなたにとっての「重要な他者」を挙げて，その人物が自身の競技生活にどのような影響を与えているか考えなさい．

【文献】

1) 中島義明・安藤清志・子安増生・坂野雄二・繁桝算男・立花政夫・箱田裕司（編）（1999）．心理学辞典．有斐閣．

2) Filho, E.(2020). In M. Bertollo, E. Filho, & P. C. Terry(Eds.), Advancements in mental skills training. Routledge.

3) Filho, E., & Tenenbaum, G.(2020). In G. Tenenbaum, R. C. Eklund, & N. Boiangin(Eds.), Handbook of sport psychology: Social perspectives, cognition, and applications(pp. 611-631). John Wiley & Sons.

4) Carron, A. V., & Eys, M. A.(2012). Group dynamics in sport(4th ed.). Fitness Information Technology.

5) 日本社会心理学会（編）（2009）．社会心理学事典．丸善．

6) McCornack, S.(2007). Reflect and relate: An introduction to interpersonal communication. St Martin's.

7) 深田博己（1998）．インターパーソナル・コミュニケーション：対人コミュニケーションの心理学．北大路書房．

8) 遠藤俊朗（2010）．体育の科学，60(9)，594-597．

9) 渡部宣裕（2000）．桜文論叢，51，147-164．

10) 岡澤祥訓（1997）．日本体育協会（監），猪俣公宏（編），選手とコーチのためのメンタルマネジメント・マニュアル．大修館書店．

11) 平木典子（2021）．三訂版 アサーション・トレーニング．日本・精神技術研究所．

12) Carron, A. V., Eys, M. A., & Burke, S. M.(2007). In S. Jowett, & D. Lavallee(Eds.), Social psychology in sport (pp. 91-101). Human Kinetics.

13) Voight, M., & Callaghan, J.(2001). The Sport Psychologist, 15(1), 91-102.

14) Carron, A. V., Spink, K. S., & Prapavessis, H.(1997). Journal of Applied Sport Psychology, 9(1), 61-72.

15) Banyai, I.(1995). Zoom. Viking / Penguin.

16) Zhang, X. C., Balakumar, A., Rodriguez, C., Sielicki, A., & Papanagnou, D.(2020). Cureus, 12(2), e6964.

17) Yukelson, D.(1997). Journal of Applied Sport Psychology, 9(1), 73-96.

18) Bloom, G., Stevens, D., & Wickwire, T.(2003). Journal of Applied Sport Psychology, 15(2), 129-143.

19) Dunn, J. G., & Holt, N. L.(2004). The Sport Psychologist, 18, 363-380.

20) Butler, R.(1993). Journal of Personality and Social Psychology, 65(1), 18-31.

21) 小口孝司（1999）．中島義明・安藤清志・子安増生・坂野雄二・繁桝算男・立花政夫・箱田裕司（編），心理学辞典．有斐閣．

22) 國分康孝・國分久子（総編集），片野智治（編集代表）（2004）．構成的グループエンカウンター事典．図書文化．

23) 國分康孝（1992）．構成的グループエンカウンター．誠信書房．

24) Weston, N., Greenlees, I., & Thelwell, R.(2013). International Review of Sport and Exercise Psychology, 6(1), 1-21.

25) 土屋裕睦（2012）．ソーシャルサポートを活用したスポーツカウンセリング．風間書房．

26) Weiss, M. R., & Friedrichs, W. D.（1986）. Journal of Sport and Exercise Psychology, 8, 332-346.

27) Vincer, D. J., & Loughead, T. M.（2010）. The Sport Psychologist, 24（4）, 448-467.

28) Cohen, S. G., Underwood, L. G. & Gottlieb, B. H.（2000）. Social support measurement and intervention: A guide for health and social scientists. Oxford University Press.

29) Rees, T., & Hardy, L.（2000）. The Sport Psychologist, 14（4）, 327-347.

30) Gould, D., Tuffey, S., Udry, E., & Loehr, J.（1996）. The Sport Psychologist, 10（4）, 341-366.

31) Fletcher, D., & Sarkar, M.（2016）. Journal of Sport Psychology in Action, 7（3）, 135-157.

32) Rees, T., Hardy, L., Güllich, A., Abernethy, B., Côté, J., Woodman, T., Montgomery, H., Laing, S., & Warr, S.（2016）. Sports Medicine, 46（8）, 1041-1058.

33) Cutrona, C. E. & Russell, D. W.（1990）. In B. R. Sarason, I. G. Sarason, & G. R. Pierce（Eds.）, Social support: An interactional view（pp. 319-366）. Wiley-interscience.

34) Freeman, P., Coffee, P., Moll, T., Rees. T., & Sammy, N.（2014）. Journal of Sport and Exercise Psychology, 36（2）, 189-202.

35) Katagami, E., & Tsuchiya, H.（2017）. International Journal of Sport and Health Science, 15, 72-80.

36) Bianco, T.（2001）. Research Quarterly for Exercise and Sport, 72（4）, 376-388.

37) Katagami, E., Fujimura, K., Aita, S., & Tsuchiya, H.（2020）. International Journal of Health and Sport Sciences, 18, 161-171.

38) Roy-Davis, K., Wadey, R., & Evans, L.（2017）Sport, Exercise, and Performance Psychology, 6（1）, 35-52.

39) Salim, J., Wadey, R., & Diss, C.（2015）. Psychology of Sport and Exercise, 19, 10-17.

40) 土肥美智子（2017）．女性心身医学，22（2），141-144．

41) 土肥美智子（2019）．Journal of High Performance Sport, 4, 1-2.

42) 須永美歌子（2018）．女性アスリートの教科書．主婦の友社．

43) 久木留毅（2021），個の力を武器にする最強のチームマネジメント論．生産性出版．

44) 久木留毅・野口順子・片上絵梨子・Kegelaers, J.・Wylleman, P.（2021），体育学研究，66，383-390．

45) Ericsson, K. A., Krampe, R. T., & Tesch-Römer, C.（1993）. Psychological Review, 100（3）, 363-406.

46) Ford, P. R., & Coughlan, E. K.（2019）. In N. J. Hodges, & A. M. Williams（Eds.）, Skill Acquisition in Sport（3rd ed.）. Routledge.

第19章　スポーツカウンセリング

雨宮　怜

| キーワード | スポーツカウンセリング，心理サポート，メンタルヘルス，エビデンス，組織連携 |

| 到達目標 | ● スポーツカウンセリングと一般的なカウンセリング・心理療法との違いを理解する.
● スポーツカウンセリングで用いられるアプローチについて理解する.
● 心理支援法の選択基準や支援者における基礎的な態度について学習する. |

19.1 ≫≫ スポーツカウンセリングの定義：カウンセリング，心理療法との違い

　本章では，アスリートやその関係者に対して行われるスポーツカウンセリングを取り上げ，その特徴や歴史，実施する際に留意すべき事柄について学習する．一般の人々を対象とする心理支援：カウンセリングや心理療法とスポーツカウンセリングは，何が違うのだろうか．ここではそれぞれの特徴について紹介する.

A. カウンセリング

　カウンセリングという言葉を，心理支援や医療，学校教育など，様々な現場で耳にする機会が増えてきている．心理支援におけるカウンセリングの特徴は，**表19.1** に記したように説明することができる[1].カウンセリングは通常，**図19.1** のような，相談室や面接室と呼ばれる個室の中で，第三者に会話や様子を見聞きされることのない，安全かつプライベートな空間の中で行われる．そして，クライエントとセラピスト[*1]の1対1の対話を通して，クライエントが抱える悩みや課題の解決，その体験を通したクライエントの成長を目指す，共同作業を試みる.

B. 心理療法

　カウンセリングよりも，より深刻な病理や問題を取り扱う支援の枠組みとして，心理療法がある[*2].この心理療法とは，クライエントからの依頼や要請に応じて，一定の構造化された枠組みに基づき，特定の治療理論と技法を用いて，クライエントが抱える課題の修正や改善，解決，解消などに導く役割関係や方法と定義される活動を指す[2].心理療法も通常，カウンセリングと同様のセッティングを用いて行われるが，医療現場や学校領域では，個人への支援：

図19.1　心理支援の様子

*1　カウンセリングや心理療法では，支援を受ける人（被支援者）のことを通常，クライエント（client）と呼び，心理支援を提供する人（支援者）をセラピスト（therapist）やカウンセラー（counselor）と呼ぶ.

*2　ただし，カウンセリングと心理療法は明確に区別できるものではないことに留意してほしい.

　個人療法だけでなく，集団で実施する集団精神療法や，子どもを対象とした遊戯療法なども行われている．

C. スポーツカウンセリング

　スポーツカウンセリングとは，アスリートやその関係者に対する専門的な心理カウンセリングを指す言葉である．スポーツカウンセリングの定義はこれまで，様々報告されているが，ここでは先述のカウンセリングの定義[1]を参考に，表 19.1 でその特徴を記している．なお，これ以降では，アスリートへの心理支援の場面が想定される場合にはアスリート＝クライエントという意味で表記を行い，一般的な心理支援の説明についてはクライエントという表記を用いることとする．

	主要な 対象者	根拠となる 領域	人間関係 基盤	目的
心理支援におけるカウンセリング	クライエント（来談者）や家族も含む（家族面接など）	カウンセリング心理学等の科学的・実践的知見	意思と感情が自由で豊かに交流するクライエントとの人間関係を基盤	クライエントが人間的に成長し，自立した人間として充実した社会生活を営むのを援助するとともに，生涯において遭遇する心理的，発達的，健康的，職業的，対人的，対組織的，対社会的問題の予防または解決の援助
スポーツカウンセリング	対象の中心はアスリートだが，監督やコーチ，スタッフも含む	スポーツ心理学や心理支援における科学的・実践的知見	クライエントだけでなく，その関係者（アントラージュも含む）と支援者の関係も重要	上記の目的に競技場面やそれと関係した問題の予防または解決を意図した援助も含む

表 19.1　心理支援におけるカウンセリングとスポーツカウンセリング

　アスリートやその関係者への専門的なカウンセリングが必要となる背景には，スポーツ界における特殊な文化や価値観が存在することが挙げられる．一般的な心理療法やカウンセリングの技術・理論，制限の中だけでは対応が難しい事例や，一般社会とは異なる正解が存在する状況も生じ得るため，アスリートやその関係者が抱える課題への専門的な支援とその知識が必要不可欠となる[*3]．**表 19.2** に，文献 4 をもとにしたアスリートが心理サポートを求める理由の一覧を示す．

＊3　事実，過去には，臨床心理士のようなカウンセリングの専門家や精神科医の中に，スポーツカウンセリングの専門家として，アスリートの支援を行っていた者もいたようである．しかしながら，体育学やスポーツ科学の知識や，競技環境の理解への不足などによって，スポーツの現場になじまなかったという例もあったことが指摘されている[3]．

意欲低下	やる気が起きない，慢性的なだるさ・疲労感	怪我	突発的・慢性的怪我，復帰までの不安，怪我によるトラウマ
情緒的問題	不安になる，集中できない，怒り	食事・睡眠	睡眠障害，過食，拒食，食行動問題
継続・引退	やめたい，やめざるを得ない，やめたくない	性格・気分	自分の性格について
対人関係	コーチ，仲間，家族，恋人，その他との関係	その他	経済的問題，マスコミによる過剰な取材，SNSなどによる匿名者からの誹謗中傷，漠然とした主訴

表 19.2　アスリートが抱える心理的問題
（文献 4 をもとに作成）

19.2 》》》 日本におけるスポーツカウンセリングの歴史

　日本におけるスポーツカウンセリングの発展については，中込 [5] が詳細にまとめているため，ここではその概要を紹介したい．日本におけるアスリートへの心理サポートに関する早期の組織的な取り組みは，1964 年の東京オリンピックに向けたプロジェクトが挙げられる [*4]．ここでは体育・スポーツ心理学の専門家だけではなく，臨床心理学という，心理療法やカウンセリングを用いて，人の心理的な健康や病理を扱う心理学の領域の専門家が参加していたという．その後 1970 年代には，日本体育学会（現：日本体育・スポーツ・健康学会）の機関誌である「体育の科学」誌において，「スポーツカウンセリングの実際」という連載が行われた．そして 1980 年代中頃から，日本のスポーツカウンセリングの代表的な専門家である中込四郎氏，中島登代子氏，鈴木壯氏が中心となって，アスリートの心理支援の実践事例を用いたケースカンファレンス [*5] が行われるようになった．

　その後，スポーツカウンセリングに関する専門的な活動が，日本ではより活発化していった．例えば，上記のメンバーが中心となって，「こころと体の臨床学的研究」を標榜した日本臨床心理身体運動学会が設立され，その学会の認定資格として，認定スポーツカウンセラーの資格制度もスタートしている [5]．このような活動が，日本におけるスポーツカウンセリングの様々な発展の契機となった．

＊4　詳細は第 16 章を参照のこと．

＊5　ケースカンファレンス：専門家が集い，各自が行っている実践事例について紹介し，議論や検討を行う会議

19.3 》》》 スポーツカウンセリングで用いられる主要なアプローチ

　実際にスポーツカウンセリングを提供する際，具体的な支援法やクライエントの課題の捉え方は，専門家のオリエンテーション（流派のようなもの）ごと

に異なる．ここでは，実践的なスポーツ心理学の領域で用いられるアプローチとして代表的なものを取り上げ，アスリートへの活用例を紹介する[6]．

A. 力動的・精神分析的アプローチ

（1）アプローチの説明

　力動的・精神分析的アプローチは，フロイト（Freud, S.）が提唱した精神分析を背景に持つ．このアプローチは，クライエントとの治療同盟[*6]をもとに支援者が能動的に働きかけ，クライエントの幼少期の体験やその反復（無意識的に似た場面や相手で問題を繰り返す），防衛機制[*7]の働きや，転移・逆転移[*8]といった支援者とクライエントの関係で生じる反応を重視する[10]．そして，我々が意識する心の領域の裏側にあたる無意識の存在を仮定し，セラピストとクライエントの間の言語的交流を用いて，様々な場面で生じる無意識的な反復を把握するとともに，それを言語化して描き出す＝解釈することを通じて，意識化することを試みる．さらに，過去や現在の対人関係における葛藤や情緒的問題をもたらした背景への自己洞察（観察や理解）を促し，その洞察の計画的な活用を援助することによって，クライエントが抱える問題の解決につなげるアプローチであるといえる[11, 12, 13]．

（2）アスリートに適用する場合

　この精神分析的なアプローチをアスリートに用いる場合，アスリートが抱える心理的な課題の背景には，アスリートの心の中の奥深く，普段は意識することのできない領域（無意識）の中に仕舞い込まれているものが影響していることを仮定する．そして，それが心理的な葛藤を生じさせ，その反応の表出として，現在の課題や行動・身体的な反応を出現させていると捉えることが可能である．事実，アスリートの場合に，心理的な問題を自身の専門種目の動作の混乱や身体的不調（身体化）として表出し，その背景には，幼少期や競技活動の中で経験した出来事，また養育者や過去の指導者・チームメイトなど親密な他者との関係が影響していることが示唆されている[14]．さらに，そのような経験によって形成されたアスリートの性格や特徴が，競技場面におけるプレー・演技，動きの癖に表出されやすいとともに，そのアスリートの心理的な課題が運動技能の向上の過程で生じる障壁となることも指摘されている[15]．このように支援者とアスリートは，アスリート本人が自覚していない（できていない）側面で生じている反応に注目し，支援者はそれらを「関わりの窓」として活用することで，クライエント本人が目を背けていた見にくい：醜い物を見つめ，対話を通して心理的な作業を行うことが求められる[11, 14]．

B. 認知／行動的アプローチ

（1）アプローチの説明

　このアプローチは大きく3つの世代に分けられる．第1世代は行動理論に基づくアプローチ，第2世代は認知療法を中心としたアプローチ，そして第3世代が，マインドフルネスやアクセプタンスに基づくアプローチである[16]．

　第1世代のアプローチは，いわゆる学習理論に寄って立つ取り組みである[*9]．

＊6　治療同盟：クライエントと支援者の間で治療目標に向けて協力するための同盟を意味し，面接の方法や場所，時間といった枠組みの取り決めなどが含まれる[7]．

＊7　防衛機制：本人には意識し難い，不安や不快感などの情動反応を引き起こす心の内容を無意識に押し込め，心の主観的な安定を保つ心の働き[8]．

＊8　転移とは，クライエントが心理支援の場面に過去の重要な他者との関係を持ち込むこと．また反対に逆転移とは，支援者が過去の人間関係を持ち込むことを指す[9]．なお，転移には陽性転移と陰性転移があり，陽性転移とは好意的な気持ちを向けること，陰性転移とは否定的な気持ちを向けることを意味する．

＊9　レスポンデント学習とオペラント学習といった刺激と反応の関係を説明する条件づけ理論と，モデリング学習に基づき，情動反応や非言語的行動を対象とした介入法が用いられてきた．

そして第2世代のアプローチでは，学習（行動）理論の限界を踏まえ，行動の変容過程の中で予期や判断といった認知的活動（物事の捉え方や反応のスタイル）の果たす機能を重視している．その主要な理論的説明では，状況や出来事への情報の処理過程に非機能的な物事の捉え方：認知が影響し，身体的・行動的・心理的な問題を導くことを仮定する．そして，その非機能的な認知を機能的なものへと変容させることを目的とする認知療法や，認知療法に行動療法の技法を取り入れて体系化された認知／行動療法へと発展している．

　第3世代のアプローチは，マインドフルネスやアクセプタンスという心理的要素を重視する流れであり，思考や感情を変化させるのではなく客観的に観察し，心の中の一過性の出来事として捉え，反応せずに今ここで生じる体験に気づく能力や，アクセプタンス：受容的に見守る態度の獲得を目指すものである[16]．

（2）アスリートに適用する場合

　この認知／行動的アプローチをアスリートに活用する場合には，刺激や状況との付き合い方や反応の仕方の変容を通して，アスリートが競技活動の中で体験する心理的な葛藤やパフォーマンスの問題の解消を試みる．例えば，過去に大きな受傷が発生した場面への回避的な反応（受傷が生じた状況や練習を意識的・無意識的に避けてしまう）が課題となるアスリートの場合には，行動療法に基づくアプローチが有効であろう．また，競技活動を通して同じ怪我を何度も経験し，さらに怪我が治りきっていない状態で強度の高い練習を繰り返してしまうアスリートがいるとする．そのアスリートには「常に全力でなければ人並みにはなれない」という物事の捉え方を導く完璧主義の傾向があり，それが過度な練習行動の発現に影響しているかもしれない．その場合に，認知／行動的アプローチの認知再構成法[*10]やマインドフルネス技法[*11]などを用いることによって，非機能的な認知や反応と適切に付き合うことが可能となり，問題解決につながることが期待される．

C. パーソンセンタード・アプローチ

　パーソンセンタード・アプローチは，元々アメリカ合衆国の心理学者であるカール・ロジャース（Rogers, C.）が提唱した来談者中心療法，またその後，パーソンセンタード・アプローチという名称が使用されるようになったアプローチである[18]．このアプローチでは，個人の価値や意義を認めて尊重し，クライエントの自己成長力を信頼して関わることの重要性が主張されている．そして，クライエントの成長可能性が最大限開花するような場所を提供することができれば，クライエントは自然に心理的成長を遂げるという視点に立っている[19]．

　ロジャースは，**表19.3**に示したパーソナリティ変化の必要にして十分な条件を設定している[20]．この③から⑤は支援者の態度条件を意味し，支援者とクライエントとの関係の構築にとって必要不可欠なものであるという[18]．そして，このような態度で支援者がクライエントに接することによって，クライエントの自己理解や成長につながり，人格や行動の変化が生じることが示唆さ

＊10　認知再構成法：精神的に動揺した際に瞬間的に生じる自動思考（ふっと浮かぶ考えやイメージ）に注目し，現実と対比しながら，その歪みを明らかにして，問題に対処することや，うつや不安などの気分を軽減したり，非適応的な行動を修正することを目指す手法[17]．

＊11　マインドフルネス技法：瞑想やヨーガといった身体技法を基本とした心理療法．例えば，マインドフルネスストレス低減法やマインドフルネス認知療法が挙げられる．

れている [21, 22].

表 19.3　パーソナリティ変化の必要にして十分な条件

①	２人の人間が，心理的な接触を持っていること
②	第１の人（クライエント）は，不一致*12 の状態にあり，傷つきやすく，あるいは，不安の状態にあること
③	第２の人（セラピスト）は，その関係の中で一致しており，統合されていること
④	セラピストは，クライエントに対して無条件の肯定的な配慮（unconditional positive regard）*13 を経験していること
⑤	セラピストは，クライエントの内的照合枠（internal frame of reference）*14 に共感的な理解を経験しており，その経験をクライエントに伝達するように努めていること
⑥	セラピストの共感的理解と無条件の肯定的配慮をクライエントに伝達するということが，最低限達成されていること

*12　不一致：その個人が実際に経験しているところと，その経験を表すものとして知覚された自己像の不一致を意味する．そして一致とは，自由に深く，自分自身になりきっており，自分が経験していることを否定せずに正確に意識している状態を意味する．坂中は，一致を自身への共感的理解と無条件の肯定的な配慮であると見解を述べている [23].

*13　無条件の肯定的配慮：「クライエントが○○の場合に」といった条件なしに，クライエントの体験や行動を認める態度．

*14　内的照合枠：ある瞬間に個人が意識する可能性のある内的な経験のすべてを意味し，感覚や知覚，意味，記憶などのすべてが含まれる [18, 20, 24].

D. システムズアプローチ

（1）アプローチの説明

　システムズアプローチとは，人間が作る関係性の変化に基づくアプローチであり，個人が所属する集団（e.g., 家族や学校など）を相互に関係しあうシステムとして捉え，問題や症状の発生に加えて，その問題の治療や回復のプロセスも相互作用の変化により生じることを前提とするものである [25]．吉川・東 [26] によると，このアプローチでは，クライエントの問題として扱われる行動はある種のコミュニケーションや枠組みであると捉え，問題解決の視点に立って支援を行う．

（2）アスリートに適用する場合

　個人が所属する集団からも影響を受けるという視点は，アスリート支援やチームでの活動の際に，有益な視座を提供するものである．アスリートは家族やチームメイト，コーチやスタッフなどの身近な他者との関係に加え，所属するチームやその国のスポーツ界における文化や伝統，雰囲気といった高次の社会システムにも影響を受ける．つまり，本人や周囲が認識する特定のアスリートの「問題」は，場合によってはチームや組織の葛藤を，肩代わりして表出していると考えることも可能である*15．またアスリートへの支援を行う際に，チームの中で活動する支援者もチームに与える／自分がチームから与えられる影響についても考慮する必要があることを意味する．

　ここで，架空の社会人アスリートの相談事例を挙げる．あなたはある実業団チームで活動し始めた心理スタッフとする．

　コーチから，「D 選手がストレスを抱えているので，相談にのってあげてほしい」と依頼を受けた．早速 D 選手に話を聞いてみると，その選手は，１年目ながら優れた競技能力を持っており，周囲からは期待の新人として将来を嘱

*15　例えば，不登校の子どもがいる家庭の中には，実は子どもが不登校になること（表面的な問題）によって，夫婦間の問題（裏の問題）が棚上げされる：他のメンバー間のバランスが取れることがある．このような集団の葛藤を肩代わりする個人を identified patient：IP と呼ぶことがある．

望されている．一方で，キャプテンである C 選手との関係で悩み，それを契機に葛藤を抱えていることがわかったとする．

しかしながら実際に D 選手が直面している問題は，そのような単純に説明できるものではないことがある．その複雑な背景を**図19.2**に示す．慎重に何度も D 選手とのスポーツカウンセリングを繰り返し，ラポール（信頼関係）が形成された場合に，D 選手がこれまで話してこなかった，チーム内の複雑な人間関係を話してくれるかもしれない．また，このようなキャプテンとルーキーの間にある葛藤は，これまでも繰り返されてきた，チームの問題：世代間で連鎖する問題であったことを知る機会があるかもしれない．このような全体的な関係性が理解できたのであれば，単純に C 選手と D 選手の関係上の問題として捉えるのでは，D 選手が直面している課題の共感的な理解や，根本的な問題解決につながらない可能性がある．システムズアプローチのように，アスリートが所属している組織内・外の人間関係をシステムとして捉える方法は，問題を抱えた本人の自己批判の予防や今までと異なる問題の捉え方の提供（リフレーミング），心理の専門家や協力者が，チームの誰に対してアプローチすることが有効か，また組織としてどのようにアプローチ[*16]するかという方針を検討するうえでも，有益な示唆を与えてくれる．

＊16　その際には，チームや競技団体の目に見えない影響の働きについて，集団をシステムとして捉えて観察・検討を行うことや，場合によってはメンタルトレーニングでも行われるチームビルディングや，システムズアプローチの技法が有効である．

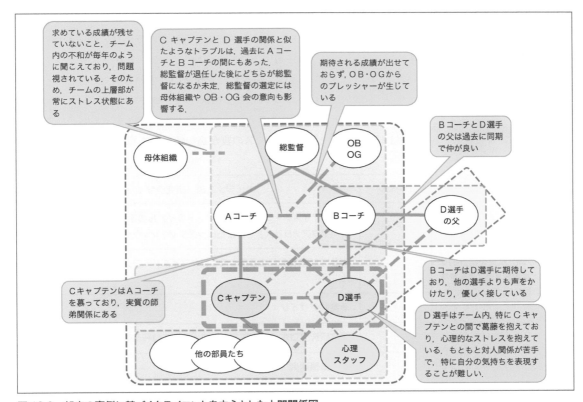

図19.2　架空の事例に基づくクライエントを中心とした人間関係図

■■■■　安定状態（＋）：良好な関係　　■ ■ ■　不安定状態（－）：良好ではない関係

3 者の関係のプラス（＋）とマイナス（－）の掛け合わせがプラスである場合，その関係・状況は安定しやすい．例えば C キャプテンと D 選手，他の部員との関係は C キャプテンと D 選手の間で「マイナス」，D 選手と他の部員との間で「マイナス」，C キャプテンと他の部員との関係は「プラス」であるため，総合的にはプラスの関係であり，この状況が持続されやすい．

221

19.4 >>> 科学的な知見を用いた実践と個人差に基づいた アプローチの必要性

　先に紹介したように，スポーツカウンセリングで活用可能なアプローチ法は数多く開発されている．このように使用するアプローチの選択や支援戦略を考えるうえで指針となる基準の1つが，クライエントが抱えている問題に対して，それぞれのアプローチが有する効果のエビデンス（根拠）である．

　日本におけるスポーツカウンセリングでは，これまでクライエントの語る内容や体験が重視されてきた．これは，アスリートが抱える問題やその対処など，生活の中で展開されるアスリートの主観的な体験を物語（ナラティブ）として捉え，支援者とアスリートの中で新しい物語を共同構成していくような取り組みを意味する，ナラティブ・ベースド・プラクティス（narrative-based practice：NBP）と類似するものであろう [26, 27]．アスリートの語りや体験も当然ながら重要であるが，もう1つ，心理支援の文脈の中で重視すべき指針が，エビデンス・ベースド・プラクティス（evidence-based practice：EBP）である．

　心理学における EBP について，アメリカ心理学会 [28] は「患者の特性，文化，嗜好を考慮し，利用可能な最善の研究を臨床の専門知識と統合すること」と説明しており，クライエントに対する支援法を選択する際の意思決定を援助するものであるといえる．EBP がなぜ重要なのだろうか．それはエビデンスが確認されていないということは，選択した支援法の効果の有無だけではなく，副作用が生じるかという点についても，検証がなされていないからである．表 **19.4** では，エビデンスを評価するための研究内容の階層を示すが，レベルが高い（1 に近い）ほど，エビデンスの質が高い情報源を意味する [29, 30]．

表 19.4　エビデンスのヒエラルキー

* 17　メタ分析（メタアナリシス）：同一のテーマについて行われた複数の研究結果を統計的な手法をもとに統合することを意味する，統計的なレビューのこと [31]．

* 18　システマティックレビュー：特定の研究課題を解決するために，あらかじめ設定された適格性基準に合致するあらゆる実証的根拠（研究論文）を収集することを目的としているレビュー（総説）のこと [32, 33]．

レベル	エビデンス源（研究デザイン）
1（質高）	ランダマイズド・コントロールド・トライアルの系統的レビュー（メタ分析（メタアナリシス）*17 またはシステマティックレビュー*18）
2	十分な対象者数による個々のランダマイズド・コントロールド・トライアル
3	準実験デザイン
4	観察研究（コホート・研究ケース・コントロール研究）
5	事例集積研究
6（質低）	専門家の意見（研究データの批判的吟味を欠いたもの）

　ここで誤解が生じやすいのだが，EBP は必ずしも，エビデンス至上主義やエビデンス原理主義といったような，科学的な根拠だけで実践を行うという意味ではないことに留意されたい．EBP とは，**図 19.3** に記載した 3 つの観点から，そのとき，支援対象として関わるアスリートにとって，最良と思われる支援法を選択する意思決定の枠組みであることを忘れてはならない[28, 29]．

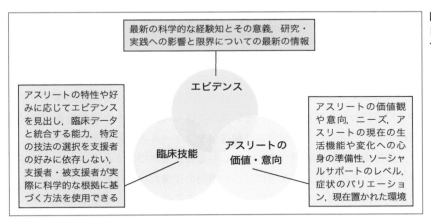

図 19.3　エビデンス・ベースド・プラクティスを規定する 3 つの観点

　EBP を規定する観点からもわかるように，EBP をアスリート支援に活用する場合，アスリートの価値・意向を支援法の選択時に重視する．実際の支援場面においても，支援者とアスリートが認識する課題の優先順位や必要な対策にはギャップが生じることがあるが，その状況で支援者がアスリートの気持ちを無視して，エビデンスを重視した対応を行うことは独りよがりの支援であって，EBP ではない．無論，心理学では心という目に見えないものを対象とすることから，実証可能なことだけを取り扱えるものではない[11]．そして，そもそも EBP は NBP を内包するものであり，対話を重視しながら，エビデンスをアスリートとの利用可能な道具の 1 つとして用いるなど，双方を統合して支援に活かすことが提案されている[34] *19．

19.5 ≫ スポーツカウンセリングに必要な援助者の態度

　スポーツカウンセリングを含む心理支援の中では，アスリートが認識している問題だけではなく，彼らが普段認識できていない，あるいは隠している心の体験を取り扱うことがある．そのため，仮に支援者が未熟であった場合や，誤った対応をしてしまった場合には，アスリートを傷つけてしまう危険性をはらんでいることに留意すべきである．そのようなことが起きないように，心理支援者には常に自己研鑽が求められている *20．

　心理支援を行う誰しもが，初めてのクライエントを持つ．最初から，熟練の専門家のように対応することは不可能であるが，最低限身につけておきたいのが，先にパーソンセンタード・アプローチの箇所で紹介した 6 条件と，対人援助やアセスメント *21 の基礎的なスキルである．それには，スポーツ心理学や心理学全般の基礎的な知識および訓練の獲得に加えて，自分自身や日本社会

*19　なお，そもそもアスリートに対するスポーツカウンセリングや上記のアプローチの有効性を検討した研究は限られていることから，今後，エビデンスを蓄積するための研究活動も専門家には求められる．

*20　心理支援の専門家の資格の 1 つである臨床心理士の倫理綱領において，支援者が遵守すべき事項が説明されている．その中には支援者の自己研鑽に加えて，秘密保持・守秘義務やクライエント（とその関係者）との私的関係・多重関係の禁止を含む様々な遵守すべき事項が説明されている[35]．

*21　アメリカ心理学会によると，心理アセスメントとは，意思決定や提案のために個人，集団，または組織に関する情報を特定し，利用する問題解決のプロセスと説明されている[36]．

ならびにスポーツ界の文化的背景に基づく人間に関する知識の獲得，自らの基本哲学：考え方の明瞭化や，専門家から受ける心理支援の内容に基づく指導・支援（スーパーヴィジョン），対人援助スキルを高めるロールプレイ：ロール（役）をプレイ（演じる）ことで，実際の心理支援の場面を模擬体験する方法などのトレーニングが必要となる．

19.6 ≫ 組織連携とエコロジカルアプローチ

　心理支援において，相談室という密室の中で，1 対 1 の支援を行うという方法は，心理支援の一形態にすぎないということを理解してほしい．比喩であるが，カウンセリングルームで行われる支援とは，アスリートの心の裏の世界：控え室で行われる作業である．そしてゆくゆくは，誰しもが現実世界と呼べる表の世界：アスリートの場合には競技場やフィールドへと安全につながることや，競技場（表）と控室（裏）を安心して行き来ができるようになることが期待される．そのため，支援者には心の裏側の作業だけではなく，アスリートが控室から表の世界である競技場へと移動することを可能とする取り組みや，表の世界にいながら支える方法も，常に検討することが求められる．

　ソーシャルワークの世界では，「どこに，どのような援助のための関係者が存在しているか」という，個々人が持つ最新の社会的資源を把握しておくことが，支援者の最低限必要な役割と指摘されている[24, 26]．そして，アスリートが直面する心理的な問題は，必ずしも彼らの心や身体によってのみ規定されるわけではなく，先述のように，アスリートを取り巻く様々な高次のシステムから影響を受けていることが予想される．そのような問題理解や支援法を検討する枠組みとして，エコロジカルモデルの活用が，アスリートへの支援を試みる際にも提案されている[32, 37]．本章では，パーセル（Purcell, R.）ら[37]を参考にしながら，より詳細なアスリートの心理的問題と関連するシステムを想定したモデルを，図 19.4 に示した．スポーツカウンセリングにおいて，従来型の専門家からの支援：個人システムやマイクロシステムにおける支援は必要不可欠である．しかしながらそれだけではなく，必要に応じて適宜，高次のシステムから／へのアプローチも必要となる．特にアスリートやその周囲の人々は，心理支援の利用や心理的問題への偏見が強く，それによって必要な支援の利用を避けてしまうことがある．そのため，アスリートや関係者に対して，心理的問題やその支援に関する正しい知識の提供や，アスリートの周囲の者や選手会などの組織から派遣された支援者（近年では，Player Development Program [*22] という取り組みが行われ始めている[38, 39]）が，課題を抱えるアスリートを効果的に支えることを可能とする取り組みも必要である．それによって，個人から社会まで，様々なシステムの中で連携しあい，アスリートが健康を守りながら，競技能力の向上に加えて，人間としても成長することができる環境を，スポーツ界で提供することが可能となる．

＊22　Player Development Program：アスリートを現役選手期間中から様々な角度でサポートするシステム．私生活上の問題やメンタルヘルス，キャリアなどの全人的なサポートを Player Development Manager という選手サポートの担当者が行う．日本では日本ラグビーフットボール選手会が実践している例がある[38, 39]．

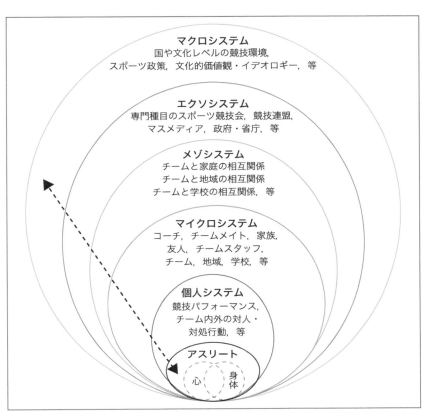

図 19.4　アスリートにおける心理的な問題とその支援におけるエコロジカルモデル

練 習 問 題

1) スポーツカウンセリングと一般的なカウンセリング・心理療法との違いについて述べなさい.

2) スポーツカウンセリングで用いられるアプローチを1つ取り上げ, その特徴とアスリートへの活用例を説明しなさい.

3) アスリートが心理的な課題を抱えたときに, 専門家や周囲の人はどのようにサポートすることが可能か, 考え得る支援の方法や取り組みを提案しなさい.

【文献】
1) 田上不二夫・小澤康司(2005). 下司昌一(編集代表), カウンセリングの展望：今, カウンセリングの専門性を問う(pp. 3-10). ブレーン出版.
2) 乾吉佑(2005). 乾吉佑・氏原寛・亀口憲治・成田善弘・東山紘久・山中康裕(編), 心理療法ハンドブック(pp. 13-24). 創元社.
3) 土屋裕睦(2011). 荒木雅信(編), これから学ぶスポーツ心理学(pp. 95-103). 大修館書店.
4) 武田大輔(2012). 中込四郎・伊藤豊彦・山本裕二(編著), よくわかるスポーツ心理学(pp. 144-147). ミネルヴァ書房.
5) 中込四郎(2021). 中込四郎(編著), スポーツパフォーマンス心理臨床学：アスリートの身体から心へ(pp. 11-34). 岩崎学術出版社.
6) Tod, D., & Eubank, M.(Eds.) (2020). Applied sport, exercise, and performance psychology: Current approaches to helping clients. Routledge.

7) 深津千賀子（2005）．乾吉佑・氏原寛・亀口憲治・成田善弘・東山紘久・山中康裕（編），心理療法ハンドブック（p. 546）．創元社．

8) 乾吉佑（1988）．田中富士夫（編著），臨床心理学概説（pp. 96-111）．北樹出版．

9) 氏家寛（2005）．乾吉佑・氏原寛・亀口憲治・成田善弘・東山紘久・山中康裕（編），心理療法ハンドブック（p. 65）．創元社．

10) Queiroz, F. S. D., & Andersen, M. B.（2020）. In. D. Tod, & M. Eubank（Eds.）, Applied sport, exercise, and performance psychology: Current approaches to helping clients（pp. 12-30）. Routledge.

11) 北山修（2018）. 古賀靖彦・日本精神分析協会 精神分析インスティテュート福岡支部（編），現代精神分析基礎講座 第 1 巻 精神分析の基礎（pp. 15-32）．金剛出版．

12) 北山修（2007）．劇的な精神分析入門．みすず書房．

13) 三川俊樹（2011）．楡木満生・田上不二夫（編），カウンセリング心理学ハンドブック（上巻）（pp. 120-133）．金子書房．

14) 中込四郎（2021）．中込四郎（編著），スポーツパフォーマンス心理臨床学：アスリートの身体から心へ（pp. 35-55）．岩崎学術出版社．

15) 鈴木壯（2017）．中込四郎・鈴木壯（著），アスリートのこころの悩みと支援：スポーツカウンセリングの実際．誠心書房．

16) 熊野宏昭（2012）．新世代の認知行動療法．日本評論社．

17) 大野裕 .（2008）．精神神経学雑誌，110（6），495-496.

18) 末武康弘（2011）．楡木満生・田上不二夫（編），カウンセリング心理学ハンドブック（上巻）（pp. 72-93）．金子書房．

19) 藤原祥子（2009）．下山晴彦（編），よくわかる臨床心理学 改訂新版（pp. 142-144）．ミネルヴァ書房．

20) Kirschenbaum, H., & Henderson, L.（Eds.）（1989）. The Carl Rogers reader. Houghton Mifflin.（伊東博・村山正治（監訳）（2001）．ロジャーズ選集 上：カウンセラーなら一度は読んでおきたい厳選 33 論文．誠心書房．）

21) 東山紘久（2005）．乾吉佑・氏原寛・亀口憲治・成田善弘・東山紘久・山中康裕（編），心理療法ハンドブック（pp. 40-48）．創元社．

22) Rogers, C. R.（1980）. A way of being. Houghton Mifflin.（畠瀬直子（監訳）（1984）．人間尊重の心理学：わが人生と思想を語る．創元社．）

23) 坂中正義（2018）．人間関係研究，17（17），24-54.

24) Rogers, C. R.（1959）. In S. Koch（Ed.）, Psychology: A study of science, Vol, 3. Foundations of the person and the social context（pp. 184-256）. McGraw-Hill.

25) 平木典子（2011）．楡木満生・田上不二夫（編），カウンセリング心理学ハンドブック（上巻）（pp. 157-171）．金子書房．

26) 吉川悟・東豊（2001）．システムズアプローチによる家族療法のすすめ方．ミネルヴァ書房．

27) 斎藤清二（2016）．改訂版 医療におけるナラティブとエビデンス：対話から調和へ．遠見書房．

28) American Psychological Association（2006）. Report of the 2005 Presidential Task Force on Evidence-Based Practice. https://www.apa.org/practice/resources/evidence/evidence-based-report.pdf

29) 原田隆之（2015）．心理職のためのエビデンス・ベイスト・プラクティス入門：エビデンスを「まなぶ」「つくる」「つかう」．金剛出版．

30) Moore, Z. E., & Bonagura, K.（2019）. In M. H. Anshel, T. A. Petrie, & J. A. Steinfeldt（Eds.）, APA handbook of sport and exercise psychology, Vol. 1. Sport psychology（pp. 675–696）. American Psychological Association.

31) 山田剛史（2012）．山田剛史・井上俊哉（編），メタ分析入門：心理・教育研究の系統的レビューのために（pp. 1-24）．東京大学出版会．

32) Higgins, J. P. T., Thomas, J., Chandler, J., Cumpston, M., Li, T., Page, M. J., & Welch, V.A.（Eds.）（2022）. Cochrane handbook for systematic reviews of interventions version 6.3. https://training.cochrane.org/handbook/current

33) 卓興鋼・吉田佳督・大森豊緑（2011）．情報管理，54（5），254-266.

34) 斎藤清二（2019）．公認心理師の基礎と実践 21 人体の構造と機能及び疾病．遠見書房．

35) 公益財団法人日本臨床心理士資格認定協会（1991）．臨床心理士倫理綱領 . http://fjcbcp.or.jp/wp/wp-content/uploads/2014/03/rinrikoryo_2021.pdf

36) American Psychological Association（2020）. APA guidelines for psychological assessment and evaluation. https://www.apa.org/about/policy/guidelines-psychological-assessment-evaluation.pdf

37) Purcell, R., Gwyther, K., & Rice, S. M.（2019）. Sports Medicine-Open, 5（1），1-8.

38) 川村 慎・堀口雅則・小沼健太郎・山下慎一・小塩靖崇（2022）．スポーツ産業学研究，32（4），481-491.

39) 山下慎一・川村慎・堀口雅則・小塩靖崇（2021）．福岡大学法学論叢，66（1），167-187.

第20章 アスリートの心理的問題と回復

栗林千聡

キーワード	メンタルヘルス，ウェルビーイング，予防と治療のエビデンス，援助要請，スティグマ

到達目標	●アスリートのメンタルヘルスの諸問題を理解する. ●アスリートがメンタルヘルスの問題を訴えたときにアントラージュが留意すべきことを知る.

20.1 》》》 アスリートのメンタルヘルスの諸問題

A. はじめに

これまで健康で特に問題なく生活できていたアスリートであっても，突然メンタルヘルスの問題を発症することがある[1]. 「自分は元気なので，メンタルは問題ないです」と話すアスリートもいるが，怪我や病気，災害，重要な他者の死など，人生は予想していなかったことが度々起こる. 何らかのきっかけで気分の落ち込みが続き，食欲がなくなり，急激に体重が低下することも考えられる. 現役のアスリート，引退したアスリートにかかわらず，人生のどのタイミングでもメンタルヘルスの問題は生じる可能性があるため，他人事にするのではなく，事前にメンタルヘルスに関する知識を持っておくことは重要である.

アスリートのメンタルヘルスについて検討するときには，パフォーマンスへの影響を忘れてはならない. 例えば，メンタルヘルスとパフォーマンスは精神疾患からピークパフォーマンスまでの連続体として捉えられることがある（**図20.1**）. アスリートのメンタルヘルスの問題は怪我のように目には見えず，周囲は理解することが難しいかもしれない. しかし，フィジカルヘルスと同様にメンタルヘルスは重要であり，どちらもパフォーマンスと連動してアスリートのウェルビーイング*1 につながっている[2].

一方で，メンタルヘルスとパフォーマンスは分けて捉える必要があることも指摘されている[3]. 例えば，メンタルヘルスの問題があるにもかかわらず，世界レベルのパフォーマンスを発揮するアスリートが存在していることも事実である[4]. アスリートの不健全に見える行動も，スポーツの過酷な状況では正常な反応である可能性を考慮しながら，目の前のアスリートに必要な支援を届けることが望まれる.

＊1　ウェルビーイング：生活の質や幸福度などを含んだ学際的な概念.

図 20.1　メンタルヘルスとパフォーマンスの連続体
（文献 1 を改変）

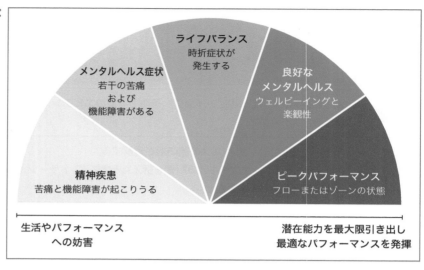

B. 各メンタルヘルスの概要とエビデンス

　国際オリンピック委員会のコンセンサス・ステートメント（International Olympic Committee consensus statement）[5]で紹介されている，メンタルヘルスの諸問題[*2]を取り上げて概説する．メンタルヘルスの問題に対しては，心理療法やカウンセリングが効果的である．しかし，アスリートに対する有効性やアスリート特有のニーズへの適応方法についてのエビデンスはほとんど蓄積されていない[7]．ここでは，アスリートでない人を対象にしてすでに有効性が示されている心理療法のエビデンスを紹介しながら，アスリートへの適用可能性について検討したい．

（1）睡眠─覚醒障害

　オリンピック選手の約半数（49％）は，不眠や過眠など何らかの睡眠の問題を抱えていることが報告されている[8]．トップアスリート 4,782 名を対象に行ったメタ分析では，26.4％が睡眠障害の症状を有していた[9]．アスリートの睡眠の管理は，睡眠衛生[*3]の改善と睡眠障害の治療の両側面から実施されている．海外遠征の多いアスリートでは，時差症候群や長時間のフライトによる疲労で悩むことも多い．パフォーマンスを発揮するためには事前に高照度光照射[*4]，ラメルテオン（メラトニンアゴニスト）[*5]の服用，睡眠スケジュールを調整するなど，適切な準備をしておくことが望まれる[10]．

　医学的な治療が必要な睡眠障害には，閉塞型睡眠時無呼吸症候群（obstructive sleep apnea syndrome：OSAS），概日リズム障害，不眠症，頭部外傷による睡眠障害などがある．不眠症の治療では，まずは睡眠衛生を見直し，睡眠を妨害するような生活習慣を取り除くことから始める．そして，薬物療法と心理療法が治療の中心となる[11]．心理療法は，アスリートに特化したものではないが，不眠の認知／行動療法（cognitive behavioral therapy for insomnia：CBT-i）が推奨されている[12]．

*2　本稿では，米国精神医学会より刊行された Diagnostic and statistical manual of mental disorders (5th ed.) (DSM-5)[6]で使用されている用語に統一している．

*3　睡眠衛生：質の良い睡眠を得るために行動や環境を調整すること．

*4　高照度光照射：高照度光を浴び，メラトニン分泌を制御することで，睡眠覚醒リズムを調整する．

*5　ラメルテオン：不眠症における入眠困難の改善に効果があるといわれている薬．

（2）うつ病／大うつ病性障害

　うつ病（depressive disorder）とは抑うつ気分と興味または喜びの消失を主症状とし，日常生活に支障をきたす精神疾患の1つである．トップアスリート2,895名を対象に行ったメタ分析によれば，33.6％が不安／抑うつ症状を報告している[9]．また，女性アスリートは男性アスリートと比較して，うつ病の有病率が高い[13]．アスリートのうつ病と類似した特徴を有する症候群の1つに，オーバートレーニング症候群がある．オーバートレーニング症候群は「過剰なトレーニング負荷によって運動能力や競技成績が低下し，短期間の休息では疲労が回復しなくなった状態」のことを指す．うつ病とオーバートレーニング症候群は異なる領域で研究がなされてきたため[14]，スポーツ現場ではオーバートレーニング症候群をうつ病として解釈されることもある．

　うつ病の治療は，中等症以上の場合は抗うつ薬の服用が基本とされている．心理療法では，認知／行動療法や対人関係療法[*6]の有効性が示されており，薬物療法と同等に推奨されている[15]．しかし，アスリートに特化したものではないため，今後の研究の蓄積が望まれる．

＊6　対人関係療法：特に対人関係の問題に注目しながら，症状の改善を目指す心理療法．

（3）自殺

　アスリートの自殺率は，アスリートでない人と比較して低いが，個々のアスリートの置かれている環境や競技種目によって異なるといわれている．アメリカのトップアスリート477名を対象にした死因に関する研究では，全アスリートの死因のうち自殺は35件（7.3％）を占めていた[16]．さらに，男性アスリートの自殺率は女性アスリートと比較して有意に高く，フットボールを行うアスリートは最もリスクが高いことが示されている[16]．2020年の研究では，国際的な陸上競技選手の6人に1人が自殺念慮を経験したことが報告されている[17]．

　自殺の対人関係理論[18][*7]では，自殺関連行動は自殺願望と自殺を実行する能力である自殺潜在能力が揃うことで生じるとしている．自分が周囲の人や社会にとってお荷物であると考える「負担感の知覚」，家族や仲間から疎外されている感覚である「所属感の減弱」，身体的・精神的苦痛への慣れである「身についた自殺潜在能力」が合わさることで自殺関連行動につながりやすくなる．アスリートでは，怪我などを契機に周囲から期待されるレベルで競技ができなくなることで，うつ病や自殺のリスクが高まるといわれている[16]．

＊7　自殺の対人関係理論：なぜ自殺関連行動が生じるのかを説明し，どのような人に自殺のリスクがあるのかを説明している理論．

（4）不安症／不安障害

　不安症（anxiety disorder）[*8]とは，過剰な心配や恐怖および不安とそれに対する回避行動に特徴づけられる精神疾患である．アスリートを対象にした調査では，12.1％が少なくとも1つの不安症を抱えていることが報告されている．また，女性アスリートは男性アスリートと比較して不安症の有病率は高い[19]．不安症の中でも，他者から注目を浴びる場面で著しい不安を感じ，否定的な評価を受けることを恐れる社交不安症と，多数の出来事や活動について過剰に心配し，筋肉の緊張や睡眠障害などの身体症状や集中困難をきたす全般性不安症は，スポーツ場面特有の不安である競技不安との関連が指摘されている[20]．

　不安症の症状は，怒りや攻撃行動といった外在化問題とは異なり，問題が表

＊8　不安症の下位分類には，分離不安症，選択性緘黙，社交不安症，パニック症，広場恐怖症，全般性不安症などがある．

面化しにくいため，早期発見が困難である[21]．特にアスリートは「不安を感じることは悪い」と考えているものも多く，周囲に話さないため，不安症の症状を見過ごされてしまう可能性が高い．周囲の支援者は，このようなアスリートの背景を念頭に置きながら，不安を感じることは悪いことではないということを伝え，相談しやすい雰囲気を作っていくことが重要である．不安症の心理療法は，アスリートに特化したものではないが，認知／行動療法が推奨されている[12, 22]．

（5）心的外傷後ストレス障害

心的外傷後ストレス障害（post-traumatic stress disorder：PTSD）は，実際にまたは危うく死ぬ，重症を負う，性的暴力を受ける出来事への暴露を経験し，出来事が繰り返し想起されて制御することができない侵入症状，出来事を思い出すあらゆる物事を避ける回避症状，過剰に否定的な考えをし，幸福感などを感じられなくなる認知と気分の陰性の変化，過度な警戒心や睡眠障害といった覚醒度と反応性の著しい変化を有する精神疾患である[6]．アスリートにおける心的外傷後ストレス障害の有病率に関する研究は限られているが[5]，トップアスリートはアスリートではない人と比較して割合が高い可能性が報告されている[23]．アスリートにおける心的外傷後ストレス障害の症状を引き起こす一般的な誘因として，自己またはチームメイトなど周囲の者の怪我の目撃などがある．また，以前は自然にできていたある特定の動作ができなくなってしまい，思い通りにプレーができない状態が続くイップスの症状を持つアスリートは，重要な他者の喪失など，過去に重大なライフイベントがあったことを報告している[24]．

心的外傷後ストレス障害の心理療法は，トラウマに焦点化した認知／行動療法が第一選択肢として推奨されており，特に①持続エクスポージャー療法[*9]（prolonged exposure therapy：PE），②認知処理療法（cognitive processing therapy：CPT），③認知療法（cognitive therapy：CT）が挙げられている[25]．アスリートの治療も基本的には同様であるが，スポーツの文脈を考慮することが求められている[26]．

（6）食行動障害および摂食障害

摂食障害（eating disorder）は，食行動の重篤な障害を特徴とする精神疾患の1つであり，DSM-5では，食行動異常および摂食障害群に位置づけられている．著しい痩せを示しているにもかかわらず，極端な食事の制限や過剰な運動を行う神経性やせ症（anorexia nervosa：AN），過食と体重増加を防ぐための代償行動を繰り返す神経性過食症（bulimia nervosa：BN），代償行動はないが過食を示す過食性障害（binge eating disorder：BED）などに分類される[6]．アスリートの摂食障害の有病率は，男性アスリートで0～19%，女性アスリートで6～45%であることが報告されている[27]．アスリートは一般的な摂食障害のリスク要因（例：遺伝，メディアの影響）に加えて，アスリートに特有のリスク要因（例：パフォーマンスと体重に重きを置くコーチング）があることから，摂食障害に罹患しやすいとされる[27, 28]．

摂食障害の心理療法は，認知／行動療法や家族療法などの有効性が示されて

*9　持続エクスポージャー療法：治療者がクライエントに寄り添いながら，安全にトラウマ記憶に触れることを通じて，感情，認知を修復し，回復を目指す心理療法．

いる[29]．アスリートの体重や体形はパフォーマンスとも密接に関連している
ため，今後はアスリートに特化した治療法を開発していくことが望まれている．

（7）注意欠如・多動症／注意欠如・多動性障害

　注意欠如・多動症（attention-deficit/hyperactivity disorder：ADHD）
とは，不注意および／または多動性―衝動性の持続的な様式によって特徴づけ
られ，機能や発達が妨げられているものである．15 ～ 19 歳の青年および若年
成人アスリートを対象にしたシステマティックレビューによれば，アスリート
の注意欠如・多動症の有病率は 4.2 ～ 8.1％であることが報告されている[30]．

　注意欠如・多動症を有するアスリートは，競技中では落ち着きがなく，姿勢
やポジショニングを頻繁に変更することや，競技に無関係な刺激で集中できな
くなってしまうことがある[31]．不注意でミスをしやすく，衝動的に意見を言っ
てしまうことで，チームの和を乱してしまうこともある．一方で，衝動性の特
性により，素早い動きや意思決定を必要とするスポーツに優れたアスリートも
いる[32]．状況によって，短所に見えることは長所に置き換えることができる
といえるだろう．発達障害は，個人特性と環境のおりあいの悪さから生まれる
生活障害であるという見方もできるため，特に注意欠如・多動症を有するアス
リートへの環境調整は重要である．

　注意欠如・多動症の特性を持つアスリートへの心理支援としては，①アス
リート本人が具体的な目標を立てる，②練習参加や積極的態度に対するポジ
ティブな報酬を与える（例：成果を測定してフィードバックをする），③習慣
や時間に一貫性を持たせる，④フィードバックと指示を簡略化する，⑤注意散
漫になりにくい環境を整える（例：他者と少し離れた場所で練習する時間を作
る）などが推奨されている[33]．

（8）双極性障害および関連障害

　双極性障害（bipolar disorder）は，躁病エピソード（気分の高揚，自尊
心の肥大または誇張，活動性の増加，睡眠要求の減少など）と抑うつエピ
ソード（抑うつ気分，興味または喜びの喪失など）を繰り返すものであり，軽
躁病エピソードで少なくとも 4 日間，躁病エピソードで 1 週間以上，抑うつ
エピソードは 2 週間以上続く[6]．明らかな躁病エピソードは，一度に大量の買
い物をして借金を抱えてしまうことや，「眠らなくても大丈夫」など誇大的な
言動が認められて，自他ともに気づきやすい．しかし，軽躁エピソードは「調
子が良い」と自覚され，見逃されてしまうことも多い．特にスポーツは躁病や
軽躁病で見られる過剰なエネルギーの発散の場になることから，アスリートで
は双極性障害の診断がより困難となる場合がある[34]．双極性障害は，①急速
に重症化する可能性が高い，②抗うつ薬に対する治療抵抗性* 10 がある，③自
殺率が高い，④障害の程度が重い，⑤罹病期間が長いといった理由から，日常
生活に多大な影響を及ぼすことが多く，早急な対応が必要とされる精神疾患で
ある[35]．

　アスリートにおける双極性障害の実証的研究はほとんど実施されていないた
め，今後の研究の蓄積が待たれる[34]．双極性障害に対する心理療法は認知／
行動療法や対人関係―社会リズム療法* 11，家族療法などが推奨されているが，

* 10　治療抵抗性：標準的
な治療を一定期間行っても，
治療の効果が認められないこ
と．

* 11　対人関係―社会リズ
ム療法：対人関係療法と，ク
ライエントの社会リズムを記
録し，安定化を図っていく社
会リズム療法を融合させた治
療法．

個々の状態に合わせて薬物療法と併用することが望ましいとされる[36, 37].

（9）スポーツ関連脳震盪

　頭部への衝突などによって生じる脳震盪（concussion）の多くは，アスリートの心身に様々な悪影響を及ぼす．急性期には頭痛，めまい，しびれのような知覚症状や，意識障害，興奮，不機嫌などの精神症状も認められる．意識障害の程度は様々であり，重度の症状になると現在の日時や場所がわからなくなる見当識障害や，記憶が失われることもある．晩期症状としては，耳鳴り，抑うつ，不安，不眠などがある[38].　特に，ラグビー，アメリカンフットボール，サッカー，レスリングなどの頭部に強い衝撃を受ける可能性がある競技においては，より一層注意すべきである[39].　注意欠如・多動症の診断を受けたアスリートは，スポーツ関連脳震盪（sport-related concussion：SRC）のリスク要因になることが報告されている[40].　また，注意欠如・多動症を有するアスリートはそうでないアスリートと比較して，過去の脳震盪の有病率が高い[41].

　脳震盪に対する治療は，スポーツ脳震盪アセスメントツール（sports concussion assessment tool：SCAT）を用いた機能評価と段階的復帰プロトコル（graduated return to play：GRTP）によって，すべての症状が消失してから段階的にスポーツ復帰を進めていく方法が推奨されている[42].

（10）物質関連障害

　DSM-5 では，物質関連障害（substance related disorder）は物質使用障害（substance use disorder）と物質誘発性障害（substance induced disorder）の 2 つに分類される．物質使用障害とは，臨床的に重大な問題が生じているにもかかわらず，物質を使用し続けていることを指す．国，スポーツ，性別を問わず，トップアスリートが最も頻繁に使用する物質は，アルコール，カフェイン，ニコチン，大麻／カンナビノイド，覚せい剤，アナボリック／アンドロゲンステロイドである[5].　メタ分析によれば，アスリートの 19％がアルコール使用障害の症状を訴えたことが報告されている[9].　物質誘発性障害とは，物質によって誘発される中毒，離脱，物質誘発性の精神疾患（例：物質誘発性抑うつ障害）などを包括したカテゴリーである．

　物質使用障害の治療目標は，依存物質の摂取を完全に止め続けることを目指す立場と，背景にある苦悩を軽減することを目指す立場がある．自己治療仮説では，依存症者は無意識のうちに自分たちの抱える苦痛を一時的に緩和するのに役立つ物質を選択し，結果的に依存症に陥ることがいわれている[43].　そこで，摂取量は減ることがなくとも，その使用により生じる健康，社会，経済上の悪影響を減少させることを主たる目的とするハームリダクションが近年注目されている[44].　物質関連障害に対する支援は，アスリートではほとんど研究がなされておらず，今後の研究の蓄積が望まれる[5].

20.2 ≫≫ メンタルヘルスに対する予防と治療

A. メンタルヘルスの予防から治療までのプロセス

アスリートに必要な支援を届けるためには，アスリートやアスリートアント
ラージュが予防から治療までのプロセスを理解しておくことが重要である．支
援が必要なアスリートは，必ずしもメンタルヘルスの問題を訴えているアス
リートだけではない．現在は問題なく過ごせているアスリートであっても，問
題が表面化し，突然競技を続けられなくなることがあるかもしれない．アス
リートの多くは部活動や実業団などに所属しているため，チームメイトがメン
タルヘルスの問題を訴えることもあるだろう．そのため，症状を訴えるアス
リートだけではなく，「全員」を対象にした多層支援モデルが提案されている．
ここではメンタルヘルスの予防から治療までのプロセスについて紹介する（**図
20.2**）[45, 46]．

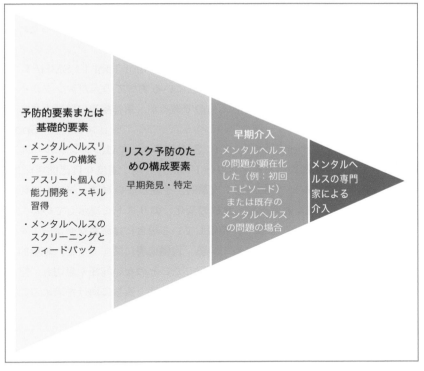

図 20.2　メンタルヘルスの予
防から治療までのプロセス
（文献 45 を改変）

（**1**）**すべてのアスリートへの支援**

まずは，全アスリートを対象にした予防的なアプローチが求められる．アス
リートやアスリートアントラージュがメンタルヘルスとウェルビーイングの重
要性を認識し，心理的安全性[*12] が確保された環境を構築していくことが重要
である．日頃からアスリートとアスリートアントラージュがコミュニケーショ
ンを取り合い，メンタルヘルスの問題について支援を求めることへの障壁を取

＊ 12　心理的安全性：集団
の中で拒絶や処罰を受けるこ
となく，安心して発言できる
環境．

り除くことも含まれる．アスリートの現状を把握するために定期的に話しあい
をすることに加えて，メンタルヘルスリテラシー* 13 に関する教育や，アス
リート自身が第17章で紹介した心理的スキルを身につけることも求められる．
アスリートアントラージュは，問題を抱えるリスクの高いアスリート一人ひと
りに声を掛けていくことが，メンタルヘルスの予防や治療に有効だと思うかも
しれない．しかし不安感の強いアスリートなど，問題が表面化されにくいケー
スも存在するため，メンタルヘルスの症状や精神疾患に関する標準的なスク
リーニングツールを使用することが推奨されている．

（2）リスクの高いアスリートへの支援

メンタルヘルスの問題について最も早く気づくことができるのは，多くの場
合，アスリートの身近にいる家族やチームメイト，コーチ，アスレチックト
レーナーなどである．「今日はいつもより顔色が良くない」「最近急激に痩せた
のではないか」など，日々の生活をともにしているからこそ，アスリートの些
細な変化にも気づきやすい．アスリートアントラージュは，専門的な支援へと
つなぐことができる重要な関係者である．アスリートとアスリートアント
ラージュが日頃から信頼関係を築いておくことができれば，些細な悩みを共有
しやすく，メンタルヘルスの問題の悪化を予防することができる．

アスリートがさらなるサポートを必要としているかどうかを判断するために
は，国際オリンピック委員会（IOC）が開発したスポーツメンタルヘルスアセ
スメントツール（Sport Mental Health Assessment Tool 1：SMHAT-1）
が役に立つ[48]．これは，アスリートの身近にいるすべての人がメンタルヘル
スの問題を認識するために使用できるものであるが，精神疾患の診断をするこ
とはできない．また，スポーツメンタルヘルスレコグニションツール（Sport
Mental Health Recognition Tool 1：SMHRT-1）では，メンタルヘルス
の問題を示唆する可能性のあるアスリートの思考（例：過度な自己批判），感
情（例：怒り，悲しみ），行動（例：攻撃的，予期しないパフォーマンスの低
下），身体的変化（例：睡眠不足，食欲の変化）のリストを提示している．も
しアスリートが症状にあてはまり，持続している場合には必要なサポートを受
けられるように促すことが推奨されている．自傷他害に関すること，絶望的な
気分，急激な体重の変動，これまでに経験したことのない発汗や息切れ，窒息
感などを伴うパニック発作を経験している場合には，直ちに助けを求めること
が推奨されている．

（3）初期症状を訴えるアスリートへの支援

アスリートも一人の人間である．競技面の課題だけではなく，突然怪我や家
族の死といったキャリアを脅かすような重大なストレスを感じることがある．
これまで順調に競技キャリアを積み，競技しかしてこなかったアスリートが突
然競技をすることができなくなれば，自分には価値がないと考えてしまうこと
もある．チームから孤立し，自分の居場所がなくなったと感じれば，「死んで
しまったほうが良いのではないか」と考える場合もある．多くのアスリートは，
こうした出来事によってメンタルヘルスの問題の初期症状（例：抑うつ症状，
パニック発作）を訴える．

　アスリートが専門的支援を求めた場合には，メンタルヘルスの専門家による早期介入が必要であり，場合によっては個別サポートを提供することになる．すでにアスリートが所属しているサポートネットワークの中に，メンタルヘルスの専門家がいることが望ましい．もしメンタルヘルスの専門家がおらず，照会する必要がある場合には，その専門家がスポーツ特有の環境を理解しているか，公認心理師や臨床心理士などの資格を有しており，精神医学的な視点からも広くアセスメントすることが可能であるか，症状に合わせて適切な介入法を選択できるか，他分野の専門家と連携して対応できるかなど，可能な限り事前に必要なトレーニングを受けているかどうかを確認しておくことが推奨される．

（4）より専門的な介入が必要なアスリートへの支援

　予防や早期介入だけでは対処できない，重度または複雑なメンタルヘルスの問題（例：摂食障害，不安症）をアスリートが訴える場合には，より専門的な介入が必要とされる．メンタルヘルスの専門家への照会が必要かどうかの判断は，通常チームドクターによって行われる．メンタルヘルスの専門家は，まずはアスリートの身近にいるコーチや家族と連携を深めることが重要である．そして，アスリート個人とそのアスリートが置かれている環境のアセスメントを丁寧に行い，アスリート独自のニーズや背景を考慮した支援計画を立て，最も効果的な介入を選択する．

　メンタルヘルスの緊急事態が発生した場合，ドクターはクラブやチームのメンタルヘルス緊急時対応計画（a mental health emergency action plan：MHEAP）に従うことが推奨されている．連絡手段や利用可能な緊急用具（例：AED）なども確認する必要がある．MHEAP は読みやすく，フローチャートのような形式で作成すると良い．

B. アスリートアントラージュが留意すべき点

　アスリートのメンタルヘルスの問題を判断するためには，専門的なトレーニングを受けていることが必須条件である．例えば，専門的な知識を持っていないアスリートアントラージュが，気分の落ち込みを訴えるアスリートに対して「うつ病ではないか」とアスリートに伝えてしまうことがある．困っているアスリートに対して何とかしてあげたいと思う気持ちは決して悪いことではなく，多くのアスリートアントラージュが持つ一般的な感情である．しかし，専門的なトレーニングを受けていないものができることは，アスリートがメンタルヘルスの専門家に援助を求められるように支援することである．

　アスリートとメンタルヘルスの問題について話ができる場合には，まずはアスリートの話を丁寧に傾聴し，アスリートとしてだけではなく，一人の人間として関わることが重要である．アスリートは常に周りから評価される環境に身を置いているため，周囲から求められる理想的なアスリート像を持っているかもしれない．「あなたはあなたのままでいい」と一人の人間として真摯に向き合ってくれる人が傍にいることによって，アスリートは安心し，メンタルヘルスの問題に向き合うための一歩へとつながるのではないだろうか．

20.3 >>> 専門的な支援へつなぐために

A. アスリートの特徴を考慮した専門家の対応

　専門家がアスリートに対して心理療法を提供するときには，アスリートの特徴が治療にどのような影響を及ぼすかを認識しておくことが求められる．トップアスリートは，専門家から優遇されることを期待しているかもしれない[49]．プライバシーへの配慮をするためには，アスリートでない人と同じ待合室にならないようにするなど，より一層注意深く対応しなければならないこともある．

　また，アスリートは練習や遠征などで，定期的に支援を受けることが難しい場合がある．アスリートへの支援を行うためには，支援者側もある程度柔軟に対応することが求められるだろう．しかし，このような優遇措置を継続し続けることによって，意図しない境界線の侵害につながる可能性があることは念頭に置いておく必要がある[48]．例えば，これまで融通を効かせてあげていたのに，突然専門家側の都合で対応できなくなると，見捨てられ不安の強いアスリートは「拒絶された」と感じてパニックになるかもしれない．事前にある程度の枠組みやルール作りをしておくことは，アスリートを守るためにも重要である．

B. 援助要請の阻害要因と促進要因

　幼い頃から「怒ってはいけない，泣いてはいけない，くやしがってはいけない」というメッセージを大人から受け取り，否定的な感情をコントロールしている子どもがいる．こうした子どもは，学齢期に入ってから自分の否定的な感情を処理できず，向き合わないようになることが指摘されており[50]，援助要請に至らないことがある．アスリートは発達段階の早い時期から自立を求められ，理想的なアスリート像を周囲から求められることも多く，「本当の自分がわからない」「自分の気持ちをどのように表現したら良いのかわからない」と訴え，援助を求めることが苦手である場合も多い．以下に，援助要請の阻害要因と促進要因を挙げる（**表 20.1**）．援助要請を阻害する要因にはスティグマ[*14]や感情表現の難しさなど，促進する要因にはメンタルヘルスの問題やサービスに関する教育・啓蒙活動やソーシャルサポートなどがある．アスリートが安心して援助を求められるようになるためには，メンタルヘルスリテラシーに関する教育や援助要請を肯定するような考え方をスポーツ現場に浸透させていくことが重要ではないだろうか．

＊14　スティグマ：精神疾患など，個人の持つ特徴に対するネガティブで誤った態度のこと．精神疾患を持つ本人の差別や偏見などを表すセルフスティグマと精神疾患を持たない人が精神疾患を持つ人に対して持つ差別や偏見などを表すパブリックスティグマがある．

阻害要因	促進要因
1. スティグマ	1. メンタルヘルスの問題やサービスに関する教育・啓蒙活動
2. 感情を表現することが難しいまたはしたくない	2. ソーシャルサポート
3. 問題意識の欠如	3. 他者からの奨励
4. 時間がない	4. アクセシビリティ（お金・交通手段）
5. 問題の否認	5. 周囲との良好な関係
6. 何が起こるかわからないことが怖い	6. 守秘義務
7. プレーやトレーニングへの影響	7. アスリートのライフスタイルや文化に合わせた取り組み
8. 誰に声をかけて良いかわからない	8. 開放性，感情の表現がしやすい
9. アクセシビリティ	9. 時間の確保
10. 役に立たないと思っている	10. 過去の肯定的な経験

表20.1　援助要請の促進要因と阻害要因
（文献4を改変）

練 習 問 題

1) アスリートの援助要請を阻害する要因，促進する要因とは何か，説明しなさい.

2) アスリートがメンタルヘルスの問題を抱えているとき，必要な支援を届けるために，アスリートアントラージュが留意すべき点とは何か，説明しなさい.

【文献】

1) Lardon, M. & Fitzgerald, M. (2013). In D. Baron, C. Reardon, & H. Baron (Eds.), Clinical sports psychiatry: An international perspective (pp. 132-146). John Wiley & Sons.

2) Purcell, R., Rice, S., Butterworth, M., & Clements, M. (2020). Sports Medicine, 50 (9), 1683-1694.

3) Moesch, K., Kenttä, G., Kleinert, J., Quignon-Fleuret, C., Cecil, S., & Bertollo, M. (2018). Psychology of Sport and Exercise, 38, 61-71.

4) Henriksen, K., Schinke, R., Moesch, K., McCann, S., Parham, W. D., Larsen, C. H., & Terry, P. (2020). International Journal of Sport and Exercise Psychology, 18 (5), 553-560.

5) Reardon, C. L., Hainline, B., Aron, C. M., Baron, D., Baum, A. L., Bindra, A., ... & Engebretsen, L. (2019). British Journal of Sports Medicine, 53 (11), 667-699.

6) American Psychiatric Association (2013). Diagnostic and statistical manual of mental disorders (5th ed.). American Psychiatric Association.（高橋三郎・大野裕（監訳）(2014). DSM-5 精神疾患の診断・統計マニュアル. 医学書院.）

7) Currie, A., Blauwet, C., Bindra, A., Budgett, R., Campriani, N., Hainline, B., ... & Gouttebarge, V. (2021). British Journal of Sports Medicine, 55 (22), 1243-1244.

8) Drew, M., Vlahovich, N., Hughes, D., Appaneal, R., Burke, L. M., Lundy, B., ... & Waddington, G. (2018). British Journal of Sports Medicine, 52 (1), 47-53.

9) Gouttebarge, V., Castaldelli-Maia J., Gorczynski, P., Hainline, B., Hitchcock, M., Kerkoffs, G., Rice, S., & Reardon, C. (2019). British Journal of Sports Medicine, 53(11), 700-706.

10) 星川雅子 (2018). スポーツ精神医学会 (編), スポーツ精神医学 改訂第 2 版 (pp. 25-31). 診断と治療社.

11) 岡島義・井上雄一 (2012). 認知行動療法で改善する不眠症. すばる舎.

12) Chang, C., Putukian, M., Aerni, G., Diamond, A., Hong, G., Ingram, Y., ... & Wolanin, A. (2019). British Journal of Sports Medicine, 54(4), 216-220.

13) Åkesdotter, C., Kenttä, G., Eloranta, S., & Franck, J. (2020). Journal of Science and Medicine in Sport, 23(4), 329-335.

14) 山本宏明 (2018). スポーツ精神医学会 (編), スポーツ精神医学 改訂第 2 版 (pp. 12-16). 診断と治療社.

15) National Institute for Health and Care Excellence (NICE) (2022). Depression in adults: treatment and management, full guideline. https://www.nice.org.uk/guidance/ng222

16) Rao, A. & Hong, E. (2016). British Journal of Sports Medicine, 50(3), 136-137.

17) Timpka, T., Spreco, A., Dahlstrom, O., Jacobsson, J., Kowalski, J., Bargoria, V., Mountjoy, M., & Svedin, C. (2020). British Journal of Sports Medicine, [Published Online First] 26 February 2020.

18) Joiner Jr, T. E., Van Orden, K. A., Witte, T. K., & Rudd, M. D. (2009). The interpersonal theory of suicide: Guidance for working with suicidal clients. American Psychological Association.

19) Schaal, K., Tafflet, M., Nassif, H., Thibault, V., Pichard, C., Alcotte, M., ... & Toussaint, J. F. (2011). PLoS ONE, 6(5), e19007.

20) 栗林千聡・中村菜々子・佐藤寛 (2018). 関西学院大学心理科学研究, 44, 1-7.

21) Ollendick, T. H., & Ishikawa, S. (2013). In C. A. Essau, & T. H. Ollendick (Eds.), Treatment of childhood and adolescent anxiety disorders (pp. 117-139). Wiley-Blackwell.

22) National Institute for Health and Care Excellence (NICE) (2014). Anxiety disorders, full guideline. https://www.nice.org.uk/guidance/qs53

23) Aron, C. M., Harvey, S., Hainline, B., Hitchcock, M. E., & Reardon, C. L. (2019). British Journal of Sports Medicine, 53(12), 779-784.

24) Bennett, J., Rotherham, M., Hays, K., Olusoga, P., & Maynard, I. (2016). Sport and Exercise Psychology Review, 12.

25) 高山桃香・渡邊明寿香・淨沼和浩・大島菜帆・東明奈・伊藤大輔 (2021). 発達心理臨床研究, 27, 69-78.

26) Lynch, J. H. (2021). Current Sports Medicine Reports, 20(12), 645-650.

27) Bratland-Sanda, S., & Sundgot-Borgen, J. (2013). European Journal of Sport Science, 13(5), 499-508.

28) Biesecker, A. C., & Martz, D. M. (1999). Eating Disorders, 7(3), 235-244.

29) National Institute for Health and Care Excellence (NICE) (2017). Eating disorders: recognition and treatment, full guideline. https://www.nice.org.uk/guidance/ng69

30) Poysophon, P., & Rao, A. L. (2018). Sports Health, 10(4), 317-326.

31) Braun, R., & Braun, B. (2015). Journal of Sport Psychology in Action, 6(1), 28-43.

32) Parr, J. W. (2011). Clinics in Sports Medicine, 30(3), 591-610.

33) Wolfe, E. S., & Madden, K. J. (2016). Journal of Athletic Training, 51(10), 813-820.

34) Currie, A., Gorczynski, P., Rice, S. M., Purcell, R., McAllister-Williams, R. H., Hitchcock, M. E., ... & Reardon, C. L. (2019). British Journal of Sports Medicine, 53(12), 746-753.

35) 伊賀淳一 (2018). 日本内科学会雑誌, 107(7), 1344-1349.

36) National Institute for Health and Care Excellence (NICE) (2014). Bipolar disorder: assessment and management, full guideline. https://www.nice.org.uk/guidance/cg185

37) 日本うつ病学会 気分障害の治療ガイドライン作成委員会 (2020). 日本うつ病学会治療ガイドライン Ⅰ. 双極性障害 2020. https://www.secretariat.ne.jp/jsmd/iinkai/katsudou/data/guideline_sokyoku2020.pdf

38) 鳥居俊 (2018). スポーツ精神医学会 (編), スポーツ精神医学 改訂第 2 版 (pp. 21-24). 診断と治療社.

39) 熊崎昌 (2018). 日本アスレティックトレーニング学会誌, 4(1), 35-42.

40) Iaccarino, M. A., Fitzgerald, M., Pulli, A., Woodworth, K. Y., Spencer, T. J., Zafonte, R., & Biederman, J. (2018). Neurology: Clinical Practice, 8(5), 403-411.

41) Iverson, G. L., Wojtowicz, M., Brooks, B. L., Maxwell, B. A., Atkins, J. E., Zafonte, R., & Berkner, P. D. (2020). Journal of Attention Disorders, 24(8), 1095-1101.

42) McCrory, P., Meeuwisse, W., Dvorak, J., Aubry, M., Bailes, J., Broglio, S., ... & Vos, P. E.(2017). British Journal of Sports Medicine, 51(11), 838-847.

43) Khantzian, E. J., & Albanese, M. J.(2008). Understanding addiction as self medication: Finding hope behind the pain. Rowman & Littlefield.(松本俊彦(訳)(2013). 人はなぜ依存症になるのか：自己治療としてのアディクション. 星和書店.)

44) 湯本陽介・樋口進(2020). 精神医学, 62(5), 734-740.

45) Purcell, R., Gwyther, K., & Rice, S. M.(2019). Sports Medicine-Open, 5(1), 1-8.

46) IOC mental health toolkit. https://stillmed.olympics.com/media/Document Library/IOC/Athletes/Safe-Sport-Initiatives/IOC-Mental-Health-In-Elite-Athletes-Toolkit-2021.pdf

47) Jorm, A. F., Korten, A. E., Jacomb, P. A., Christensen, H., Rodgers, B., & Pollitt, P.(1997). Medical Journal of Australia, 166(4), 182-186.

48) Gouttebarge, V., Bindra, A., Blauwet, C., Campriani, N., Currie, A., Engebretsen, L., ... & Budgett, R.(2021). British Journal of Sports Medicine, 55(1), 30-37.

49) Glick, I. D., Stillman, M. A., Reardon, C. L., & Ritvo, E. C.(2012). The Journal of Clinical Psychiatry, 73, 11190.

50) 大河原美以・萱野亜希子(2009). 岩隈利紀(監), 水野治久(編), 学校での効果的な援助をめざして：学校心理学の最前線(pp. 105-112). ナカニシヤ出版.

事 項 索 引

人名索引

編者紹介

國部　雅大
2007 年　京都大学大学院人間・環境学研究科共生人間学専攻博士後期課程単位取得退学
現　在　筑波大学体育系 助教，博士（人間・環境学）

雨宮　怜
2017 年　筑波大学大学院人間総合科学研究科体育科学専攻博士後期課程修了
現　在　筑波大学体育系 助教，博士（体育科学）

江田　香織
2011 年　筑波大学大学院人間総合科学研究科体育科学専攻博士後期課程修了
現　在　法政大学スポーツ研究センター 客員所員，博士（体育科学）

中須賀　巧
2013 年　九州大学大学院人間環境学府行動システム専攻博士後期課程単位取得満期退学
現　在　兵庫教育大学大学院学校教育研究科 准教授，博士（教育学）

NDC 780　　254 p　　26 cm

これからの体育・スポーツ心理学

2023年 3 月 7 日　第 1 刷発行

編　者　　國部雅大・雨宮 怜・江田香織・中須賀 巧
発行者　　髙橋明男
発行所　　株式会社　講談社

　　　　　KODANSHA

　　　　　〒 112-8001　東京都文京区音羽 2-12-21
　　　　　　　販　売　(03)5395-4415
　　　　　　　業　務　(03)5395-3615
編　集　　株式会社　講談社サイエンティフィク
　　　　　代表　堀越俊一
　　　　　〒 162-0825　東京都新宿区神楽坂 2-14　ノービィビル
　　　　　　　編　集　(03)3235-3701

本文データ制作　株式会社双文社印刷
印刷・製本　株式会社ＫＰＳプロダクツ